KB206795

절박함을 버린 남자들

Models
By Mark Manson
Copyright © 2011 by Mark Manson
All rights reserved.

Korean translation copyright © 2024 by ForYouBook
Korean translation rights arranged with Creative Artists Agency
in conjunction with INTERCONTINENTAL LITERARY AGENCY LTD.
through EYA(Eric Yang Agency) Co., Ltd.

이 책의 한국어판 저작권은 EYA(Eric Yang Agency)를 통해
Creative Artists Agency 및 INTERCONTINENTAL LITERARY AGENCY와
독점 계약한 너를위한에 있습니다.
저작권법에 의하여 한국 내에서 보호를 받는 저작물이므로
무단 전재 및 복제를 금합니다.

절박함을 버린 남자들

현대 남성을 위한 인생 지침서

마크 맨슨 지음 | **이안** 옮김

Mark Manson

MODELS

너를위한

서
문

2011년 4월, 런던의 좁은 호텔 방에서 나는 이 책을 처음 구상하기 시작했다.

책을 써본 사람이라면 시작이 가장 어렵다는 것을 알 것이다. 고려할 것이 많았고, 아이디어가 지나치게 넘쳐났고, 목표와 야망이 너무 컸다. 며칠 동안 모든 가능성에 압도되어 아무것도 하지 못했다.

그러다가 책의 주제를 하나의 목표로 제한하기로 결정했다. 스스로에게 물었다. "내가 연애 생활에서 어려움을 겪고 있었을 때, 내가 읽었으면 했던 책은 무엇일까? 만약 단 한 권의 책만 읽을 수 있었다면, 그 책이 내게 무엇을 알려주었으면 했을까?"

그러자 책에 담고 싶은 내용이 명확해졌다. 책의 내용이 머릿속에서 쏟아져 나왔다. 당시 나는 유럽을 돌며 강연과 코칭을 하고 있었다. 고객을 만나 연애 상담을 하고, 소규모 관객과 질의응답을 하고 나면 아이디어가 쏟아졌다. 호텔 방으로 달려가 그 아이디어를 책에 불어넣었다.

처음부터 나는 이 책을 기존의 데이트 조언서와는 다르게 만들겠다고 결정했다. 당시 시중에 나와 있는 대부분의 책을 읽어보았는데, 그 내용이 형편없다고 생각했다. 나는 이 책의 핵심 아이디어가 다른 책들보다 더 깊고, 더 개인적이며, 더 감정적으로 될 것임을 알았다. 단순히 정보를 나열하는 데 그치지 않고, 독자에게 감동을 전하고 싶었다. 연애의 아름다움과 즐거움이 글에 드러나길 바랐다. 문학적인 멋을 조금 더 담고 싶었다. 연애와 로맨스는 우리를 감정적으로, 육체적으로 감동받게 하기 때문이다.

책의 대부분은 유럽 전역의 호텔 방과 작은 아파트에서 작성되었다. 처음에는 런던에서 시작해 브리스톨, 프라하, 상트페테르부르크를 거쳐 마지막으로 부다페스트에서 마무리되었다.

책의 첫 번째 버전은 다듬어지지 않았는데, 366페이지에 오탈자와 문법 오류, 어설픈 에피소드가 많았다. 당시 내 목표는 소박했다. 나는 4년 동안 끊임없는 여행과 코칭으로 지쳐 있었기 때문에, 한 곳에 얽매이지 않고 돈을 벌 수 있기를 원했다. 그러면서 내 생각을 세상에 알리고 싶었다. 당시 많은 남성에게 전해지고 있었던 유해한 '픽업 아티스트' 조언과는 매우 다른 내 메시지가 데이트 조언 업계에 긍정적인 영향을 미치기를 바랐다.

책은 2011년 7월 5일 아마존과 개인 웹사이트를 통해 자가 출판되었다. 첫 달에는 몇백 권 정도만 팔렸는데, 주로 내 블로그 독자와 상담 고객들이었다. 독자는 나에게 책의 오류를 알려 주었고, 그들의 도움으로 책을 다시 편집하여 수정본을 출시했다. 그해 가을, 나는 책을 결국 출간했다는 것과 사람들이 책을 좋아한다는 사실에 기뻐하며, 곧 다른 프로젝트에 집중했다.

그런데 시간이 지나면서 책은 스스로 생명력을 얻기 시작했다. 마케팅도, 홍보도, 프로모션도 없이, 그리고 내가 만든 엉성한 표지에도 불구하고 매달 판매량이 기하급수적으로 증가했다. 책을 읽은 남성들이 친구들에게 추천하고, 그 친구들이 다시 다른 사람들에게 추천했다. 독자들은 자신의 형제, 사촌, 심지어 최근에 이혼한 아버지와 삼촌에게 책을 선물하기 시작했다. 내 책이 커뮤니티와 포럼에서 너무 많이 추천되어, 어떤 사람은 나에게 광고를 중단하라는 메일을 보내기도 했다. 하지만 나는 광고를 하지 않았다. 단지 독자들이 있었을 뿐이다.

2012년 초, 나는 기쁘게도 작가로서 생계를 유지할 수 있을 정도가 되었다. 그래서 코칭을 그만두고 글쓰기에 전념했다. 책을 본격적으로 개정했다. 디자이너를 고용해 진짜 표지를 만들었고, 50페이지에 달하는 장황하고 과도한 부분을 잘라냈다. 일부 용어와 이론을 단순화하여 독자들이 이해하기 쉽도록 수정했다. 내가 '전문적'이라고 자부할 수 있는《절박함을 버린 남자들》의 첫 번째 버전은 2012년 8월에 출간되었다.

그 이후로 이 책은 오랫동안 남성 데이트 조언서 중 가장 많이 팔린 책이 되었다. 닐 스트라우스의 《더 게임》과 에릭 본 마르코빅의 《더 미스터리 메소드》와 같은 스테디셀러를 능가했고, 여성을 대상으로 한 연애 조언 책보다 더 많이 팔렸다. 이는 업계에서 거의 전례가 없는 일이었다. 이 책은 아마존에서 '이 분야의 베스트셀러'였으며, 남성의 연애에 관한 많은 커뮤니티와 사이트에서는 "질문하기 전에 먼저 이 책을 읽어라."라는 게시글이나 공지가 올라왔다.

2013년쯤 나는 다음 단계로 나아가고자 했다. 웹사이트를 개설하고, 개인 심리학부터 스마트폰의 문화적 영향에 이르기까지 다양한 주제로 남녀 모두를 위한 글을 쓰기 시작했다. 2년 동안 웹사이트의 인기는 폭발적으로 증가했다. 2015년, 2천만 명 이상이 웹사이트에서 글을 읽었다. 한편 《절박함을 버린 남자들》도 꾸준한 인기를 유지하며 나와 함께하였다. 이 책은 내가 어디서부터 시작했는지를 보여 주고, 위험을 감수하는 것이 얼마나 가치 있는지를 알려주고 있다.

대부분의 사람이 지금은 잘 알지 못하지만, 《절박함을 버린 남자들》은 출간 당시 큰 위험을 안고 있었다.

2011년 당시에는 정직함이 매력이 될 수 있다는 것, 거절은 가치가 있다는 것을 이야기하는 사람이 거의 없었다. 취약성은 대부분 남성에게 피해야 하는 단어로 여겨졌고, 가능한 한 빨리 여자와 관계하지 않는 것은 쓸모없거나 심지어 '서열이 낮은 남자'의 행동으로 여겨졌다.

감정이나 트라우마, 열등감에 대해 이야기하는 것은 금기되었다. "누가 그런 걸 듣고 싶어 하겠어, 겁쟁아? 그저 더 많이 여자를 만나고 다니라고!"라는 분위기였다.

하지만 전 세계 수백 명의 남성을 코칭하면서, 나는 데이트에서의 문제가 무슨 말을 해야 할지나 어떤 전술이 필요한지와는 거의 관련이 없다는 것을 깨달았다. 남성들의 문제 대부분은 감정적인 것이었다. 친밀함을 경험하는 데 문제가 있었다. 자신에 대해 가지고 있는 부정적인 인식이 문제였다.

현대의 사회에서 남성의 역할은 명확하지 않다. 수 세기 전, 남성의 의무는 힘을 갖추고 여성과 가족을 보호하는 것이었다. 수십 년 전에는 노동과 부양이 주된 책임이었다. 하지만 지금은 어떠한가? 확실한 것이 없다. 남성의 사회적 역할에 대한 명확한 정의가 없고, 매력적인 남성이 어떤 모습이어야 하는지에 대한 **모델** 없이 자란 세대가 바로 지금의 남성들이다. 우리는 이러한 전환기에 살고 있다.

이 책의 목표는 지금 시대에 진실하고 어른스럽고 매력적인 남성은 어떠해야 하는지에 대한 모델을 제공하는 것이다. 이는 단순히 보호하고 부양하는 역할을 넘어서, 더 존경받고 바람직한 존재로 우리 자신을 발전시키는 것이다.

이 책을 쓰면서 나는 이 책이 업계의 많은 부분을 쇄신하거나, 아니면 아마존 페이지에서 비웃음만 사거나 둘 중 하나일 거라고 생각했다. 그래서 다른 일자리를 구하러 나갈 준비를 하고 있었다.

그러나 다행히 오늘날 남성 데이트 조언 산업은 내 책을 따라 정직한 표현, 취약성을 통한 용기, 자신감 찾기, 더 나은 남자처럼 보이려고 하는 대신 더 나은 남자가 되기 위해 자신에게 투자하기 등의 가치를 이야기하고 있다.

가끔 독자들로부터 데이트 조언 업계 사람들의 동영상이나 글을 전달받는다. 5년 전만 해도 그들은 허세만 가득했고, 여성에게 헛소리를 하라고 '조언'을 하던 사람들이었다. 이제 이들 중 많은 사람이 정직하게 사는 것의 가치와, 자신의 욕망뿐 아니라 여성의 욕망을 존중하는 것의 가치를 말하고 있다. 그래서 몇몇 독자들은 내게 "이 사람이 당신 것을 훔쳐 가고 있어요. 화나지 않나요?"라고 묻는다. 사실 화나지 않는다. 오히려 기쁘고 자랑스럽다.

《절박함을 버린 남자들》이 큰 인기를 끌면서, 원래 이 책을 구상하고 집필했을 때 염두에 두지 않았던 사람들에게까지 책이 알려지게 되었다. 그동안 많은 사람들이 이 책의 개념이 여성에게도 도움이 되는지 물어보았다. 예상하지 못했던 반응이었기 때문에 놀랐지만, 책의 개념을 다시 살펴보니 모두 여성에게도 적용할 수 있었다. 이 책의 핵심 개념인 비절박함, 취약성, 무조건성, 양극화와 거절, 인구 특성, 수치심과 불안 극복, 그리고 의도는 성별과 상관없이 모든 사람에게 적용할 수 있다. 몇 가지 예시나 특정 조언이 남성 독자를 대상으로 했다는 점만 염두에 두면, 여성들에게 적용하는 데도 무리가 없을 것이다.

이 책은 많은 이들이 가볍게 여기는 장르에 속할지 모르지만, 나는 이 책을 매우 자랑스럽게 여긴다. 이 책은 내가 사랑하는 일을 할 수 있는 커리어를 만들어 주었을 뿐 아니라, 내가 처음에 목표로 했던 기대를 뛰어넘는 역할을 해 주었다. 대부분의 책은 몇 년 후 사라지지만, 《절박함을 버린 남자들》은 여전히 강력한 영향력을 유지하고 있다. 이 책은 논쟁적이고, 회복탄력적이며, 취약성을 열어 주고, 남성을 일깨워 변화시키고 있다. 적어도 나는 그렇게 믿는다.

이러한 성공의 대부분은 여러분 덕분이다. 책을 읽고 친구에게 공유하거나 웹사이트에 추천해 준 독자들, 다섯 권을 사서 친구와 가족에게 선물한 독자 등 책을 다시 찾아주는 여러분의 덕이다. 책에 담긴 아이디어에 대한 여러분의 열정과 지지가 없었다면, 내 책은 아마존의 실패한 자가출판 책들 중 하나로 묻혔을 것이다. 여러분에게 감사하다는 말을 전한다.

마크 맨슨

Models

차례

6장 세 가지 기본 요소

3부 정직한 삶

7장 나에게 맞는 인구 특성을 찾아라

8장 외모와 라이프스타일 가꾸기

4부 정직한 행동

9장 당신의 이야기는 무엇인가

10장 불안을 극복하는 법

5부 정직한 대화

13장 성공적인 데이트의 비결

14장 가까워지는 법, 스킨십

에필로그 만약 그것이 선물이라면?

부록

Models

1부

현실을 마주하기

1장

매력은 절박하지 않다

매력과 절박함

매력은 절박함과 반비례한다. 일반적으로 남자가 절박해지면 여성에게 매력이 떨어진다. 반대로 절박하지 않으면 여성에게 매력이 올라간다.

절박함이란 자신의 생각보다 타인의 생각을 더 중요하게 여기는 성향을 의미한다. 절박한 남자는 다른 사람에게 인정받고 칭찬받기 위해 행동한다. 반면 비절박함은 타인의 생각보다 자신의 생각을 우선시하는 것을 의미한다. 비절박한 남자는 자신의 가치와 욕구를 달성하기 위해 행동한다.

절박함은 모든 행동에 영향을 미친다. 마찬가지로 비절박함도 모든 말과 행동에 나타나며, 절박하지 않다는 것 자체로 더 큰 매력을 발산한다. 당신이 하는 모든 행동, 서 있는 방식, 웃는 모습, 농담, 어울리는 사람들, 타고 다니는 차, 마시는 와인, 입는 재킷까지도 비절박함의 영향을 받는다.

사람들이 "그 사람은 뭔가 있어.", "너 자신을 믿을 필요가 있어.", "뭔지 모르겠지만 그 사람은 좀 특별해." 같은 모호한 말을 할 때, 이는 그의 절박하지 않은 태도를 말하는 것이다. 비절박함은 그 사람의 모든 행동에 스며들어 있으며, **주목과 인정을 필요로 하지 않는다는 사실이 오히려 주목과 인정을 끌어들인다**. 상대가 자신을 좋아하지 않을 수도 있다는 가능성을 편안히 받아들이는 남자가 더 많은 호감을 받는다. 다른 사람의 의견을 존중하는 남자가 남들의 동의를 더 쉽게 이끌어 낸다.

절박한 남자는 다른 사람들이 자신을 어떻게 보는지에 대해 끊임없이 집착한다. 스스로 원하지 않는 친절을 베풀면서, 이렇게 하면 사람들이 자신을 좋아해 주고 사랑해 줄 것으로 생각한다. 남들의 인정과 사랑을 얻기 위해 값비싼 시계와 스포츠팀 시즌 티켓을 사고, 관심을 끌기 위해 입에 발린 칭찬을 하거나 나쁜 남자인 척 행동한다.

물론 비절박한 남자도 시즌 티켓을 사거나 입에 발린 농담을 할 수 있다. **하지만 그의 의도는 다르다**. 절박한 남자는 남들에게 인정받기 위해 이런 말과 행동을 한다면, 비절박한 남자는 그저 즐겁기 때문에 이런 행동을 한다. 절박한 남자는 자신의 생각과 감정보다 다른 사람들이 자신을 어떻게 생각하고 느끼는지를 통제하려고 한다. 반면, 절박하지 않은 남자는 다른 사람들의 생각과 감정보다 자신의 생각과 감정을 통제하는 데 집중한다.

절박한 남자는 자기 자신보다 함께 있는 여자에게 더 많은 신경을 쓴다. 자신의 느낌과 생각보다는 그녀의 의견이나 생각에 더 신경을 쓴다. 반면 절박하지 않은 남자는 함께 있는 여자보다 자신에게 더 투자한다.

여기서 **'투자한다'**라는 말의 뜻은 다른 사람을 위해 자신의 생각, 감정, 욕구를 희생하거나 맞춰 주는 것을 의미한다. 남자로서 당신은 생각이나 감정, 욕구 등을 다른 사람들에게 지나치게 맞추어 주지 않아야 한다. 남들이 당신에게 양보하는 것보다 더 많이 당신의 것을 남들에게 양보하지 않아야 한다.

이러한 조언이 냉정하게 느껴질 수 있다. 나 역시도 처음에는 이에 대해 불편한 마음이 있었다. 하지만 이는 맞는 말이다.

지위를 보여 주는 것

생각해 보자. 인류 역사의 대부분 기간에 남자에게는 지위를 보여 줄 만한 소유물이 거의 없었다. 석기 시대에는 야외 수영장이나 세금 납부액 증명은 물론이고, 유명 브랜드의 샌들이나 세련된 헤어스타일도 없었다. 기껏해야 먹을 수 있는 고기를 조금 더 가지고 있는 정도였다.

따라서 그동안 여성은 남성의 행동을 주의 깊게 관찰해야 했다. 여자는 남자가 어떤 행동을 할 때 그가 높은 지위에 있다거나 자신의 아이를 키울 만한 자격이 있다고 생각했을까? 수십만 년에 걸쳐 선호되었던 남자들의 행동은 무엇이었을까?

다른 사람에게 항상 양보하고, 여자에게 매달리며, 자기 주장을 하지 못하고, 주변 사람들의 감정에 휘둘리는 남자가 더 많은 선택을 받았을까? 아니면 자신의 운명을 스스로 결정하고, 다른 사람들의 위협에 흔들리지 않으며, 마음에 두고 있는 여자가 자신에게 관심이 없더라도 신경 쓰지 않는 남자가 더 많은 선택을 받았을까?

앞의 설명에서 후자가 지위가 높은 남자다. 당신이 먹이 사슬의 최상위에 있다면 스스로 원하지 않는 이상 굳이 남에게 양보하거나 자신을 억제할 필요가 없다. 하지만 먹이 사슬의 최하위에 있다면 다른 사람에게 양보하는 데 집중해야 할 것이다.

지위가 낮은 남자는 절박함을 드러낸다.
그리고 지위가 높은 남자는 비절박함을 드러낸다.

절박함은 의식적으로 계산하는 부분이 아니다. 여성이 남성의 절박함을 점수를 매기며 돌아다니지는 않는다는 말이다. 절박함은 하나의 느낌이다. 여성은 이를 직감적이며 본능적으로 느낀다. 절박함은 어떤 남자가 너무 자주 전화를 걸어올 때 여성이 느끼는 불쾌감이다. 여자의 말에 과도하게 웃는 남자에게서 느껴지는 불편함이다. 혹은 여자에게 결정할 기회를 주지 않고, 모든 결정을 혼자 하려는 남자에게서 느껴지는 짜증 같은 것이다.

여성은 남성의 행동과 말 뒤에 숨겨진 의도를 감지함으로써 무의식적으로 절박함을 인식한다. 그래서 여성은 남성의 아주 사소한 행동이나 대수롭지 않은 말 한마디에 갑자기 마음이 식을 수 있다. 남자가 인정받으려는 절박한 욕구를 기반으로 행동했다는 것이 여성에게 전해지면, 무의식적으로 남자의 지위에 관한 메시지가 전해지기 때문이다.

여자들도 절박할 수 있다. 여자도 절박해지면 매력이 떨어지지만, 그 정도는 남자에 비해 치명적이지 않다. 여성에게 비절박한 남자를 보는 것은 남자가 완벽한 몸매의 여자를 보는 것과 같다. 반면 여성에게 절박한 남자는 이가 빠지고 최악의 입냄새가 나는 사람을 보는 것과 같다.

비절박함은 자기 자신만 신경 쓴다는 것을 의미하지는 않는다. 자신만 신경 쓰는 나르시시즘은 잠깐 매력적으로 보일 수 있지만, 결국에는 관계에 대한 문제를 초래한다.

여자에게 끌릴 때 그녀에게 신경을 쓰고 더 많이 투자하는 것은 자연스러운 일이다. 그것이 바로 연애의 즐거움이다. 우리가 관계를 맺는 이유는 타인에게서 영향을 받고, 감동을 받기 위해서다. 여기서 중요한 것은 **다른 사람의 평가와 자기 자신의 평가 중 무엇을 더 중요하게 여기는가** 하는 점이다. 어느 쪽이 더 중요한가? 그녀의 평가인가, 아니면 나 자신의 평가인가?

매우 절박한 남자는 자신과 비슷하게 절박한 여자와 사귀게 된다. 절박한 남자는 끊임없이 여자의 인정을 받으려고 애쓰고, 절박한 여자는 항상 남자의 인정을 요구한다. 그 결과 한쪽이 극적인 문제를 일으키고, 다른 한쪽이 문제를 해결하려고 애쓰는 관계가 형성된다. 이런 관계는 두 사람 모두에게 독이 되어 서로의 자존감을 해친다.

자기애적인 남자, 즉 자기 자신만 생각하는 남자도 연애를 할 수 있지만, 위의 경우와 마찬가지로 자기중심적이고 깊이가 얕은 여자와만 사귀게 된다. 이들은 상대를 자신의 삶을 꾸며줄 장식품 정도로만 여긴다. 이런 관계 역시 해롭고 보통은 좋지 않게 끝난다.

이제 위에서 설명한 내용을 실생활에서 구체적으로 살펴보자. 몇 가지 예를 들어 보겠다.

제임스는 착한 남자다. 하지만 그는 연애에서 절박한 경향이 있어서 여자에게 과도하게 투자한다. 여자를 만나면 그녀의 기분에 따라 자신의 일정을 조정하고, 선물을 사 주며, 월급의 대부분을 그녀와의 저녁 식사에 쓴다. 그는 친구들과의 약속을 미루고, 데이트 도중 여자가 화를 내더라도 그녀의 불평을 묵묵히 들어 주고, 기분을 풀어 주기 위해 맞장구를 친다. 그녀가 자신을 부당하게 대한다고 느껴도 그녀가 화를 낼까 봐 아무 말도 하지 못한다.

처음에는 제임스를 소중하게 여기던 여자 친구는 점점 그를 존중하지 않게 되고, 결국 그를 떠난다. 제임스는 깊은 상심에 빠져 우울해하며 술로 마음을 달랜다. 계속 우울한 기분에 사로잡혀 있다가, 새로운 여자를 만나면 같은 패턴을 반복한다.

반면 제프는 여자와의 관계에서 항상 성공하는 남자다. 제프는 상대를 잘 알게 되기 전까지는 그들에게 크게 투자하지 않는다. 그는 친구들과 노는 것을 즐기며, 주변 여자들이 자신을 어떻게 생각하는지에 대해 별로 신경 쓰지 않는다. 가끔 이상한 말을 하거나 거절당하기도 하지만, 그것조차 그리 신경 쓰지 않는다.

그러다 보면 제프에게 관심을 가지는 여자들이 있다. 여자가 매력적이면 제프는 전화번호를 얻고 데이트를 신청한다. 그리고 집 근처 공원에서 그녀를 잠깐 만나 얘기를 나눈다. 만약 그녀가 마음에 들지 않으면 적당히 핑계를 대고 먼저 자리를 뜬다. 반대로 마음에 들면 함께 아이스크림을 먹거나 공연을 보러 간다. 만약 데이트 중에 여자가 마음을 바꾸고 떠나더라도 제프는 별로 신경 쓰지 않는다. 어차피 그녀와 계속 함께했더라도 행복하지 않았을 것이니 굳이 그녀를 만족시키기 위해 자신을 바꿀 이유가 없다고 생각하기 때문이다.

제프는 많은 여자와 관계를 맺는다. 그의 휴대전화는 여자들에게서 오는 연락이 끊이지 않지만, 제프는 시간이 있거나 내키는 경우에만 답장을 보낸다. 그는 여자들에게 무례하게 굴지는 않지만, 진심으로 함께 시간을 보내고 싶은 사람들에게만 시간을 할애한다.

여자들은 마치 육감이라도 있는 것처럼 제프가 감정적으로 의존하지 않는다는 것을 느낀다. 제프의 모든 결정과 행동에서 자립성이 명확하게 드러나기 때문이다. 제프는 자존감이 높고 자기 관리를 잘하기 때문에, 다른 사람들 앞에서도 항상 자신을 자연스럽게 드러낸다.

제프와 몇 마디 대화를 나누거나, 혹은 대화를 하기 전부터 여자들은 그가 강한 정체성을 가지고 있으며 그것을 쉽게 포기하지 않는다는 것을 느낀다. 이런 모습이 그를 더 매력적으로 보이게 만든다. 제프의 이런 면이 어떻게 표현되는지는 이 책의 후반부에서 더 자세히 설명할 것이다.

정리하면, 제임스는 자신감이 없고 절박하며, 만나는 여자에게 지나치게 감정적으로 의존한다. 그래서 여자의 호감을 사기 위해 자신의 정체성을 쉽게 내던진다.

반면 제프는 여자들과의 관계에 기대감을 지나치게 가지지 않는다. 그는 자신감이 있으며 절박하지 않고, 자신의 삶에 만족하며 자신을 자랑스럽게 여긴다. 만약 여자가 이러한 그의 모습에 거부감을 보이면, 제프 역시 그녀와의 관계를 거부한다.

여자들은 남자가 '그것'을 가지고 있는지 아닌지 금방 알아챈다. 여자는 그것이 무엇인지 정확히는 몰라도, 남자가 그것을 가지고 있는지 여부는 확실히 알아차린다. 남자의 걸음걸이, 말투, 눈빛에서 직감적으로 여자가 알아채는 **'그것'이란 바로 남자의 투자 수준이자 절박함의 정도**이다.

지금까지의 설명이 다소 추상적으로 느껴질 수 있다. 앞으로 이 책에서 '그것'을 어떻게 얻고 어떻게 여성에게 드러낼 수 있는지 자세히 설명할 것이다.

유혹의 재정의

생물학적으로 보면, 섹스로 인해 잃는 것은 여성이 남성에 비해 크다. 그래서 여성은 성적 파트너의 선택에 있어서 좀 더 까다로울 수밖에 없다. 반면 남성은 역사적으로 성적 문란함에 대한 불이익이 적었고, 생물학적 관점에서 보면 오히려 문란함으로 인해 얻는 이익이 컸다.

중요한 사실은, 여성은 남성에게서 편안함과 안전함을 느낄 때 성적 매력을 표현한다는 것이다. 여성의 성적 욕구는 육체적인 요소보다 심리적인 요소에 더 큰 영향을 받는데, 여기에서 심리적 요소가 바로 안전감과 유대감이다.

따라서 여성은 남성의 지위를 판단할 때 그의 자산보다는 행동을 더 유심히 본다. 자산이 많은 남자가 더 안정적일 가능성이 높지만, 만약 그의 행동이 지금 불안정해 보이면 여자는 그에게 끌리지 않는다. 신체적으로 건강한 남자가 더 나은 유전자를 제공하겠지만, 그의 행동에서 아이들을 제대로 키우기 어려운 특성이 보인다면 여자는 그에게 매력을 느끼지 못한다.

관계 초기에는 남성이 여성보다 섹스에 더 큰 가치를 두기 때문에, 처음에는 여성이 상대적으로 관계에 덜 투자하고 더 자신감 있게 행동한다. 이때 남자가 자신이 여자에게 투자한 만큼, 여자가 자신에게 투자하도록 만드는 것이 유혹이다. 그리고 섹스는 이러한 과정에서 자연스럽게 이루어지는 것이다.

유혹은 남자 자신이 여자에게 투자한 만큼,
여자가 자신에게 투자하도록 만드는 과정이다.

유혹은 두 가지 방식으로 이루어진다. 첫 번째는 남자가 여자에게 덜 투자하는 것처럼 보이도록 꾸미는 것이다. 즉, 절박함을 비절박함으로 가장하는 것이다. 두 번째는 남자가 **실제로 절박하지 않은 것**이다. 여자에게 덜 투자하는 것이다.

첫 번째 방법인 남자가 거짓된 모습으로 꾸미는 것을 나는 '연기'라고 부른다. 다른 데이트 관련 책이나 웹사이트에서는 이러한 연기를 하라고 조언한다. 대체로 "이렇게 말해라.", "바로 전화하지 말아라.", "그녀를 좋아하지 않는 척해라.", "이런 농담을 해라." 같은 조언들이다.

두 번째 방법인 여자에게 실제로 덜 투자하는 것은 내면에서 일어나는 과정을 기반으로 한다. 이 방법은 배우거나 외우거나 연습해서 얻을 수 있는 것이 아니다. 이를 위해서는 성공의 기준을 외적인 목표(더 많은 데이트, 더 많은 섹스)에서 내적인 목표(더 나은 관계, 더 큰 감정적 충족감, 전반적인 행복)로 전환해야 한다. 이 책에서 이러한 내적 과정이 어떻게 일어나는지, 그리고 이를 자신의 삶에 어떻게 적용할 수 있는지에 관해 설명할 것이다.

연기 기반의 데이트 조언은 기술적으로 '효과가 있을' 수 있지만 충족감을 얻을 수는 없다. 당신의 절박함이라는 문제를 실제로 해결하는 것이 아니라, **단지 가리는 것에 불과하기 때문이다**. 연기를 기반으로 성공한 남자는 여자와의 잠자리를 가질 수는 있겠지만, 결국 자신처럼 절박한 여성들과의 얕고 충족감 없는 관계만 가진다.

실제 데이트 사례 몇 가지를 절박함과 투자의 관점에서 살펴보자. 이 예시는 사실을 바탕으로 했지만, 신원을 보호하기 위해 인물의 이름과 세부 사항을 약간 수정했다.

라이언은 대학 시절, 남학생 클럽의 주요 멤버였다. 그는 파티를 기획하는 일을 맡고 있었으며, 어울리기를 좋아해 대부분 사람들에게 호감을 받았다. 어느 날, 그가 주최한 파티에서 제인을 만났고, 제인은 라이언에게 호감을 보였다. 두 사람은 곧 사귀기 시작했고, 대학 시절 내내 관계를 이어갔다.

졸업 후, 라이언은 은행에 취직했고, 제인은 지역 자선단체에서 일하게 되었다. 라이언의 사회적 네트워크는 점점 줄어들었고, 업무 시간이 길어서 새로운 친구를 사귀기가 어려웠다. 그는 점점 더 많은 시간을 제인과 함께 보내기 시작했다. 그들의 주된 여가 활동은 함께 영화를 보고 와인을 마시는 것이었다.

시간이 지나면서 제인은 자선 활동에 더 깊이 참여하게 되었고, 기금 모금을 위해 여러 지역을 여행하기 시작했다. 그 시간 동안 라이언은 혼자 TV를 보거나 옛 친구와 맥주를 마셨지만, 예전만큼 즐겁지 않았다. 1년이 지나자 라이언은 제인의 잦은 여행에 대해 불평하기 시작했다. 처음에는 제인도 그에게 동정심을 느꼈지만, 점점 그의 불평이 부담스럽게 느껴지면서 그를 원망하게 되었다. 결국 둘은 점점 더 자주 싸우게 되었다.

라이언은 둘만의 호화로운 카리브해 여행을 계획했다. 일상에서 벗어나고 싶었던 그는 이번 여행을 통해 두 사람의 관계에 꼭 필요한 설렘과 열정을 되살릴 수 있을 것이라 생각했다. 여행은 잠깐 두 사람의 로맨틱한 감정을 되살렸다. 하지만 집으로 돌아오자마자 다시 현실이 찾아왔고, 몇 달이 지나자 예전의 상황으로 돌아가 버렸다. 라이언은 업무가 많다고 짜증을 냈고, 제인은 그와 거리를 두며 계속해서 여행을 다녔다.

얼마 후부터 라이언이 결혼 이야기를 꺼내기 시작했지만, 제인은 주저했다. 그녀는 일이 점점 더 바빠져서 결혼을 준비할 시간이 없다고 말했다. 제인은 자신이 아직 젊고, 인생을 많이 경험해보지 못했다고 생각하였다. 그리고 라이언이 마음속 깊은 곳에서 인생을 더 경험하는 것을 두려워하며, 자신과 결혼하는 것을 통해 이를 회피하려 한다는 생각을 떨쳐버릴 수 없었다.

몇 주 후, 라이언은 또다시 제인에게 그녀가 일하고 친구를 만나는 데 시간을 너무 많이 쓰고 있다고 불평했다. 사실 제인은 일이 없는 날에도 밤늦게까지 일에 매달리곤 했다. 라이언은 제인에게 함께 살자고 압박했지만, 제인은 이를 강력하게 거부했다. 결국 라이언이 참지 못하고 폭발했다. 그는 지난 몇 년 동안 제인을 위해 모든 것을 포기했는데, 그녀는 감사할 줄 모른다고 소리쳤다. 이에 제인은 라이언이 관심과 애정을 과도하게 요구하며 자신을 숨 막히게 만든다고 반박했다. 결국 제인은 그 자리에서 라이언과 헤어졌다.

이 이야기가 익숙하게 들리지 않는가. 어쩌면 당신이나 주변 사람 중 누군가는 라이언과 같은 과정을 겪었을 것이다. 처음 여자를 만났을 때는 절박하지 않았고, 감정적으로 투자하지 않았지만, 점점 더 여자에게 지나치게 투자하면서 개인적인 삶을 등한시하게 되고, 결국 여자가 남자를 떠나게 되는 과정 말이다.

여기 또 하나 익숙한 이야기가 있다. 24세인 다니엘은 첫 여자 친구와 3년 간의 연애 끝에 차인 이후 다시 여자를 만나려고 노력하고 있다.

어느 날 밤, 다니엘이 바에서 스테이시에게 다가갔다. 다니엘은 술 취한 남자들이 어떻게 싸우는지에 대한 주제로 그녀에게 말을 걸었다. 스테이시가 관심을 보이자, 다니엘은 몇 가지 독특한 대사로 그녀를 웃게 만들었다.

이러한 접근 방법은 여성을 유혹하는 방법에 관한 글에서 배운 것인데, 다니엘은 한동안 이 대사를 연습하여 능숙하게 사용할 수 있었다. 연습하는 과정에서 여성에게 수많은 거절을 받았지만, 결국 다니엘은 몇몇 여성들의 전화번호를 받고 데이트도 할 수 있었다.

다니엘은 미리 준비해 둔 몇 가지 주제에 관해 이야기하면서 밤새 스테이시와 대화했다. 대화가 끊길 때마다 여러 번 사용해 본 농담으로 대화를 이어갔다. 매번 스테이시는 웃어 줬다. 다니엘은 글에서 본 대로 그녀의 팔을 살짝 터치했고, 스테이시도 그를 가볍게 터치했다. 그녀는 다니엘에게 관심이 있는 것처럼 보였다.

일주일 동안 다니엘과 스테이시는 서로 문자를 주고받았고, 일주일 후 데이트를 하게 되었다. 다니엘은 이번에도 자신이 배운 것들을 실행에 옮겼다. 그녀의 관심사를 주제로 이야기하기, 다양한 장소를 옮겨 다니기, 그녀 맞은편이 아닌 옆에 앉기, 계획된 핑계를 사용해 그녀를 집으로 데려가기 등등.

몇 번의 실수는 있었지만, 전체적인 과정은 잘 진행되었다. 스테이시는 정말 다니엘에게 끌린 것처럼 보였고, 다니엘이 마침내 용기를 내어 그녀에게 키스했을 때 스테이시는 열정적으로 응했다. 다니엘은 너무나 기뻤다. 몇 달 동안의 노력이 마침내 결실을 맺은 것 같았다.

두 번째 데이트도 이와 비슷하게 진행되었다. 다니엘은 스테이시를 자신의 아파트로 데려오는 데 성공했고, 흥분을 억누르지 못한 채 그녀와 잠자리를 가졌다. 다니엘은 자신이 인정받았다는 기분에 도취되어 구름 위를 걷는 듯한 기분이었다. 그는 인터넷에 접속해 친구에게 스테이시가 자신을 얼마나 좋아하는지 이야기하며, 자신의 유혹 기술을 자랑했다.

그러나 다니엘은 스테이시가 반한 것이 그의 대사나 기술이 아니라는 사실을 알지 못했다. 스테이시는 다니엘이 자신을 의식할 때마다 부끄러워하며 웃는 모습을 좋아했다. 그 모습은 그녀의 첫 남자 친구를 떠올리게 했고, 그래서 다니엘이 귀엽게 보였다. 또한, 그녀는 요즘 삶이 외롭게 느껴져서 누군가에게 필요한 사람이 되는 기분을 느끼고 싶었다. 자신의 인정을 받기 위해 다니엘이 열심히 노력하는 모습을 보며, 그녀는 기분이 좋았고 외로운 느낌이 줄어들었다.

적어도 잠시 동안은 말이다.

그 후 몇 주 동안 다니엘과 스테이시는 몇 번 더 만났다. 하지만 다니엘은 이미 그녀와 관계를 가진 후였으므로, 더 이상 책에서 배운 대사와 기술을 사용하지 않고 점차 관심과 인정을 갈구하는 원래의 절박한 모습으로 돌아갔다.

다니엘은 그녀가 하는 모든 말에 동의하기 시작하면서, 더 이상 새로운 주제나 흥미로운 대화를 끌어내지 못하게 되었다. 알고 보니 그는 대부분의 시간을 TV를 보거나 게임을 하면서 보내다 보니 같이 대화할 만한 주제가 별로 없었다. 예전에는 활기차고 유쾌한 대화가 오갔지만, 이제는 대화가 일방적으로 바뀌면서 스테이시가 하고 싶은 말을 하면 다니엘이 동의하는 식으로 변해버렸다. 게다가 섹스조차 재미없고 시시해졌다.

스테이시도 변하기 시작했다. 그녀는 자신이 외롭다는 느낌을 피하기 위해 섹스를 이용했다는 것을 깨닫기 시작했다. 그리고 공통점을 찾을 수 없는 남자에게 너무 신경을 쓴 것이 아닐까 하고 생각하기 시작했다. 하지만 스테이시는 자신의 실수를 인정하기보다는, 죄책감과 '문란한' 여자가 되는 것에 대한 두려움 때문에 계속해서 다니엘을 만났다.

어느 날, 다니엘은 스테이시에게 주말에 만나자고 문자를 보냈다. 하지만 그날 스테이시는 시험 공부하느라 바빠서 답장을 하지 않았다. 스테이시는 자신이 매우 바빴다고 생각했지만, 사실 그녀가 원했다면 답장할 시간은 있었다.

스테이시가 답장을 하지 않자 다니엘은 불안해지기 시작했다. 그는 온라인에 접속해 친구에게 조언을 구했다. 친구는 그녀의 관심을 끌고 다시 호감을 얻으려면 독특한 문자를 보내야 한다고 말했다.

다음 날, 스테이시가 시험을 마치고 휴대폰을 확인하였는데 다니엘에게서 문자 4개가 와있었다. 첫 번째는 별것 아닌 내용이었지만, 뒤로 갈수록 점점 더 이상하고 말이 안 되는 내용이 이어졌다. 다니엘의 절박함이 다시 고개를 든 것이었다. 하지만 그녀는 이 관계를 어떻게 끝내야 할지 모르는 데다 죄책감도 들어서 다니엘의 문자를 못 본 체하며 주말에 만나자고 답했다. 스테이시에게 다니엘과의 데이트는 기대가 아니라 의무가 되었다.

그런데 다니엘은 여자 친구의 '나쁜 행동'에 대해 바로 만나주는 것으로 보상할 생각이 전혀 없었다. 그는 데이트 조언 글에서 관계의 주도권을 여자에게 넘기지 말라고 배웠다. 그래서 몇 시간 후에 스테이시에게 그녀가 너무 늦게 답장해서 이미 다른 사람을 만날 약속을 잡았다는 문자를 보냈다. 이러한 반응은 스테이시에게 무척 이상했는데, 다니엘이 그녀에게 만나자는 문자를 4번이나 보냈기 때문이다. 하지만 스테이시는 안도감을 느꼈다. 이제는 자신의 삶을 이어갈 수 있게 되어서였다.

다음 주에 다니엘은 스테이시에게 문자를 보내, 이제는 그녀를 만날 준비가 됐으니 그녀가 노력한다면 만나줄 수도 있다는 식으로 빈정거렸다. 스테이시는 다니엘의 오만하고 무례한 문자에 화가 나서 답장을 하지 않았다.

이틀 후, 다니엘은 술에 취한 채 왜 자신을 만나주지 않느냐는 하소연이 잔뜩 담긴 문자를 스테이시에게 보냈다. 그녀를 정말 좋아하고 다시 만나고 싶지만, 왜 그녀가 자신을 싫어하게 됐는지 모르겠다는 내용이었다.

스테이시는 더 큰 혼란에 빠지면서 다니엘에 대한 흥미를 완전히 잃어버렸다. 결국 서로 친구로만 지내자고 답장했다. 사실 그녀는 다니엘을 다시 볼 생각이 없었다.

나는 이와 비슷한 이야기가 수백 명의 사람에게 수백 가지 형태로 반복되는 것을 봐 왔다. 남자가 여자를 만난다. 남자는 여자에게 덜 투자한다. 연애가 시작되거나 잠자리를 가진다. 점차 남자가 여자에게 지나치게 투자하게 되고, 결국 관계가 무너진다.

라이언과 제인의 이야기는 인생이 변하고 관계가 지속되더라도 여전히 자신에게 투자해야 하는 이유를 보여준다. **자신에게 투자하는 것**이 장기적으로 관계를 안정적이고 행복하게 만드는 유일한 방법이다.

라이언과 제인의 관계가 실패한 이유는 라이언이 졸업한 후 자신만의 매력을 잃었기 때문이다. 사회적 네트워크, 즐거움과 즉흥성, 그리고 자신이 기획했던 멋진 단체 활동에서 멀어졌다. 그는 지루한 직장에 갇혀 제인에게 의존하는 데서 자신의 정체성을 찾으려고 했다. 그러면서 자신보다 제인에게 더 투자하게 되었다.

한편, 제인은 졸업 후 자신이 좋아하는 직업을 갖게 되면서 빠르게 성장했다. 그녀는 새로운 친구를 사귀고 혼자서 여행하며 새로운 경험을 하기 시작했다. 제인이 자신의 정체성을 구체

구체화하며 라이언에 대한 의존성을 점차 줄일수록 라이언은 더 절박해지면서 제인에 대한 의존성을 점차 키워 나갔다. 결국 투자의 역학 관계가 역전되면서 관계가 무너졌다.

다니엘의 이야기는 유혹 기술과 대사들이 단기적인 해결책에 불과하다는 것을 보여주는 전형적인 예시다. 다니엘은 처음부터 스테이시의 애정에 절박하게 매달리면서 지나치게 투자를 했다. 그가 한 것이라곤 기술과 대사를 사용해 자신이 실제보다 더 자신감 있고 관계에 덜 투자하는 사람이라고 스테이시를 속인 것뿐이었다.

다니엘의 대사와 기술은 잠깐 효과가 있었다. 하지만 아이러니하게도 스테이시가 다니엘에게 가장 끌렸던 것은 그의 대사가 아니라, 대사를 버벅거리면서도 자신을 위해 노력하던 다니엘의 솔직함이었다. 자신감이 부족했던 당시의 스테이시는 다니엘의 어색함을 사랑스럽고 진정성 있게 느꼈고, 누군가에게 필요하다는 느낌과 함께 안정감을 가지고 싶었다. 또한 다니엘의 독특한 성격이 그녀의 첫 남자 친구를 떠올리게 해 귀엽다는 생각에 그와 잠자리를 가졌다.

하지만 다니엘의 대사와 기술이 바닥나자, 그가 얼마나 관계에 절박한지가 드러났다. 다니엘의 행동은 불안정해졌고, 이는 스테이시를 실망시켰다. 결국 그녀는 그와의 관계를 정리했다.

연기 기반의 데이트 조언을 따르는 많은 남자들은 보통 이 단계에도 이르지 못한다. 고작 몇 분 정도만 높은 지위에 있는 척 행동하다가 곧바로 무너진다. 이것이 연기 기반의 한계점이다. 기술과 대화법만 배우는 것은 임시방편에 불과하다. 이는 오히려 더 많은 스트레스를 유발하고, 결국 당신 자신에 대해 더 나쁘게 느끼도록 만든다. **우리에게는 정체성 수준에서 절박함을 지속적으로 낮추기 위한 작업이 필요하다.**

절박함을 극복하기 위해서는 말하는 방법을 배우거나 새로운 기술을 익히는 것만으로는 부족하다. 절박함을 극복하는 것은 마음가짐, 자기 인식, 그리고 자존감이 변하는 것을 의미하며, 이는 즉 여자를 대하는 태도를 근본적으로 바꾸는 것이다.

안달 난 남자 vs 비절박한 남자

잠시 다음을 상상해 보라.

… 여자를 만나기 전에 그녀가 나를 좋아할지 걱정하는 대신, 내가 그녀를 좋아할지 궁금해할 수 있다면.

… 그녀에게 잘 보이려 애쓰는 대신, 그녀가 나에게 좋은 인상을 줄 수 있을지 궁금해할 수 있다면.

… 다음에 무슨 말을 해야 그녀가 나를 좋아할지 고민하는 대

신, 그녀가 어떤 말을 해야 내가 그녀를 좋아할지 궁금해할 수 있다면.

… 그녀의 전화를 기다리는 대신, 내가 다른 일을 하는 동안 그녀가 내 전화를 기다린다면.

… 내가 충분히 키가 크고 잘생기고 날씬한지 걱정하는 대신, 그녀가 내 훌륭한 자질을 알아보지 못할 만큼 피상적이지 않은지 판단할 수 있다면.

… 완벽한 데이트를 계획하려는 대신, 나를 진정으로 좋아하는 여자는 완벽한 데이트가 필요 없다고 생각할 수 있다면.

… 그녀가 즐거워할 대화 주제를 찾으려는 대신, 내가 즐기는 주제를 이야기하고 그녀가 관심을 보이는지 볼 수 있다면.

… 그녀의 인정을 구하려고 애쓰는 대신, 내가 그녀에게 인정을 줄지 말지 결정할 수 있다면.

… 그녀가 왜 나와 함께하고 싶어하지 않는지 화를 내는 대신, 그녀의 행동이 내가 그녀와 함께하고 싶지 않은 이유라고 판단할 수 있다면.

이것이 높은 자존감과 강한 경계를 갖고 있다는 것이다. 절박하지 않고 매력적인 남자가 되는 것이다.

당신을 위해 시간을 내주는 사람에게만 시간을 쓰는 것. 당신과 데이트할 마음이 있는 사람에게만 관심을 주는 것. 다른 사람을 행복하게 만들기보다는 자신이 행복해지는 것에 신경 쓰는 것. 다른 사람의 요구를 충족시키려 애쓰는 대신, 당신의 필요를 충족시켜 줄 사람을 찾는 것. 여성들이 원하는 모습이 되려고 애쓰는 대신, 당신이 되고 싶은 모습으로 자신을 바꾸는 것. 아이러니하게도, 이것이 여성들이 진정으로 원하는 남자의 모습이다.

여성들은 존경할 수 있고 믿을 수 있는 남자에게 끌린다. 무엇을 말해야 할지, 어떻게 느껴야 할지 끊임없이 인정을 갈구하는 사람을 누가 존경하고 신뢰하겠는가?

당신의 존재 자체가 누군가를 끌어당기거나 밀어내는 것이다. 대사나 전략이 아니다. 당신이 얻는 결과가 마음에 들지 않는다면, 이제는 당신 자신을 개선해야 한다.

그녀가 아무리 예뻐도 상관없다. 중요한 것은 다음과 같다. 그녀는 당신에게 충분히 좋은 사람인가? 진실된 사람인가? 똑똑하고 밝고 배려심이 있는가? 그녀가 당신을 모욕하거나 신뢰를 깨트리면 곧바로 그 관계에서 벗어날 수 있는가?

연애에 관한 진정한 조언을 단 하나로 정리하면 그것은 바로 '자기 개선'이다. 자신을 가꾸고, 불안감을 극복하고, 수치심을 해결하라. 그리고 자신과 소중한 사람들을 돌봐라.

자신을 사랑하라. 그렇지 않으면 아무도 당신을 사랑하지 않을 것이다.

잘못된 길, 자기애

만약 자신이 평생 절박함에 사로잡혀서 상대에게 지나치게 투자하는 사람이었다면, 자신감 있고 매력적인 남자로 바뀌기란 쉽지 않다.

절박함에서 벗어나려면 자기 존중, 건강한 경계 설정, 사회적 소통 능력, 그리고 건강한 생활 습관을 개발해야 한다. 이는 장기적이며 힘든 과정으로, 의문, 의심, 분노, 좌절을 겪게 되고, 자기 성찰과 생활 방식의 변화를 요구한다.

이 과정에서 빠지기 쉬운 길이 있다. 여성을 대상화하고, 여성을 수집하거나 자랑하기 위한 트로피로 여기는 것이다.

앞서 말했듯이, 일부 남성은 연기를 통해 비절박함을 만들어낸다. 우리는 앞의 예시를 통해 이런 접근이 장기적으로는 실패한다는 것을 알게 되었다.

반면 어떤 남성은 과잉 보상을 한다. 이들은 다른 사람들이 자신을 어떻게 생각하는지에 집착하다가, 갑자기 반대로 자신만 신경 쓰기로 마음 먹는다. 그 결과, 이들은 자기애적이고 자기중심적으로 변하여, 관계를 특정한 이익을 얻기 위한 수단으로 여기고 상대방의 필요를 무시하게 된다.

절박한 남자는 다른 사람이 원하는 것에만 신경 쓴다. 비절박한 남자는 자신과 상대방 모두가 만족하는 지점을 찾는다. 자기애적인 남자는 과잉 보상 심리를 통해 자신의 필요만 충족시키려고 한다.

대부분 자기애적인 남자들은 여성에 대해 잘못된 믿음을 가진다. 예를 들어, 여성은 이성적이지 못하고, 신분 상승을 위해 결혼하며, 남성을 조종하려 하고, 결국에는 지배와 통제가 필요하다는 것이다. 이러한 것들은 모두 잘못된 믿음이지만, 자기애적인 남자들은 이를 자신의 이기적인 행동을 합리화하는 수단으로 사용한다.

자기애적인 남자들은 자신이 다른 사람보다 더 중요하다고 생각한다. 이들은 공격적이고 무신경하며 요구 사항이 많다. 자신만 챙기며 타인의 거절을 잘 받아들이지 못한다. 심지어 이들 가운데 일부는 가학성을 가지게 되기도 한다.

그러나 자기애적 남자의 속을 들여다보면 나약함이 있다. 사실, **남자의 자기애는 그 아래 숨겨진 절박함을 보호하기 위한 방패**인 것이다. 자기애적인 남자 역시 다른 사람의 인정을 갈구하지만, 이를 얻기 위해 그들은 자신을 과대평가한다. 절박한 남자가 다른 사람의 인정을 받기 위해 자신이 중요하지 않은 척 겸손한 연기를 한다면, 자기애적인 남자는 자신을 위대한 것처럼 꾸며서 다른 사람의 인정을 얻으려고 한다.

어떤 사람들은 남자들에게 자기애적인 사람이 되라고 조언한다. 이를테면 이기적이고, '알파'가 되어 지배적이고 공격적으로 행동하라고 조언하는 것이다. 여성의 거절을 무시하라고 하며, 원하는 것이 있다면 무슨 대가를 치르더라도 공격적이며 끈기 있는 태도로 얻어내라고 말한다. 이런 조언은 여성은 자신이 원하는 것을 알지 못하고, 남성을 '시험'하며, 사실 남성을 원하고 있지만 이에 대해 말하지 않는다는 편견을 기반으로 하고 있다. 그렇게 그들은 자신의 자기애적 행동을 정당화한다.

자기애적 행동은 특히 마초 문화가 강한 곳(라틴 아메리카, 중동, 동아시아 등)에서 장려되곤 한다. 많은 남성이 자기애적인 아버지 밑에서 자라는데, 그 아버지는 자기중심적인 삶만을 살아왔기에 이러한 특성을 무의식적으로 자식에게 물려주곤 한다.

관계에서 자기애적 성향은 항상 자신이 우위에 있으려 하고, 상대를 통제하려고 하는 방식으로 나타난다. 이기심, 단호함, 지배성을 보이며, 다른 사람의 가치를 깎아내리면서 자신의 가치를 높이고자 한다.

그러나 이런 전략은 결국 자신을 망친다. 자기애적인 남자들은 관계를 즐거운 협력이 아니라 지배하고 승리해야 할 경쟁으로 여긴다. 다른 사람의 중요성을 깎아내리면서 유혹하려는 행동은 관계를 허무하고 피상적으로만 만들 뿐이다.

그런데 안타깝게도 이런 전략이 통할 때가 있다. 대부분의 여성에게는 효과가 없지만, 자신감이 없고 스스로를 하찮게 여기는 여성에게는 효과가 있을 수 있다. 자존감이 있는 여성은 자기애가 강한 남자를 금방 알아보고 멀리한다. 그러나 자존감이 낮은 여성, 특히 감정적으로 문제가 많거나 과거에 학대 경험이 있는 여성들은 자기애적인 남자에게 끌려들어 간다.

정리하면 자기애와 과잉 보상은 단기적으로 효과가 있을 수 있다. 하지만 이런 접근 방식은 불쾌하고 얕으며 피상적인 관계로 이어진다. 결국 당신은 별로 좋아하지도 않는 여자들 때문에 골치 아픈 상황에 처하게 되고, 여자들 역시 당신을 진심으로 좋아하지 않는다. 당신과의 관계를 후회하는 여자들과 감정적으로 불안정한 여자들이 당신을 끊임없이 괴롭힐 것이다. 이는 수심이 얕은 수영장에서 수영하는 것과 같다. 깊은 수영장에서 느낄 수 있는 만족감은 없고, 여기저기서 오줌 냄새만 진동하는 것이다.

자기애는 여러 가지 형태로 나타나지만, 보통은 다음과 같은 특징이 있다. 자신의 욕망과 욕구에만 집중하면서 이를 다른 사람들에게 강요한다. 자신의 지배력을 과시하고 힘을 자랑한다. 자신의 잘못을 인정하지 않으며, 결점을 드러내려 하지 않고, 문제를 다른 사람에게 돌린다. 다른 사람을 깎아내려서 자신을 더 크게 보이게 한다.

진심으로 절박하지 않은 남자는 자신에게 관심이 없거나 자신을 거절하는 여자를 만나면 자신과 잘 맞지 않는 부분이 있거나 상황이 좋지 않다고 생각한다. 그러면서 어쨌든 잘된 일이라 여기며 자신의 삶을 이어간다.

하지만 자기애적인 남자는 거절당하면 상처받고 분노한다. 그는 여자가 자신의 위대함을 알아보지 못했다고 비난한다. 자신이 원하는 것을 주지 않았다는 이유로 여자에 대해 멍청하고 이기적이며 얕다고 욕한다.

그러나 이것은 **또 다른 형태의 연기일 뿐**이다. 그는 자신이 관계를 통제하고 있는 것처럼 행동하지만, 사실 통제하려는 그 필사적인 노력은 불안감에서 비롯된 것이다.

비절박한 남자는 여자가 자신을 어떻게 생각하는지를 통제하려 하지 않는다. 대신 여성에 대한 자신의 감정과 행동을 통제하려고 한다. 그는 세상이 자기 중심으로 돌아가는 것이 아님을 이해하며, **자신이 통제할 수 있는 것은 오직 자신과 자신의 행동뿐**이라는 것을 안다. 일이 자기 뜻대로 되지 않거나 사람들이 자신을 인정하지 않더라도 개의치 않는다. 왜냐하면 그는 이미 스스로 멋지다고 느끼기 때문이다. 그는 다른 사람의 인정을 요구하지 않으며, 다른 사람의 무시가 그의 목표를 흔들리게 하지 않는다.

자기애적인 남자는 여러 명의 여자를 만나며, 겉모습만 보고 쉽게 판단하고, 잠자리를 가진 여자들을 무시하거나 함부로 대한다. 다음의 예를 보자.

로이의 이야기

로이는 대학 시절 내내 착한 남자였다. 그는 과학을 좋아하는 소위 '덕후'였지만, 가까운 여자들에게 인간적인 관심을 받기도 했다. 로이도 그녀들에게 관심이 있었는데, 그것은 이성적인 관심이었다. 그러다 보니 안타깝게도 로이가 용기를 내어 고백할 때마다 여자들은 항상 그에게 친구로만 남고 싶다고 말했다. 로이는 그녀들이 형편없고 무신경한 남자 친구에 대해 불평하는 것을 들어주곤 했다. 로이는 속으로 '하지만 나는 너를 아끼고, 너에게 다정하고, 지금 바로 네 눈앞에 있는데, 왜 그걸 몰라주니?'라고 생각했다.

그녀들은 로이를 결코 이성으로 생각하지 않았다. 로이가 희망을 가지고 기다리며 설득해 보았지만, 그녀들은 항상 다른 남자에게 관심을 돌렸다.

마침내 로이가 25세가 되었을 때 첫 여자 친구가 생겼다. 그녀는 로이와 같은 실험실에 있는 약간 우울하고 조금 살이 찐 대학원생이었다. 여자 친구에게는 명백한 단점이 있었지만, 로이는 그녀에게 푹 빠졌다. 하지만 그녀는 감정적으로 불안했고, 이러한 부분이 둘 모두를 힘들게 했다. 결국 두 사람은 1년의 격렬한 연애 끝에 헤어졌다.

로이는 분노가 치밀어 올랐다. 그는 더 이상 무시당하거나 상처받고 싶지 않았다. 여성들은 그에게 성적인 매력을 느끼지 않앉고, 유일한 여자 친구도 떠났다. 로이는 이제 자신의 필요를 우선시하겠다고 생각했다. 주변 여성들이 남자 친구의 못된 행동에도 불구하고 잠자리를 가졌다는 사실을 상기하며, 로이는 자신도 그렇게 하기로 결심했다.

로이는 여자에게 모욕적이고 놀리는 말을 자신이 쉽게 할 수 있다는 것을 알게 되었다. 그리고 이를 평생 동안 여성에게 감정적으로 무시당했던 것에 대한 복수라고 생각했다. 어떤 여자들은 그의 말에 기분 나빠했지만, 로이는 그럴수록 더 강력해진 기분이 들었고 더 많은 여자를 만나러 다니게 되었다.

놀랍게도 몇몇 여자들은 그런 로이에게 끌렸다. 로이는 여자들을 집으로 데려가 함께 잠자리를 가졌다. 처음에는 술에 취했거나 매력이 없는 여성만 끌어들였지만, 로이가 '선수'로서의 모습에 익숙해지면서 점점 더 매력적인 여자들을 만났다.

로이와 잠자리를 가진 여자들 중 일부는 로이에게 진정으로 호기심을 느꼈고, 그를 더 알고 싶어 했다. 로이는 이런 여자들을 가지고 놀며 몇 번 더 성관계를 가진 후, 그녀가 하지도 않은 일로 갈등을 일으키고는 그녀를 탓하며 헤어지는 핑계를 만들었다. 그러면 여자들은 로이가 안정적이지 않으며 함께 시간을 보내기 좋은 사람이 아니라는 것을 깨닫고 곧장 떠나갔다.

어떤 여자들은 로이에 대한 관심보다는 성관계를 통해 잠시 감정적으로 인정을 받고 싶어 했다. 이런 여자들은 로이와 잠자리를 가진 후 다시는 연락하지 않았다.

절박함이 큰 여자들은 성적인 인정뿐만 아니라 감정적인 인정까지도 절실히 갈망했다. 그들은 갑자기 울음을 터뜨리거나, 밤새도록 로이에게 수십 번 전화를 걸거나, 예고 없이 그의 집에 찾아오기도 했다. 섹스는 종종 대단했지만, 로이가 가지고 있던 분노와 불안감이 이런 여자들의 감정에 말려 들어갔다. 화가 난 상태로 헤어졌다가 다시 애정이 넘치는 재회를 하고, 또다시 화가 난 상태로 헤어지는 극적인 상황이 몇 주, 때로는 몇 달 동안 이어졌다. 이런 여자들 중 다수는 과거에 성적 학대를 당한 경험이 있었다. 결국 로이는 그녀들과의 게임에 지쳐 다시는 그런 관계에 빠지지 않겠다고 다짐했다. 하지만 결국 같은 유형의 사람만 만나며, 진정한 관계를 맺지 못한다.

나는 항상 남자들에게 말한다. 만나는 여자마다 불안정하고 문제가 있다면, 그것은 당신의 감정적 수준과 자신감 수준, 그리고 절박함이 반영된 것이라고. 절박하지 않은 사람들은 절박한 사람들과 데이트하지 않는다. 또한 그 반대도 마찬가지다. 서로 끌리지 않기 때문에 그런 관계는 성립되지 않는다.

그러므로 **만약 당신이 끌어들이는 모든 여자가 절박하고 의존적이라면, 그것은 당신 또한 절박하고 의존적이라는 것을 의미한다.**

로이는 절박한 상태에서 자기애를 통해 과잉 보상하는 길을 선택했다. 그는 스스로 존중하지 않고 여자를 숭배하는 상태에서, 여자를 존중하지 않고 자신만 숭배하는 상태로 변화했다.

비절박함의 핵심은 자기 자신에 대한 존중과 여성에 대한 존중 모두를 갖추는 것이다.

더 많은 여자, 더 매력적인 여자를 끌어들이고 데이트하는 지속적이며 유일한 방법은 자신을 더 매력적으로 만드는 것이다. 그리고 자신을 더 매력적으로 만드는 방법은 자기 자신에게 투자하고 절박함을 줄이는 것이다.

여자들과의 관계에서 자신의 투자 수준과 절박함의 수준을 지속적으로 조절하는 것은 쉽지 않으며 삶의 모든 측면을 포함하는 과정이 될 것이다. 하지만 이는 남자로서 가장 가치 있는 여정일 수 있다.

그리고 그 핵심은 아마 당신이 예상치 못한 것일 수 있는데, 사실 대부분의 남자는 이에 관한 이야기를 들을 때마다 코웃음을 치곤 한다. 그 핵심은 바로 취약성이다.

2장
취약해질 용기

강한 사람일수록 자신을 드러낸다

많은 남자들이 '취약성'이라는 단어를 곧바로 약함과 연관 짓는다. 남자들은 보통 어릴 때부터 감정을 드러내지 말고, 약함은 숨겨야 하며, 내면을 들여다보지 말라고 교육받는다. 게다가 데이트에 관한 유명한 조언을 보면, 무관심한 태도로 여성에게 거리를 두고, 판단적으로 대하고, 때로는 여성에게 차가운 태도를 취하라고 남자들에게 권장한다.

그러다 보니 남자들은 자신의 감정을 드러내거나 취약해지는 데 대해 부정적인 선입견을 가지고 있다. 어쩌면 당신 역시 이런 이야기를 듣는 것만으로도 불편함을 느낄지도 모르겠다.

하지만 걱정하지 말라. 캠프파이어를 하면서 영혼이나 감사함에 대해 이야기하며 훌쩍거리자는 것이 아니니까.

취약성을 더 넓은 의미로 생각해 보자. 취약성을 드러낸다는 것은 단순히 두려움이나 불안감을 표현하는 것만을 의미하지 않는다. 거절당할 수 있는 상황에 자신을 던지고, 웃기지 않을 것 같은 농담을 하는 등의 사회적 상황에서의 취약성도 포함된다. 다른 사람을 불쾌하게 할 수도 있는 의견을 내거나, 모르는 사람들에게 자신을 소개하거나, 좋아하는 여자에게 데이트하고 싶다고 말하는 것도 취약성이다. 이런 모든 행동은 감정적으로 위험을 감수하는 것이며, 당신 자신을 취약하게 만드는 것이다.

이런 의미에서 취약성은 깊고 미묘한 힘이며 용기가 필요한 행동이다. 스스로 취약하게 만들 수 있는 남자는 세상에 이렇게 말하는 것과 같다. **"결과가 어떻게 되든 상관없어. 이게 나야. 다른 누구도 아니야."** 이러한 태도를 통해 그는 자신의 비절박함과 높은 지위를 보여준다.

사람들은 취약한 남자라고 하면 구석에 웅크리고 앉아 다른 사람들에게 자신을 받아 달라고 애원하거나 상처 주지 말라고 비는 사람을 생각한다. 하지만 그것은 취약성이 아니다. 그것은 항복이며 약함이다.

두 남자가 있다. 한 남자는 당당하게 서서 정면을 바라본다. 다른 사람과 대화할 때 눈을 마주친다. 막힘없이 자신의 생각을 말하고, 다른 사람들이 동의하지 않더라도 이를 편안히 받아들인다. 실수를 하더라도 대수롭지 않게 생각하고, 필요하다면 사과한다. 어떤 일에 서툴다면 이를 솔직히 인정한다. 감정을 표현하는 것을 두려워하지 않으며, 그 때문에 거절당하더라도 신경 쓰지 않는다. 자신을 있는 그대로 좋아하는 사람들과 함께하면 되기 때문이다.

반면, 다른 남자는 몸을 움츠리고, 눈을 맞추는 것을 불편해한다. 그는 항상 쿨한 척하며 무관심한 태도를 연기한다. 다른 사람을 불편하게 할 수 있는 말은 피하고, 때로는 갈등을 회피하기 위해 거짓말을 한다. 항상 사람들에게 좋은 인상을 주려고 애쓴다. 실수를 하면 다른 사람을 탓하거나 아예 없었던 일처럼 행동한다. 자신의 감정을 숨기고, 불편하더라도 미소 지으며 괜찮다고 말한다. 거절당하는 것을 두려워한다. 그리고 거절당하면 큰 충격을 받으며 화를 내고 절박하게 상대의 애정을 되찾으려고 한다.

이 두 남자 중 누가 더 강력한가? 누가 더 자기 자신에 대해 편안함을 느낄까? 그리고 여성들은 어느 쪽에 더 끌릴까?

진화적인 관점에서 볼 때, 취약성은 남성의 지위를 보여주는 지표로 활용되어 왔다. 어느 부족에 20명의 남자가 있다고 하자. 이들은 모두 수렵 채집 생활을 하며 비슷한 양의 소유물을 가지고 있다.

몇몇 남자들은 다른 사람의 말에 지나치게 반응하며, 잘못을 인정하지 않는다. 다른 남자들의 인정을 얻기 위해 자신의 행동과 말을 바꾼다. 일이 잘 안 풀리면 다른 사람을 탓한다. 그들의 부족 내 지위는 어떠할까? 이 모든 행동이 자신의 약점을 숨기고 다른 남자의 인정을 받기 위한 것이라면, 이는 그 남자가 낮은 지위에 있고 신뢰할 수 없으며 자신감이 없다는 것을 의미한다. 더 나아가 자식을 맡길 수 있는 아버지로서 믿을 만하지 않다는 것을 암시한다.

이제는 같은 부족에 있는 다른 남자를 살펴보자. 이 남자는 주변 남자들의 절박함이나 짜증의 영향을 받지 않는다. 오직 주어진 일에만 집중하며 다른 사람들이 자신을 어떻게 생각하는지에 따라 행동을 바꾸지 않는다. 누군가가 싸움을 걸면 자신을 지키지만, 자신이 잘못했을 때는 약점을 숨길 이유가 없기 때문에 잘못을 인정한다. 그는 명예를 중시하며 다른 남자들에게 반응하지 않고, 오히려 다른 남자들이 그들에게 반응한다.

이러한 행동은 지위가 높다는 것을 암시한다. 그는 자신의 강점과 약점을 편안하게 수용한다. 신뢰할 수 있는 사람이자 높은 지위에 오를 가능성이 높은 사람이며, 자녀를 부양할 수 있는 사람이다. 그는 성공할 것이고, 믿을 수 있는 아버지가 될 것이다.

여성들은 높은 지위의 남자를 선택할 때 먼저 그의 비절박함을 보고, 그다음으로 겉모습과 성취를 보는 방향으로 진화해 왔다. 남자의 겉모습과 성취는 비절박한 행동의 결과일 가능성이 높기 때문이다. **남자의 비절박함은 그가 자신의 취약성을 편안**

하게 받아들이고, 이를 세상에 드러내는 것을 두려워하지 않는다는 것을 보여준다. 이런 점은 그의 라이프스타일(3부), 용기 있는 행동(4부), 다른 사람과의 대화 방식(5부) 등 여러 방면에서 드러난다.

자신을 드러내지 못하는 사람들

만약 당신이 여자와 잘 지내지 못한다면, 그 이유는 당신이 진정한 감정과 의도를 제대로 표현하지 못하기 때문일 가능성이 높다. 매력적인 여성에게 다가가서 인사하거나 데이트를 신청하는 것이 두려운가? 누구도 자극하거나 불쾌함을 느끼도록 하지 않기 위해 '안전'하고 피상적이며 지루한 대화를 하고 있지는 않은가? 당신의 바람과 욕구를 충분히 주장하지 못하는가? 자신의 성적 매력을 숨기면서도, 다른 사람이 성적 매력을 드러내면 두려워하거나 긴장하는가? 다른 사람들의 시선 때문에 마음에 들지 않는 직업이나 생활 방식을 고수하고 있는가? 지나치게 멋진 옷을 입는 것이 불편하고, 낯선 사람에게 미소 짓는 것이 어색하며, 여성에게 대놓고 작업을 걸다가 거절당할까 무서워서 시도조차 하지 못하는가?

이 모든 증상은 한 가지 문제, 즉 취약함을 드러내지 못함으로써 생기는 것이다.

가정 환경 때문이든, 어린 시절의 트라우마 때문이든, 아니면 부모님이 감정을 표현하지 않았기 때문이든, 우리는 자신을 억누르고 감정을 억제하면서 자라 왔다. "논란을 일으키지 마라. 튀는 행동을 하지 마라. 미친 짓이나 바보 같은 짓, 이기적인 행동을 하지 마라."라는 이야기를 들으면서 말이다.

나 역시 그랬다. 어린 시절 내내 누군가가 나를 싫어할까 봐 두려워했다. 남자든 여자든 나를 싫어할 수 있다는 생각만으로도 밤잠을 설쳤다. 그 결과, 사람들의 비위를 맞추고, 내 결점을 숨기며, 다른 사람을 탓하면서 살아왔다. 여자와의 관계 역시 말할 필요도 없이 지지부진했다. 간신히 여자 친구를 사귀었을 때도, 결국 그녀는 감정을 잘 표현하는 새로운 남자를 찾아서 떠났다.

취약성을 드러내라는 말이 허황되거나 한때의 유행처럼 들릴지도 모른다. 하지만 그렇지 않다. 자기애적이거나 가식적인 행동과 달리, 취약성을 드러내는 것은 당신의 인생에서 가장 훌륭한 만남과 관계를 만들어 줄 것이다.

취약성은 진정한 인간관계로 들어가는 길이며, 진정으로 매력적인 사람이 되는 방법이다. 이와 관련하여 심리학자 로버트 글로버는 "사람들은 서로의 모난 면에 끌린다."라고 말했다.

당신의 모난 면을 드러내라. 완벽해지려고 시도하지 말고 자신을 있는 그대로 드러내라. 거절과 실수를 받아들이고 계속 나아가라. 당신은 더 크고 강한 사람이니까. 마침내 당신을 있는 그대로 사랑해 주는 여성을 만난다면(반드시 그럴 것이다), 그녀의 애정 속에서 기뻐하라.

하지만 자신의 감정과 결점에 대해서 편안해지며, 주저하지 않고 자신을 솔직하게 드러내는 태도는 하루아침에 만들어지지 않는다. 취약해지는 것은 하나의 과정이며, 때로는 고단함을 동반하기도 한다.

변화에는 '고통의 시기'가 필요하다

변화를 시작하려고 할 때 '고통의 시기'가 찾아온다. 기존의 감정 패턴, 행동 패턴을 바꾸는 단계에서 이 시기가 시작되는데, 이때 많은 사람들이 큰 저항과 불편함을 느끼고 포기한다.

몸을 만드는 것이든, 새로운 언어를 배우는 것이든 처음에는 어색하고 힘들다. 취약성도 마찬가지다. 당신은 애를 쓰다가 좌절을 맛볼 것이고, 자신이 취약하다고 느끼게 될 것이다.

많은 사람들이 이러한 느낌을 극도로 싫어하며 가능한 한 피하려고 한다. 취약해지는 것은 아프고, 창피하며, 어렵다. 처음으로 여성에게 다가가거나 번호를 물어볼 때 당신은 무척 긴장할 것이다. 만약 여자가 차갑게 반응한다면 좌절할 것이다. 우리는 좋아하는 여자에게 처음으로 전화를 걸 때나 처음으로 키스하려고 할 때 긴장하며 쉽게 행동으로 옮기지 못한다.

특히 과거에 가식적인 연기나 자기애적인 접근으로 성공을 거둔 적이 있다면, 취약성을 드러내기가 더욱 어려울 것이다. 취약성을 드러내는 연습을 한다는 것은 종종 '더 나아지기 전에 더 나빠질 필요가 있다.'라는 것을 의미한다.

평생 동안 감정을 억눌러 왔다면 이러한 과정이 더 힘들 수 있다. 취약성 연구자 브레네 브라운(Brene Brown)은 "수치심에 대해 이야기하지 않을수록, 그 수치심은 더 커진다."라고 말했다.

지금까지 자신을 드러내는 것이 두려워 행동을 미뤄왔을 수 있다. 결과가 두려워 실행하기를 미루며 몇 달, 혹은 몇 년을 보냈을 수도 있다. 직업을 바꾸거나, 옷을 멋지게 차려입거나, 데이트 앱에 가입하는 것을 미루어 왔을 수도 있다. 먼저 행동에 나서는 것이 두려워서 당신에게 관심을 주었던 여자와의 데이트 기회를 놓쳤을 수 있다. 행동하기 전에 '어떻게 하는지'부터 먼저 알아야 한다고 스스로 설득했을지도 모른다. 먼저 다른 사람이 실행하는 것을 봐야 한다고 생각했을 수도 있다.

이 모든 것이 회피의 형태다. 그리고 **모든 회피는 깊은 내면의 절박함에서 비롯되며, 이는 자신을 취약하게 만들 때 비로소 치유될 수 있다.** 이러한 취약성이 초기에는 고통스러울 수도 있다. 하지만 피할 수는 없다. 유일한 길은 정면으로 통과하는 것이다.

내가 처음으로 취약해지는 법을 배울 때 겪었던 고통을 살펴보자. 나에게는 멜리나와 케이트라는 두 명의 여자가 있었다. 멜리나는 내가 2005년 처참한 이별을 경험한 이후 처음으로 데이트한 여자였다. 그녀와 나는 자연스럽게 통했고, 몇 시간씩 이야기하곤 했다. 그런데 당시 나는 전 여자 친구와의 관계에서 감정적 짐을 짊어지고 있었는데, 이를 자각하지 못하고 있었다.

어느 날 밤, 멜리나와 대화하던 중 나는 감정을 주체하지 못하고 폭발한 일이 있었다. 무려 15분 동안 나는 화를 내면서 전 여자 친구가 얼마나 형편없는 사람이었는지 그리고 그녀가 얼마나 끔찍한 일들을 저질렀는지 하나하나 이야기했다. 비록 전 여자 친구로 인해 받은 상처가 매우 크긴 했지만, 그날의 분노는 너무나 불필요했다.

이야기를 마쳤을 때, 나는 얼마나 오래 이야기했는지조차 모르는 상태였다. 잠시 어색한 침묵이 흐른 후, 멜리나는 무언가에 겁먹은 것처럼 나를 바라보며 말했다. "그 모든 걸 알 필요는 없었던 것 같아."

결국 우리는 더 이상 만나지 않게 되었다. 그 일이 얼마나 부끄러웠는지, 그 후 그녀를 몇 번 마주쳤는데 그때마다 속이 울렁거릴 정도였다.

이 일은 너무나 끔찍했지만, 한편으로는 중요한 경험이었다. 관계에 대한 감정을 처음으로 솔직하게 드러냈기 때문이다. 그 일 이후로 같은 주제를 이야기하는 것이 훨씬 편해졌다는 것을 깨달았다. 관계에 대해 이야기하는 것이 편해지자 나는 어떻게 하면 더 나은 남자가 될 수 있는지와 이전의 관계에서 내가 무엇을 잘못했는지를 알아차릴 수 있었다. 그 일은 어색하고도 취약한 나의 첫걸음이었던 것이다.

그 이후에 만난 케이트는 나보다 약간 나이가 많고 성적으로 개방적인 사람이었다. 우리의 '첫 데이트'는 그녀가 전화를 걸어 "내 아파트 부엌에서 나랑 하자."라고 대놓고 말한 것이었다.

"어… 좋아, 알겠어." 나는 쿨한 척했지만 속으로는 겁에 질려 있었다. '여자들이 정말 이렇게 행동한다고? 이게 무슨 의미지? 그녀는 나를 잘 알지도 못하는데.'

그녀의 집으로 갔지만 머릿속은 여전히 혼란스러웠다. 긴장한 나머지 몸이 제대로 말을 듣지 않았다. 결국 제대로 관계를 맺을 수 없었고, 그로 인해 너무나 부끄러웠다. 전에 다른 여자들과도 이런 일이 있긴 했지만, 그때는 술에 취해서 그랬다고 변명할 수 있었다. 술 때문이라고, 내 문제는 아니라고 말이다.

하지만 이번에는 변명거리가 없었다. 케이트는 나체인 채로 부엌 카운터에 앉아서 기대와 실망이 뒤섞인 표정을 짓고 있고, 나는 구석에 몰린 기분이었다. 나는 내 두려움을 인정해야 했다. 나는 멋진 플레이보이도, 능숙한 바람둥이도 아니며, 그냥 성적 불안과 감정적인 짐을 많이 가지고 있는 긴장한 남자일 뿐이었다. 그래서 나는 내 모습을 있는 그대로 인정하기로 했다. 케이트에게 나는 경험이 많지 않고, 오랫동안 연애를 하지 못했기 때문에 정말 긴장된다고 말했다.

다행히 케이트는 내 불안함을 쿨하게 받아들였다. 그녀는 나를 이해한다고 말하며, 긴장을 풀고 천천히 하라고 했다. 그러자 나는 모든 데이트 글에서 금기시하는 소심한 말을 그녀에게 하고 말았다. 서로를 알아가는 시간을 가질 수 있는지 물어본 것이다.

이것은 유혹과 관련된 책에서 '진짜 남자'라면 절대로 하지 말아야 하는 말로 소개된다. 하지만 나에게 이 말은 취약하면서도 진실된 표현이었다.

그녀가 이를 받아들여 주면서 우리는 서로를 알아가기로 했다. 마음이 진정되고 편안해지자 그녀와 섹스를 할 수 있었다. 그녀는 나를 이해해 주었고, 그 일에 대해 문제 삼지 않았다. 우리는 몇 달 동안 데이트를 하며 집안의 온갖 가구 위에서 열정적인 시간을 보냈다. 놀라운 경험이었다. 나에게는 그저 마음을 열고 편안해질 시간이 필요했던 것이다.

물론 당신의 문제와 절박함은 나와 다를 수 있다. 하지만 이 이야기를 통해 하고 싶은 말은 처음 절박함과 취약함을 드러낼 때가 가장 힘들다는 것이다.

하지만 시간이 지나면 그러한 불편함에 익숙해진다. 더 이상 두려움에 얽매이지 않고, 자연스럽게 자신을 받아들이게 된다. 위에서 내가 이야기한 것들은, 그 당시에 너무 부끄러워서 정말 죽고 싶을 정도의 내용들이었다. 하지만 이제는 부끄러움 없이 이야기할 수 있다. 종종 새로운 여자를 만날 때 이런 이야기를 공유하기도 한다.

"부끄러웠어. 그래, 난 엉망이었어. 문제가 있지. 나는 완벽하지 않아."와 같이 이야기하면, 이런 면을 나 스스로 괜찮게 생각한다는 암시가 전해진다. 즉 다음과 같은 메시지가 전달되는 것이다. '나는 동정이나 인정을 바라지 않는다. 나는 당신에게서 무언가를 바라지 않는다. 이것이 나다. 모난 점까지 포함한, 있는 그대로의 나일 뿐이다.'

사람들은 모두 부끄러운 점이나 취약한 부분을 가지고 있다. 절박한 남자는 다른 사람들이 자신을 어떻게 느끼는지에 지나치게 신경 쓰다 보니 이런 점이 드러나는 걸 두려워한다. 반면에 비절박한 남자는 다른 사람들이 자신을 어떻게 느끼는지는 신경 쓰지 않으므로 결점을 드러내는 데 거리낌이 없다.

다른 사람에게 자신을 솔직하게 드러내면, 남들이 자신을 어떻게 생각할지 두려워하는 절박한 상태에서 벗어나서 자기 자신에 대해 편안하게 느끼는 비절박한 상태로 나아갈 수 있다. 왜냐하면 **당신이 자신에 대해 진실하게 이야기할 때, 비로소 그 진실을 수용하고 받아들일 수 있기 때문이다.** 자신에 대해 이야기할 때 부끄럽고 수치스럽게 여기는 것은 자연스러운 인간적 감정일 뿐, 세상의 끝이 아니라는 것을 깨닫게 된다.

자신을 받아들여라

그렇다면 감정적인 상처나 절박함을 극복하기 위해 반드시 데이트하는 여성에게 자신의 취약성을 털어놓아야 할까? 꼭 그럴 필요는 없다. 친구, 가족, 또는 상담사를 통해 문제를 해결할 수도 있다. 하지만 데이트하는 여성을 통해서만 해결할 수 있는 문제도 있다. 친밀감이나 성적인 문제들이 특히 그렇다.

당신은 자신을 천천히 다듬어 나갈 것이다. 당신은 겸손해질 것이고, 자신을 드러낼 것이고, 그래도 괜찮다는 것을 경험할 것이다. 거절당하거나 실수하거나 어리석은 말을 해도 괜찮다. 포기하지 마라. 여성들은 당신이 실수하거나 어리석은 말을 했기 때문에 당신을 싫어하는 것은 아니다.

오히려 여성들은 당신이 거절당해도 마음 쓰지 않고, 실수하거나 어리석은 말을 해도 불편하게 느끼지 않는 모습을 좋아할 것이다. **항상 준비된 것 같이 완벽한 말을 하는 남자는 여성에게 신뢰를 주지 못한다.** 그런 사람은 취약성이 전혀 드러나지 않으며 말에서 진정성이 느껴지지 않으므로, 언행에서 절박함이 드러나기 때문이다.

재미있는 말을 할 때도 있고, 말실수를 할 때도 있을 것이다. 실수를 인정하면서 취약성을 드러낼 수 있다면, 여자는 당신을 신뢰하면서 마음을 열 것이다. **자신의 불완전함을 편안하게 받아들여라.** 그러면 그녀는 당신의 모난 면에 끌릴 것이다.

이러한 과정이 처음에는 멋지지 않을 것이다. '고통의 시기'가 힘든 이유는 평생 감정을 억눌러 온 사람일수록 숨겨진 분노, 좌절, 수치심이 많기 때문이다. 보통 나이가 많을수록 더 많은 감정을 억눌러왔을 것이다.

취약성을 드러내는 과정에서 당신은 비이성적으로 행동하거나, 이상한 신념을 주장하거나, 다른 사람에게 화를 내는 자신을 발견할 수도 있다. 그렇기에 나는 취약성으로 인해 큰 어려움을 겪는 남자에게는 상담사를 만나보라고 권유한다. 상담사가 고통의 시기를 잘 견뎌내도록 안내해 줄 수 있기 때문이다.

어쩌면 당신은 이 글을 읽으면서 "뭐, 다 좋은데, 난 이미 내 감정을 잘 알고, 잘 표현하고 있어."라고 생각할지도 모르겠다.

정말 그럴까?

만약 여자와 대화할 때 지속해서 그녀의 관심을 끌기가 어렵거나, 여자 앞에서 늘 불안하거나, 자신과 타인에게 끊임없이 무언가를 증명하려는 욕구를 느낀다면, 당신 안에 무언가가 있는 것이다. 당신이 표현하지 못한 것이나 접촉하지 못한 감정이 있는 것이다. 하지만 괜찮다. 우리는 모두 그런 과정을 겪기 때문이다.

궁극적으로 여자들이 원하는 것은, 그리고 우리 모두가 진정으로 원하는 것은 강하고 독립적이며 비절박한 파트너다. 그러면서 서로의 삶을 공유하며 서로를 채워주는 관계를 우리는 원한다.

누군가와 교류한다는 것은 단지 물리적으로 같은 공간에 함께 있으면서 서로 정보를 교환하는 것을 의미하지 않는다. 이는 자신의 가치관, 욕망, 감정, 꿈을 솔직히 드러내는 것이다. 그리고 수치심, 불안, 의심, 두려움을 드러내는 것이다. 상대와 감정적으로 함께하는 것이고, 마음의 공간을 공유하는 것이다. 이것이야말로 우리가 혼자서는 결코 이룰 수 없는 유일한 것이다.

취약성이 힘을 가지려면

남자들은 이 장을 읽고 나면 보통 다음과 같이 반응한다. "아, 알겠어. 그러면 내가 힘들었던 이야기를 다 털어놓으면 그녀가 나랑 자고 싶어진다는 거지? 알았어."

그게 아니다. 이건 말이나 행동의 문제가 아니라 의도의 문제이기 때문이다. 만약 당신이 단지 그녀와 자기 위해서 힘들었던 이야기와 불안감을 털어놓는다면, 여성은 그 의도를 느끼고 당신에 대해 소름 끼칠 것이다. 그것은 취약성이 아니라, 단지 또 다른 형태의 연기일 뿐이다. 그리고 모든 연기는 절박함을 전제로 한다.

마찬가지로, 자신을 표현한다는 명목으로 여자들 앞에서 아무런 말이나 행동을 한다면, 그것 또한 먹히지 않는다. 당신의 의도가 그녀와 교감하고 그녀를 알아가려는 것이 아니라, 단순한 자기만족이기 때문이다. 이것은 취약성이 아니라 자기애다. 그리고 모든 자기애는 절박함에서 비롯된다.

대화에서 표면적인 정보가 아니라, 그 말에 숨어 있는 감정과 동기에 주목하라. 거기에 의미가 있다.

다시 한번 강조한다. 많은 사람들이 이것을 잊어버리기 때문이다. 취약성은 기술이나 전략이 아니다. **취약성은 존재 방식이다**. 배워서 익히는 것이 아니라 직접 행동하면서 익혀야 하는 것이다.

때때로 남자들로부터 "저는 상대에게 제 개가 죽은 이야기와 엄마가 싫다는 이야기를 했는데, 그녀는 저와 섹스하지 않았으니 취약성은 효과가 없어요."라는 이메일을 받는다. 이런 이메일을 받을 때면 고개를 젓게 된다. 그는 아직 취약성에 대해 제대로 이해하지 못한 채 "효과가 없다."라고 말하고 있다.

한 가지 조언을 하자면 다음과 같다. 만약 당신이 "그건 효과 없어.", "이건 안 먹히네."라고 생각하고 있다면, 당신은 연기를 하고 있는 것이며, 따라서 절박하다는 것이다.

여성에게 **'효과가 있는' 개념을 고려하는 것 자체가 절박함의 한 형태**이다. 섹스는 성취해야 할 무언가가 아니다. 전략을 세울 수 있는 것도 아니다. 그저 존재하거나, 존재하지 않는 것이다.

여성과 함께할 때 중요한 것은 당신이 어떤 말을 하느냐가 아니라, 그 말 뒤에 어떤 감정이 있는가이다. 만약 당신이 절박하고 자기중심적이라면 아무리 개인적이고 진심 어린 이야기를 하더라도 그녀는 당신에게 매력을 느끼지 못할 것이다. 반대로 당신이 진실하고 취약한 감정을 드러낸다면, 설령 장보기 목록이나 애완견의 이름에 대해 이야기하더라도 그녀는 당신에게 매력을 느낄 것이다. 물론 연기를 잘한다면 잠깐 동안은 의도를 속일 수 있을 것이다. 하지만 우리는 단기적인 해결책을 찾고 있는 게 아니라는 것을 기억하라.

따라서 핵심은 당신의 말에 진정성이 있어야 한다는 것이다. 여성을 대할 때는 숨겨진 의도가 없어야 한다. 그렇지 않으면 진정으로 취약성을 드러내는 것이 아니다. 만약 잠자리를 갖고 싶다는 생각 때문에 여자에게 아름답다고 말한다면, 그녀는 별로 감동하지 않을 것이다. 이것은 직접 해 보면 안다. 여자를 칭찬하는 척 속이면 그녀는 좋은 반응을 보이지 않을 것이다. 그러나 진심을 담아 칭찬을 전하면, 그녀가 당신 앞에서 얼마나 환하게 빛나는지 확인하고 놀라게 될 것이다.

중요한 점은 당신이 말하는 모든 것이 진실해야 한다는 것이다. 지름길은 없다. 요령도 없다. 진심으로 느껴지는 것을 말하라. 당신을 긴장하게 만드는 주제일수록 더 좋다. 그만큼 당신이 진실함과 취약성을 드러내고 있다는 방증이기 때문이다.

당신의 매력은 비절박함에 달려 있다. 비절박함은 자신을 얼마나 취약하게 만들 수 있는가에 달려 있다. 그리고 자신을 얼마나 취약하게 만들 수 있는가는 당신이 자신과 타인에게 얼마나 정직한가에 달려 있다.

이제 다음 장으로 넘어가 보자.

3장
절박함은 결국 드러난다

말의 내용보다 중요한 것

"안녕, 네 몸에 오줌 싸도 돼?"

내 친구가 가까이 다가오는 예쁜 여자에게 이렇게 말했을 때, 나는 충격에 빠졌다.

때는 2006년이었다. 대학생이었던 나는 여자들과 잘 지내보고 싶어서 여자를 더 많이 만나 본 친구들과 어울리기 시작했다. 나는 어리고 순진했으며 절박한 상태였다. 그리고 여전히 연애를 연기의 관점으로 생각하고 있었다. 뛰어난 '선수'처럼 보이는 남자들과 어울리면서 그들의 행동을 연구하면, 나도 성공할 수 있을 거라고 생각했다.

맷이라는 친구의 대사 "네 몸에 오줌 싸도 돼?"는 그때 듣게 되었다. 맷은 친구의 소개로 잠깐 함께 어울렸던 남자였는데, 경험이 많은 것으로 평판이 나 있었다. 록 밴드에서 활동했던 그는 팔에 문신이 있었으며, 마치 아르바이트를 하듯 여자들을 만나고 다녔다.

"네 몸에 오줌 싸도 돼?"라는 그의 발언은 예상대로 전혀 성공적이지 않았다. 거의 모든 여자가 공포에 질려 도망갔다. 맷은 술에 취해 있었고, 나는 이 자리에서 그와 함께 있는 것이 도움이 될지 진지하게 고민하고 있었다.

그런데 그때 놀라운 일이 벌어졌다. 개중에 몇몇 여자가 웃음을 터트렸고, 그중 한 여자가 계속 이야기를 나누기 시작했다.

2006년 당시 내가 읽었던 연애 조언 글에는 "네 몸에 오줌 싸도 돼?"라는 식의 대화법은 전혀 나와 있지 않았다. 나는 혼란스러운 상태로 이 상황이 어떻게 진행될지 지켜보았다. 그런데 맷이 그 여자에게 오늘 밤 그녀의 몸을 핥을 거라고 말하는 것을 들었다.

도저히 견딜 수 없어서 집으로 가야겠다고 생각했다. 이 남자로 인해 우리는 바에서 쫓겨나거나, 더 나쁘면 성희롱으로 체포될 것 같아서 옆에 있고 싶지 않았다. 그래서 나는 잠시 자리를 피했다.

그로부터 15분 후에 매트가 나를 찾아왔는데, 놀랍게도 그는 그 여자의 팔짱을 끼고 있었다. 그녀는 환히 미소 짓고 있었다.

"이봐, 친구. 나는 그녀의 집에 가기로 했어. 오늘 즐거웠어.

다음에 또 같이 놀자."

두 사람이 떠난 후 나는 바에 혼자 앉아 이 상황을 이해하려고 애썼다. 이는 내가 알고 있던 여자에 대한 상식에 반하는 것이었다.

그날 밤의 일은 오늘날까지도 매력을 이해하는 데 있어 가장 중요한 순간 중 하나로 남아 있다. 그렇다면 "네 몸에 오줌 싸도 돼?"라는 말은 좋은 접근일까? 아니다. 지금도 나는 그 말이 정말 끔찍하다고 생각한다. 하지만 나는 그때 여자에게 어떤 말을 하든, 말 자체보다 그 말을 왜 하는지가 더 중요하다는 것을 배웠다. **말의 내용보다 의도가 훨씬 더 중요하다**는 것이다.

여자에게 형편없고 끔찍한 말을 하더라도, 그 말의 이면에 "네가 웃든, 겁에 질려 도망가든 나는 상관없어. 이게 나니까 받아들이든지 말든지 해."라는 메시지를 담으면, 이는 매우 낮은 수준의 투자와 엄청나게 높은 수준의 취약성을 보여준다.

그렇다면 우리도 맷의 대사를 시도해야 할까? 될 때까지 해 보자는 자세로 공격적인 말을 시도해도 될까? 글쎄, 아니라고 본다.

대부분의 남성은 여성을 유혹하려고 하면서도, 그렇게 보이지는 않기를 원한다. 멋지게 보이려고 하지만, 그 노력이 드러나지는 않기를 바란다. 이와 비슷한 맥락의 조언이 수없이 많다. 그런데 솔직히 이런 접근은 피곤하다. 너무 쓸데없는 일에 노력과 에너지를 쏟는 것이다.

앞서 설명했듯이, 연기를 통한 접근 방법은 때때로 효과가 있을지 몰라도, 많은 시간과 노력을 요구하는 것에 비해 효과는 단기적이다. 다시 말해서 너무 비효율적인 방법이다. 차라리 그 시간과 노력을 자기 자신에게 투자하고, 자신의 정체성과 정직함을 매력으로 만드는 것이 더 현명하다. **멋진 척하는 법을 배우는 것보다, 진정으로 멋진 남자가 되는 것이 더 낫지 않겠는가.**

게다가 여자를 쫓으면서도 그렇지 않게 보이지 않으려면 많은 주의와 노력이 필요하다. 실수하기 쉽고, 한 번 실수하면 돌이키기 어렵다. 게다가 별로 재미있는 과정도 아니다. 더 큰 문제는 아이러니하게도 이렇게 여자를 '유혹'하려고 온 신경과 노력을 쏟는 것이 당신을 더 절박하게 만들고, 그 결과 여성에게 더 매력 없는 남자로 보이게 된다는 것이다.

많은 남자들이 여자를 향해 직접적인 관심을 표현하는 것을 피하려고 한다. 그녀에게 너무 매달린다는 신호를 보낸다고 생각하기 때문이다. 즉, 자신의 절박함이 드러난다고 생각한다. "네가 예쁘다고 생각해, 한번 만나 보고 싶어."라고 말하면 "안녕, 나는 절박한 루저라서 지금 내 모든 욕망을 꺼내 놓고 네가 받아들이기를 빌고 있어."라는 식으로 해석될 수 있다.

하지만 기억해야 할 점은 **실제로 하는 말보다 그 뒤에 숨겨진 의도가 중요하다**는 것이다. 남자가 관심을 보일 때 그 이면에 담긴 메시지가 전달되는데, 이게 진짜 매력적이다. 남자가 여자에게 관심이 있다고 정직하게 말할 때, 그 이면의 메시지는 다음과 같다. "네가 나를 거절할 수 있지만, 그래도 상관없어. 그렇지 않았다면 애초에 이렇게 정직하게 접근하지 않았겠지. 나는 앞으로 어떻게 될지에 대해 불안함을 느끼지 않아."

생각해 보자. 만약 남자가 여자의 거절을 두려워했다면, 처음부터 그녀에게 정직하게 말하지 않고 오히려 관심이 없는 척했을 것이다. 반면 남자가 자신의 의도를 정직하게 표현하고, 자신의 취약함을 여자에게 드러냈다는 것 자체가 그의 비절박함과 매력을 보여주는 것이다. 또한 남자가 욕망을 드러낼 때, 이것이 그녀의 흥미와 감정을 자극한다.

기억하라. 실제로 어떤 말을 하느냐는 중요하지 않다. **왜 그렇게 말하느냐가 중요하다**.

예외는 없다. 세상에서 가장 멋진 말을 외워서 할 수는 있겠지만, 그것이 절박함에서 비롯된 것이고 여성의 인정을 원해서 하는 말이라면 그녀는 즉시 그것을 느낄 것이다.

이것이 유혹법 지침서의 대사를 사용하는 것이 무의미한 이유다. 나는 당신에게 여자를 만날 때 내가 했던 최고의 말 100가지를 알려줄 수 있지만, 의도나 자신감은 알려줄 수 없다. 이것은 스스로 개발해야 하는 것이다. 이것을 개발한다면 당신의 말은 당신에게 딱 맞는 것이 되고, 다른 누구도 따라 할 수 없게 될 것이다.

내면에 담긴 진실은 결국 드러난다

솔직히 말하면, 나는 그다음 주에 바에서 여자들에게 "네 몸에 오줌 싸도 돼?"라고 말해봤다. 결과가 어땠을 것 같은가?

아무 일도 일어나지 않았다. 좀 더 정확히 이야기하면 이상한 표정과 역겨운 눈빛만 잔뜩 받았고, 단 한 명도 웃지 않았다.

그 이유는 내가 상대의 반응을 기대하고 그 말을 했기 때문이다. 다시 말해, 여자들이 나에게 어떻게 반응하는지에 지나치게 신경 썼기 때문이다. 그 당시에는 왜 반응이 나쁜지 전혀 이해하지 못했다. 무슨 말을 하든 여성의 반응에 지나치게 신경을 쓴다면 결코 통하지 않는다. 결국 여성에게 끔찍한 인상만 주고 떠나게 만든다.

진실은 언제나 드러난다. 당신 내면의 취약성은 속일 수 없고, 정직함도 속일 수 없다. 본질적으로 불가능하다.

연애에 관한 대부분의 조언은 여성의 통찰력을 과소평가한다. 일반적으로 여성은 상대의 감정, 의도, 사회적 신호를 직관적으로 잘 알아챈다. 우리는 재치 있는 대사를 떠올리고 외우면서, 이렇게 작업 거는 것을 여자가 모를 것이라고 생각하지만 그녀는 알고 있다. 그건 그녀에게 그리 어렵지 않은 일이다.

그녀는 우리가 거절당할까 봐 걱정한다는 사실도 어렵지 않게 알아채는데, 그렇게 되면 우리에 대한 흥미가 떨어진다. 어떻게든 말을 걸기 위해 꾸며낸 대사와 가짜 이야기는 그녀에게 우리가 매우 절박하고 진정으로 매력적인 남자가 아니라는 신호를 준다.

절박함은 속일 수 없다. 잠깐은 속일 수 있을지 몰라도, 장기적으로는 불가능하다. 당신이 속일 수 있는 여자는 절박하거나 취한 여자뿐이다. 이것이 진실이다.

비절박하고 자존감이 높으며 남자들로부터 받는 관심을 그리 신경 쓰지 않는 여성은 당신이 거는 작업과 말에 대한 인내심이 그리 크지 않다. 그녀들은 당신의 진짜 모습을 꿰뚫어 보고, 당신이 취약성을 드러내는 것을 무서워한다는 것을 알게 된다. 혹은 당신이 그저 겉으로만 번지르르한 이야기를 하고 있다는 것을 깨닫고는, 시간과 에너지를 들일 가치가 없다고 판단한다.

취약성은 무조건적인 정직함이 요구된다. 무조건적이라는 것은 당신의 모든 말과 행동에 숨은 의도가 없어야 한다는 것을 의미한다. 다시 말해서 당신의 생각과 감정을 주저하지 말고 부끄러움 없이 있는 그대로 표현해야 한다는 것이다.

당신이 거짓말을 하거나 누군가가 조언한 대로 행동하더라도, 그런 태도 자체가 당신의 절박한 성격을 보여준다. 설령 상대를 감동시키기 위해 과장하거나 연기를 하더라도 숨겨진 의도는 결국 드러나게 된다. **그 의도가 당신에 대해 그 무엇보다 더 많은 것을 말해준다.**

자신이 음반 프로듀서이고 Jay-Z와 친구라고 여자들에게 말할 수 있다. 이때 당신이 정말 뛰어난 배우가 아닌 이상, 사람들은 당신의 행동에서 미묘한 불일치를 감지할 것이다. 그러다가 결국 당신이 겉으로는 멋있는 척하지만, 안으로는 애정에 대한 절박함이 있다는 것이 드러난다. 그리고 당신이 취약성을 숨긴다는 것이 드러난다. 그 결과 당신은 우울하고 한심하며 매력 없는 남자가 될 것이다.

여자의 관심을 끌기 위해 관심 없는 척하는 전형적인 예시를 살펴보자.

만약 당신이 좋아하거나 관심을 가지는 여자에게 좋아하지 않는 척하며 무시하거나 말이 재미없다는 식의 태도를 취한다면, 당신의 행동과 몸짓에서 미묘하게 어긋난 신호들이 조금씩 새어 나오면서 당신의 갑옷에 금이 간다. 당신은 자신의 농담에 너무 웃거나, 어색한 순간에 고개를 돌리거나, 그녀의 친구에게 억지스러운 말을 한다. 사람들은 당신의 이러한 모습에서 허세를 감지하고, 당신이 자신을 정직하게 표현하지 않았다는 것을 알아챌 것이다.

반면, 여자를 기쁘게 하기 위해 아첨하는 남자들은 어떨까? 이들은 여자에게 술을 사 주고, 데이트를 간청하고, 끊임없이 전화를 걸며 항상 그녀만 생각한다고 말한다. 이런 남자들은 자신의 의도와 감정에 대해 정직하다. 그런데도 별 성과를 내지 못한다. 왜일까?

우리는 아직 호감을 얻지 않았다고 생각하는 사람이 자신에게 좋아한다고 말하면 이에 대해 본능적으로 믿지 않는다. 만약 낯선 사람이 다가와 당신을 계속 칭찬하고 무언가를 자꾸 사 주면 어떻게 반응하겠는가?

아마도 '이 사람이 대체 뭘 팔려고 하는 거지?'라고 생각할 것이다. 그가 특히 집요하고 이상하다면 '맙소사, 혹시 이 사람, 살인마 아냐?'라고 생각할지도 모른다.

그 이유는 당신을 알지도 못하고 이해하려고 노력하지도 않으면서 호감을 얻으려는 모습이 보이기 때문이다. 그 결과, 그 사람은 믿을 수 없으며 소름 끼치고 이상한 사람으로 생각되는 것이다.

매력적인 여성들의 일상이 이렇다. 잘 알지도 못하는 사람이 갑자기 잘해 주는 것이다. 상대 남자들은 자신들의 절박함을 마치 거대한 네온사인처럼 드러낸다. 여자를 알게 된 지 10초밖에 안 됐는데 그녀가 얼마나 놀라운지 감탄하고, 몇 시간밖에 안 됐는데 뭔가를 사 준다. 이 남자는 여자에게 이런 신호를 보낸다. "당신을 잘 모르지만, 당신의 승인을 얻기 위해 무엇이든 할 거예요. 그만큼 내가 절박해요." 그 결과 그는 한심하게 보인다. 더 깊은 내면을 살펴보면 이런 남자들은 다음과 같이 말하고 있는 셈이다. "내가 남자로서 제공할 수 있는 유일한 가치는 돈과 칭찬뿐이에요. 그 외에는 내세울 게 없어요."

매력적이고 흥미로운 삶을 사는 남자, 자신과 인간관계에서 높은 기준을 가지고 있는 남자는 상대에 대해 알기 전에는 무작정 선물을 주지 않는다. 그는 진심으로 칭찬하고 싶다는 감정을 느낄 때 칭찬한다. 만약 그녀와 대화를 나눠 봤는데 외모 외에는 특별히 흥미로운 점이 없다면 금방 흥미를 잃는다. 아이러니하게도 여성들이 매력적으로 느끼는 남자의 특성이 바로 이러한 높은 기준과 자기 존중이다. 그런데도 대부분의 남자들은 이를 가짜로 꾸미기 위해 애쓰고 있다.

칭찬이 선물이 되려면

자신의 행동에 담긴 의도를 점검해야 한다. 생각해 보자. 바에서 예쁜 여자에게 술을 사 주는 남자는 왜 술을 사는 걸까? 여자와 대화하기를 바라기 때문이다. 남자가 여자에게 얼마나 아름다운지, 얼마나 그녀에게 반했는지와 같은 이야기를 왜 하는 걸까? 그녀가 자신에게 관심을 가지도록 만들기 위해서다. 왜 비싼 저녁 식사를 대접하고, 보석을 사 주는 것일까? 자신에게 감명받아서 떠나지 않도록 하려는 것이다.

이것은 선물이나 칭찬이 아니라 거래다. 조건이 명시되지 않았을 뿐이다. 남자가 여자에게 대가를 기대하며 주는 것이다. 술을 사는 것은 자신과의 대화를 조건으로 한다. 칭찬은 그녀가 자신의 애정에 보답하길 바라는 기대에서 나온 것이다.

만약 여자가 감사를 표하지 않거나 관심을 보이지 않으면, 남자는 그 여자에 대해 돈만 밝히고 거짓말하는 나쁜 여자라고 비난하며 화를 낸다. 결국 이런 유형의 '착한 남자'는 자기애적인 사람과 다르지 않다. 착한 남자는 주기만 하고, 자기애적인 남자는 받기만 한다. 두 사람 모두 인정받고 싶다는 절박함에서 비롯된다는 점에서 동일하다.

이는 교묘한 형태의 조작이며, 본질적으로 정직하지 않다. 자신감 있는 여성은 보통 이러한 행동을 즉시 간파하고 그에게서 멀어진다. 사실 이런 남자에게 끌리는 사람은 가볍고 물질적이며 자신의 애정을 피상적인 이익과 교환하는 여성들이다. 이런 여성들은 영혼이 없고, 그녀에게 잘해 주는 남자들과 마찬가지로 자신의 솔직한 감정을 억누른 채 살아간다.

매력적인 남자는 아무런 기대 없이 자신의 관심을 표현한다. 이러한 태도가 여자의 마음을 설레게 하고, 그녀는 그 남자에게 관심을 가지게 된다.

진실은 대가 없이 주어질 때 비로소 진실이 된다. 나는 여자에게 아름답다고 말할 때 아무런 대가를 기대하지 않는다. 다시 말해 칭찬을 협상이나 거래의 도구로 사용하지 않는다는 것이다. 그녀가 나를 거절하든 사랑에 빠지든 중요하지 않다. 중요한 것은 지금 이 순간의 솔직한 내 감정을 그녀에게 표현하고 있다는 사실이다. 절박한 남자는 여자가 자신과 함께하거나 성적인 호의를 바라며 칭찬을 하지만, 나는 진심으로 마음이 움직일 때 '너는 나와 의견이 달라서 나를 거절할 수도 있지만 그래도 나는 괜찮아.'라는 태도로 칭찬을 한다. 이처럼 아무런 대가를 기대하지 않는 태도가 그녀에 대한 내 관심을 진실하게 만든다.

대가를 바라지 않는 남자의 칭찬은 진실의 선물이자, 취약성의 노출이다. 그러므로 이러한 칭찬은 힘을 발휘하며, 여성은 남자에게 더 끌린다. 역설적으로 그녀에게 아무런 기대를 하지 않을 때, 그녀는 당신에게 더 많은 투자를 하게 되는 것이다.

아름다운 여성은 평생 남자들의 정직함을 간파할 수 있도록 학습해 왔다. 그녀들은 칭찬이 진실한 선물인지 아니면 흥정의 도구인지를 본능적으로 느낀다. 그리고 남자가 순수하게 칭찬을 할 때, 여자는 자신을 진정으로 인정해 주는 남자에게 고마움을 느낀다. 이런 남자들은 드물기 때문이다.

우리는 모두 대가 없이 진정으로 우리를 가치 있게 여기는 사람들을 가치 있게 생각한다. 세상에서 가장 강력한 최음제는 바로 당신을 진심으로 좋아하는 사람이다. 여자는 욕망의 대상이 되기를 욕망한다. 하지만 그 욕망은 진실된 것이어야 한다. "내 자존감을 높여 주고 동료들에게 자랑할 수 있는 사람이라서 널 원하는 거야."라는 식의 욕망이어서는 안 된다.

중요한 점은 무조건적이고 진실된 관심의 표현이 매우 드물다는 것이다. 특히 남성에게는 더욱 그렇다. 그래서 여성은 진실된 관심을 가치 있게 여기고, 자신의 취약성을 표현하는 남자라고 생각하며 투자하게 된다.

간단한 테스트를 해 보자. 여성과 함께 있을 때 당신의 행동과 말을 점검해 보고, 그 뒤에 숨겨진 의도를 살펴보자. 의도는 말보다 열 배는 더 많은 것을 알려 준다. 당신의 의도는 무엇을 알려 주고 있는가?

만약 그녀가 다른 사람과 이야기하러 가지 않도록 하기 위해 술을 사 주었다면, 그 의도는 무엇을 말하는가? 그것은 당신이 그녀에게 지나치게 투자하며, 전혀 매력적이지 않은 방식으로 행동하고 있음을 보여준다.

만약 그녀가 당신을 좋아하도록 만들기 위해 어떤 이야기를 했다면, 그 의도는 무엇을 말하는가? 그것은 당신이 그녀에게 지나치게 투자하며, 전혀 매력적이지 않은 방식으로 행동하고 있음을 보여준다.

만약 당신이 얼마나 많은 돈을 가졌는지 보여 주기 위해 그녀를 레스토랑에 초대했다면, 그 의도는 무엇을 말하는가? 그것은 당신이 그녀에게 지나치게 집착하고, 전혀 매력적이지 않은 방식으로 행동하고 있음을 보여준다.

돈과 사치로 여자의 관심이나 애정을 얻는 남자는 자신의 정체성에 대해 자신이 없으며 매력적이지 않은 남자이다.

그렇다고 해서 항상 완벽하게 비절박할 수는 없다. 사실 우리는 모두 다른 사람들이 자신을 좋아하기를 바라고, 좋은 인상을 주고 싶어 한다. 그리고 상대의 인정을 받고 싶어 한다. 우리 모두 가끔은 절박한 행동을 하기도 한다.

절박함은 상대적이다. 내가 말하고 싶은 것은 **다른 사람의 인**

식에 덜 집착하라는 것이지, 전혀 신경 쓰지 말라는 것이 아니다. 이 두 가지는 큰 차이가 있다. 무심한 사이코패스가 되라는 뜻이 아니다. 절박한 남자는 자신이 감당할 수 있는 취약성의 수준이 너무 낮아서 피상적인 상호작용만 하게 된다. 자신이 아닌 다른 사람의 생각에 지나치게 투자한다. 반면 자신에게 투자하는 남자는 상대의 반응을 기대하지 않기 때문에, 오히려 자유롭게 주변 사람들을 챙길 수 있다.

다른 사람에게 전혀 투자하지 않는 것은 불가능하다. 우리의 작동 방식이 그렇다. 하지만 우리는 언제나 다른 사람이 아닌 자신에게 조금 더 투자하고 관심을 가질 수 있다.

경계를 설정하라

때로는 무조건적인 정직함이 가차 없고 신랄할 수 있다. 그런데 그 가차 없고 신랄한 정직함이 진심 어린 칭찬만큼이나 여자에게 매력적일 수 있다.

다시 말하지만, 중요한 것은 말의 내용이 아니라 그 뒤에 숨겨진 의도와 암묵적인 메시지다. 여자가 선을 넘는 행동을 했을 때, 그녀에게 단호히 지적하면서 용납할 수 없는 부분을 명확히 하는 것이 매력적인 요소가 된다. 이는 그 어떤 재밌는 이야기나 밀당보다 더 강력하다. 그리고 이를 통해 여자를 화나게 하면서 동시에 흥분시키는 것이 가능하다. 경험이 많은 남자라면 이런 상황이 자주 일어난다는 것을 알고 있을 것이다.

절박한 남자는 아름다운 여자가 불쾌한 말을 해도, 자신의 감정을 숨기고 그 말을 무시하거나 주제를 바꾸려 한다. 심지어 여자가 화를 낼까 봐 그 말을 받아들이는 척하기도 한다. 반면 비절박한 남자는 그녀의 말이 불쾌했다고 바로 말한다. 그렇다고 해서 여자에게 무례하게 대하지 않는다. 단지 "나는 그런 걸 좋아하지 않아."라고 선을 긋는다. 그런 후 여자가 그 선을 넘을지 말지를 선택하도록 한다.

자기애적인 남자들은 종종 이를 잘못 이해하여, 항상 자신이 옳다고 말하거나 다른 사람의 감정을 고려하지 않고 자기 마음대로 행동한다. 하지만 이것은 과대 보상이며, 주변 사람들의 반응에 지나치게 투자하고 인정받고 싶어 하는 행동이다.

절박하지 않은 남자는 다른 사람의 경계를 침해하지 않는다. **그는 자신의 경계를 지키면서, 다른 사람의 경계를 존중한다.** 절박하지 않다는 것은 자신과 타인을 모두 존중한다는 것을 의미한다. 이는 자신만 존중하는 자기애나 타인만 존중하는 절박함과는 대비된다. 여자가 모욕적인 말을 했을 때 자기애적인 남자는 여자를 비난하며 여자의 생각을 바꾸려고 하는 반면, 비절박한 남자는 그저 그녀의 발언이 불쾌했으며 다시는 하지 않았으면 좋겠다고 분명히 말한다.

만약 여자가 비절박한 남자의 친구들을 모욕한다면, 남자는 자신이 아끼는 친구들을 위해 주저하지 않고 그녀에게 그만하라고 제지할 것이다. 만약 여자가 데이트를 하다가 30분 만에 가야 한다고 말한다면 남자는 그녀를 억지로 잡아 두거나 다시 오라고 애원하지 않을 것이며, 예의에 대해 훈계하지도 않을 것이다. 그저 "만나서 반가웠어."라고 말한 후 웃으며 보내줄 것이다.

비절박함을 위해서는 자신의 경계를 지키며, 다른 사람의 경계를 무너뜨리지 말아야 한다. 남자들이 나에게 이메일로 물어보는 고민은 대부분 경계를 지키지 못하면서 생기는 문제와 관련이 있다. 데이트 문제, 여자가 전화하지 않는 문제, 여자가 자신의 직업을 놀리는 문제 등은 **남자가 관계에서 무엇을 받아들이고 무엇을 받아들이지 않을지를 그녀에게 확실히 말하지 않는 데서 비롯된다.**

다음의 고민이 대표적인 예이다. "여자가 나를 마음에 들어해서 번호를 줬어. 처음에 내 문자에 답장은 하는데, 데이트하자고 하면 핑계를 댔어. 내가 다시 문자를 보냈더니 그녀도 만나고는 싶다고 했어. 그런데 다음 데이트에서 여자는 늦게 나왔고, 심지어 일찍 가야 한다고 했어. 키스는 시도도 못 했지. 지금도 내가 문자를 하면 답장을 하는데, 다음 데이트에 대해서는 별 반응이 없어. 어떻게 해야 해?"

이런 상황에서 남자들은 보통 '여자들이 하는 밀당 게임'이나 '여자가 내는 테스트'에 집착한다. 하지만 나라면 여자에게 이렇게 말한다. "다시 만나고 싶을 때 알려 줘. 관심이 없다면 그 것도 괜찮아." 처음부터 당신이 게임을 허용하지 않겠다고 분명히 하면, 여자는 게임을 더 이상 하지 않을 것이고, 애초에 그런 여자와 엮이는 일도 없을 것이다.

나는 정말로 여자에게 위와 같이 말한다. 매몰차게 말하는 것이 아니라, 명확하게 전하는 것이다. 그동안 비슷한 말을 여성들에게 아마 5~10번쯤 했던 것 같다. 이럴 때마다 여자들은 예외 없이 매우 놀란다. 개중에 몇몇은 바로 사과하고 너무 변덕스럽게 굴려던 것은 아니었다고 말한다. 나의 정직한 태도와 거절당해도 괜찮다는 마인드가 비절박함을 보여줌으로써 그녀들이 나에게 더 끌리는 것이다.

물론 몇 번은 여자가 "맞아. 너랑 데이트하고 싶지 않아."라고 말하기도 했다. 그래도 괜찮다. 거절당하는 것은 씁쓸하지만, 인생에는 원래 그런 일이 많다. 그냥 털어내는 것이 더 나은 길이다. 그녀는 서로의 시간과 노력을 절약해 준 셈이다.

경계를 설정하는 능력은 얼마나 절박한지와 반비례한다. 절박하고 취약성이 없는 남자는 경계가 느슨하므로 다른 사람이 자신의 삶을 조작하고 무시하는 것을 쉽게 허용한다. 그는 만나는 여성들에게 인정받기 위해 자신을 얼마든지 변화시키려 한다. 반면, 절박하지 않은 남자들은 여성의 관심보다 자신의 시간과 행복을 더 중요하게 여기기 때문에 경계를 엄격하게 설정한다. 또한 다른 사람의 경계를 침해하지도 않는다.

자신의 취약성을 드러내는 첫 번째 단계는 경계를 설정하는 것이다. 사람들, 특히 여성들에게 "아니오."라고 말하는 법을 익혀라. **자신이 무엇을 좋아하고 싫어하는지, 무엇을 참을 수 있고 참을 수 없는지에 대한 확고한 기준을 정하라.** 자신과 상대 여성에 대해서 고통스러울 정도로 정직해져라.

강력한 경계를 형성하기 위해 필요한 것이 하나 있다. 경계를 형성하려면 자신의 욕망과 감정을 잘 인식해야 한다는 것이다. 평생 절박하게 살아온 남자들은 이러한 인식을 잘하지 못한다. 그들은 나서야 할 때와 그냥 넘겨야 할 때를 모른다. 그러므로 남자는 다른 사람에게 진실을 표현하기 전에, 자신 안에서 진실을 찾기 위해 많은 시간을 보내야 한다.

나만의 진실, 절박함의 기원을 찾아서

다음은 내가 나에 대해 발견한 몇 가지 진실이다.

여성의 애정을 원하는 나의 강렬한 욕구는 아마 편모 가정에서 자랐기 때문일 것이다. 부모님의 이혼으로 인해 헌신에 대해 깊은 두려움이 생겼고, 이것이 30대까지 모든 관계에 영향을 미쳤다. 어릴 때 멋지다고 생각했던 많은 것들이 사실은 감정적인 상처로부터 나 자신을 보호하기 위한 것이었다. 나는 오랫동안 아버지에게 원망을 품고 있었으며, 남성성에 대한 집착이 있다는 것을 깨달았다. 그리고 내가 가장 중요하게 여기는 가치는 정직함, 공감, 지적 호기심이라는 것도 알게 되었다. 아무리 매력적인 여성이라도 관계에서 행복을 느낄 수 없다면 나와 맞지 않는다는 것을 깨달았다.

지금은 쉽게 말할 수 있는 이러한 진실을 처음 발견했을 때는 감정이 홍수처럼 쏟아져 나왔다. 내 안의 진실을 발견하면서 일상에서 억눌러 왔던, 그리고 여자와의 관계에서 억눌러 왔던 감정을 표현할 수 있게 되었다. 위에 언급한 진실을 하나씩 발견할 때마다 나만의 경계를 설정할 수 있었고, 그것이 나를 덜 절박하게 만들었다.

예를 들어, 처음 클럽에 놀러 다닐 무렵에는 '핫한' 여자들을 꼬시는 데 어려움을 겪었다. 당시에 내가 접근했던 여자의 부류는 가짜 태닝, 가짜 머리, 가짜 성격을 가진 사람들이었는데, 나는 그녀들과 오래 관계를 유지할 수 없었다. 하지만 많은 시간과 노력을 들여 몇몇 여자들과 집까지 가게 되었다. 그리고… 매우 실망했다. 왜냐하면 그녀들이 더 이상 흥미롭지도 매력적이지도 않다는 것을 알게 되었기 때문이다. 보통 이런 여자에게 끌리는 유일한 이유는 그녀들이 TV, 영화, 포르노에서 본 이상적인 여성처럼 보이기 때문이다. 이런 허상에 끌리는 남자는 여자를 단지 상징으로 보고 쫓을 뿐이다. 그런 여자에게는 진정한 매력이 없다. 진실로 '그녀'가 좋아서가 아니라 절박함에서 '여자'를 쫓은 것이다.

문제는 여자들이 아니라 나였다. 몇 년 후, 나는 내가 '지위의 상징'을 쫓고 있었다는 것을 깨달았다. 마치 고등학교 시절 예쁜 여자들이 나를 무시했던 기억을 만회하려는 것처럼 행동하고 있었던 것이다.

그리고 현재 나는 상대에게서 깊이를 느끼지 못하면, 더 이상 시간을 낭비하지 않는다. 나는 호기심, 지성, 진실함을 가치 있게 여기며, 과도한 메이크업, 붙임머리, 몸에 꽉 끼는 치마와 같은 겉치레는 가치 있게 보지 않는다(다시 생각해 보니 몸에 꽉 끼는 치마는 조금 가치가 있는 것 같다). 아이러니하게도 경계를 확고히 하면서 위와 같은 여성에게 과하게 투자하지 않았더니, 오히려 더 많은 관심을 받게 되었다.

**자신이 여자에게 과하게 투자하고 있다면,
그 이유에 대해 정직하게 살펴보아야 한다.**

예를 들어 여자와의 경험이 부족하기 때문에 절박해진다고 느낀다면, 왜 경험이 적은 것이 자신을 과소평가하게 하고 남들의 인정을 받기 위해 애쓰게 만드는지 살펴봐야 한다. 경험이 부족하다는 사실 자체를 편안하게 받아들이고, 그로 인한 불안을 인정할 때 비로소 더 많은 경험을 할 수 있게 된다.

어쩌면 전 여자 친구가 다른 남자에게 가서 화가 난 상태일 수도 있다. 그 화를 풀기 위해서는 왜 그녀가 당신을 떠났는지 이해하고 받아들여야 한다. 나는 내가 순진하고 형편없는 남자였다고 인정하면서 전 여자 친구가 떠난 이유를 받아들였다. 또한 함께 있을 때는 알지 못했던 그녀의 결점과 불안정함이 보이게 되면서 그녀는 완벽한 상대가 아니었음을 깨달았다. 전 여자 친구가 떠난 것을 받아들이자 분노가 사라졌고, 그 덕분에 나는 새롭게 만나는 여성에게 덜 투자할 수 있게 되었다.

또 다른 예로 전혀 '멋진' 적이 없었던 남자를 생각해 보자. 그는 어린 시절 괴롭힘을 당했고, 고등학교 시절에는 놀림을 받았다. 나이가 들어서 외모가 더 나아지자 그는 과거에 느꼈던 무력감을 보상받고자 한다. 그래서 돈을 펑펑 쓰며 사람들의 피상적인 관심을 끌려고 애쓴다. 이는 겉으로는 즐기고 있는 것처럼 보이지만, 사실은 '멋지고 인기 있는 남자'가 되고 싶다는 욕구를 충족하려고 애쓰는 것일 뿐이다.

만약 당신이 다른 남자의 인정을 얻기 위해 여자를 꼬시고 있다면, 당신의 동기를 진지하게 살펴봐야 한다. 왜 다른 남자에게 인정받고 싶어 하는지 이해해야 한다. 문제의 근원을 파악했다면, 이제 기존과 다른 방식으로 인정을 얻어야 한다. 스포츠 동호회에 가입하거나, 동료와 함께 맥주를 마시러 가거나, 지역 농구팀 시즌권을 사도 좋다. 여자를 꼬시는 방법보다는 다른 남자들과 우정을 쌓는 더 건강한 방법이 많다.

내 경우, 두 번째와 세 번째 예시가 혼합되어 있었다. 나는 청소년기 대부분을 어머니와 단둘이 보냈다. 그 결과 항상 여자들에게 더 쉽게 공감할 수 있었고, 성인이 되기 전까지는 남자인 친구가 거의 없었다. 남자들과 잘 어울리지 못했으며, 아버지가 옆에 없었던 것이 무의식적으로 영향을 끼치면서 다른 남자들에 대한 인정 욕구가 생겼다. 게다가 4년 동안 사귀었던 여자친구가 떠났다는 사실까지 더해지면서, 나는 여자에게 매우 분노하였다. 이러한 두 가지가 결합하면서 나는 보상 심리로 자기애에 빠져 절박한 남자가 되고 말았다.

진실을 인식하고 받아들이고 나서야 여성에 대한 절박함을 내려놓고 과도한 투자를 하지 않게 되었다. 그러면서 내 삶에 진정으로 좋은 여자를 끌어들일 수 있었다. 다른 남자들에게 잘 보일 필요가 없다는 것을 깨닫고 나니, 바에서 여자가 나를 어떻게 생각하는지에 지나치게 신경 쓰지 않게 되었다. 전 여자친구에게 품었던 분노를 어느 정도 풀고 나니 모든 여자와 자고 싶다는 욕구도 사라졌다. 그 결과, 나는 주변 여성들의 행동에 덜 휘둘리게 되었고, 더 매력적인 남자가 되었다. 마치 마법처럼 더 적은 노력으로 훨씬 더 아름답고 흥미로운 여성들을 끌어들이기 시작했다.

이러한 변화는 명확했다. 같은 스타일의 옷을 입었고, 같은 파티와 바에 갔는데, 갑자기 여자들이 나에게 다가오기 시작했다. 더 아름다운 여성들이 나를 보며 미소를 지었다. 내 외적인 모습은 거의 변하지 않았지만, 내면의 태도가 완전히 변했기 때문이다. 그리고 내면에 따라 외적인 행동도 점점 변해갔다.

내면에서 진실을 찾는 것은 장기적인 과정이다. 여자에게 과도하게 투자하는 이유는 내면에 있다. 만약 당신이 심각한 감정적 문제가 있다고 느끼거나 어떤 이유로든 여성의 반응에 따라 지나치게 흔들린다고 생각되면 심리 상담을 권한다. 많은 사람들이 상담에 대한 부정적인 고정관념을 갖고 있지만, 당신과 잘 맞고 믿을 만한 상담사를 찾는다면 상담은 굉장히 큰 도움이 될 수 있다.

상담에서 중요한 점은 그것이 도구이지 해결책이 아니라는 것이다. 많은 사람들이 상담사가 마법처럼 자신을 고쳐 주기를 기대하며 상담을 받으러 간다. 그리고 상담 세션 내내 '대화'를 하고, 귀찮은 질문을 계속 받는 것에 좌절한다. 하지만 상담사가 당신 대신 진실을 찾아줄 수는 없다. 상담사는 당신이 자신에 대한 감정적 진실을 계속해서 찾도록 안내하고, 동기를 부여하는 역할을 한다.

상담사의 질문들은 이유가 있다. 상담사의 가이드에 따라 당신 안에 있는 감정적인 매듭을 찾는 데 적극적으로 임하다 보면 놀라운 것들을 발견할 수 있을 것이다. 어릴 적 이웃집 또래 친구가 당신을 오후 내내 옷장에 가둬 두었던 일, 어머니가 마트에서 당신을 두고 집에 갔던 일, 부모님의 이혼이나 사랑하는 사람의 죽음 등과 같은 것들이 모두 감정적 여파를 남기므로 당신이 누군가에게 인정받으려는 욕구를 가지게 된 원인일 수 있다.

그러한 당신에게 이 책의 조언을 따르는 것이 도움이 될 것이다. 이 책에 수록된 모든 조언은 절박함을 줄이는 데 도움이 되도록 만들어졌다. 책에서 권하는 행동을 실천하고, 그 과정에서 자신의 감정에 대한 인식을 높일 수 있다면, 당신은 분명히 변할 것이다.

이후부터 살펴볼 책의 내용에는 세 가지 핵심 파트가 있다. 첫째, 일관되고 매력적인 라이프스타일 구축하기, 둘째, 두려움과 불안 극복하기, 셋째, 감정과 성적 매력을 부끄럼 없이 표현할 수 있도록 대화 능력 키우기이다.

세 파트는 당신이 취약성을 더욱 드러내고, 덜 절박해지도록 도와줄 것이다. 세 파트는 상호 연결되어 있다. 하나를 개선하면 다른 부분에도 간접적으로 도움이 될 것이다.

시간을 낭비하지 마라, 마찰과 투사

취약성을 드러내고 덜 절박해지는 것과 관련한 몇 가지 예외 사항을 이야기하면서 이번 장을 마무리하고자 한다.

1장에서 여성이 당신에게 더 많이 투자하도록 하면, 그녀가 당신을 더 매력적으로 인식할 것이라고 말했다. 이 말은 사실이다. 하지만 그녀가 당신을 매력적이라고 느낀다고 해서 당장 당신과 자고 싶어 한다는 뜻은 아니다. 매력 자체만으로는 로맨틱하거나 성적인 관계를 완성하기에 충분하지 않을 수 있다. 여성이 당신에게 매력을 느끼지만, 당신과 함께하기를 꺼리는 데는 두 가지 주된 이유가 있다. 나는 이를 마찰과 투사라고 부른다.

마찰은 여성이 당신을 매력적인 남자라고 생각하지만, **가치관의 차이나 외부적인 상황 때문에 끌리지 않거나 당신에게 관심을 가질 수 없을 때 발생한다.**

예를 들어, 당신이 밤마다 술에 취해 여러 여자와 자는 록스타라고 해 보자. 그리고 그녀는 결혼 전까지 성관계를 맺지 않겠다고 맹세한 기독교인이라고 하자. 이런 가치관의 불일치는 두 사람 사이에 어떤 가능성도 없애는 마찰로 작용하게 된다. 혹은 정말 매력적인 여성을 만났지만 그녀가 약물 중독자라고 하자. 당신이 그녀와 단순히 육체적인 관계를 원한다면 약물 중독을 무시할 수도 있다. 반면, 당신이 마약에 대해 도덕적인 기준이 있는 사람이라면 그녀에게 흥미를 잃을 것이다.

이와 비슷한 가장 흔한 예로는 여자가 이미 누군가의 여자 친구이거나 아내인 경우다. 이는 매우 자주 일어나는 일이다. 당신이 어떤 여성을 만나서 서로 통하는 느낌을 받았다. 그녀가 당신의 농담에 웃으며, 당신과 눈이 마주쳤을 때 서로 오래 쳐다보기도 한다. 그런데 알고 보니 그녀는 유부녀였다. 그래서 그녀는 상황이 더 진전되지 않도록 플러팅을 차단한다. 그녀가 당신에게 매력을 느낀다고 정직하게 말할 수도 있다. 하지만 그녀는 결혼을 더 중요하게 여긴다. 이것은 당신이 어찌할 수 없는 부분이다.

남자들은 종종 나에게 배우자나 남자 친구가 있는 여성을 어떻게 유혹할 수 있는지 묻곤 한다. 여기에 대한 나의 대답은 두 가지로 나뉜다. 첫 번째, 당신이 유혹할 수 없다. 그것은 여자가 결정하는 것이다. 두 번째, 유혹하지 마라. 그건 다른 사람들의 삶을 망칠 뿐만 아니라, 그로 인해 일어나는 골치 아픈 상황을 굳이 감수할 만한 가치가 없는 행동이다.

마찰은 종교적이거나 문화적인 문제일 수도 있으며, 단순히 상황이 잘 맞지 않아서 생길 수도 있다. 예를 들어, 그녀가 호주에 살고 당신이 뉴욕에 산다면, 서로 간의 거리 자체가 만남을 어렵게 만드는 마찰이 될 수 있다.

어떤 상호작용에서도 최소한의 마찰은 존재한다. 당신은 여성을 100% 좋아하는 일도, 여성이 당신을 100% 좋아하는 일도 결코 없을 것이다. 가치관이나 우선순위에서 생기는 약간의 차이가 짜증을 유발할 수 있다. 그리고 두 사람이 함께하는 데 장애물이 되는 상황이나 사건이 생길 수 있다. 이러한 마찰이 로맨틱하거나 성적인 관계를 막을지는 당신의 경계가 얼마나 강한지, 당신의 기대치가 무엇인지에 따라 다르다.

결국 당신의 가치관이 당신의 행동을 결정한다. 이것이 핵심이다. 여자가 원하는 것이나 남들이 원하는 것이 아닌, 당신의 가치관이 당신의 행동을 결정한다. 당신에게 가장 적합한 것, 당신이 관계에서 바라는 것이 무엇인지가 가장 중요하다.

투사는 마찰과 완전히 다르다. 심리적인 이유로 인해 성적 매력을 드러내기를 꺼리고, 자신에게 적극적인 남성을 두려워하는 여성들이 꽤 있다. 이는 정서적/성적 학대의 경험이 있거나 남성에게 실망한 경험이 많아서 **남성에 대한 신뢰가 낮거나 분노를 가지고 있는 경우다.**

이런 여성들은 비절박한 남자를 마주하면 의심하고 반발한다. 이는 매력을 느끼지 않아서가 아니라, 오히려 강한 성적 매력을 느끼기 때문이다. 남자가 풍기는 강한 성적 매력이 그녀들에게 위협으로 다가온다. 이런 여성들은 정직하고 매력적인 남성을 마주하면 종종 그 남성을 공격하고 비난한다. "너 그 말, 다른 여자들한테도 다 하고 다녔지?"라고 비꼬며 당신을 밀어내다가도 곧장 후회하고 그를 원하기도 한다. 그녀는 남자의 전화를 못 받은 척하면서, 한편으로는 계속 연락하지 않으면 화를 낸다. 데이트에서 온갖 이유를 들어 남자를 무시하면서, 신사처럼 행동하지 않으면 화를 내기도 한다.

이런 여성들은 매우 절박하며, 자신의 분노를 남자에게 투사하려고 한다. 그녀는 남자에게 너무 요구가 많다거나, 고압적이라거나, 성적으로 과하게 흥분한다거나, 신뢰할 수 없거나, 나약하다고 비난할 것이다. 하지만 이러한 비난은 사실이 아니므로, 비절박한 남성은 이런 여자를 피하거나 근거 없는 비난을 무시할 것이다.

이런 말도 안 되는 상황을 견디는 남성은 절박함이 큰 남성

뿐이다. 절박한 남성은 여성이 자신에게 투사하는 문제를 해결하기 위해 시간과 에너지를 쏟는다. 그리고 가장 어이없는 부분은, 절박한 남성은 이러한 문제를 해결하고 여성을 달래주는 것을 즐긴다는 것이다. 절박한 남성은 그녀에게 자신이 필요하다고 느끼기 때문에 의심 많고 공격적인 여성의 두려움과 비난을 계속해서 해결해 주면서 그것을 즐긴다.

반면 자기애가 많은 남자는 여자의 비난을 되받아친다. 이 경우 남녀는 사소하고 중요하지 않은 사건이 가득한 관계에 빠져들게 된다. 제각각 갖고 있던 소외와 고통의 굴레를 상대에게 투사하며 상대에게 온갖 감정을 끊임없이 표출한다. 이는 둘 중 한 명이 악순환의 굴레에서 벗어나 관계를 끝낼 때까지 계속된다. 두 사람의 관계는 빠르게 끝날 때도 있지만, 어떨 때는 몇 달, 몇 년이 걸리기도 한다.

불편한 진실은 당신이 만나게 될 많은 여성이 마찰과 투사를 가지고 있다는 것이다. 그러므로 당신이 어떻게 하든 간에 그 여성과는 잘되지 않을 것이다. 이것은 당연한 일이며 괜찮다. 대부분의 여성과 잘 맞을 거라고 기대하는 것 자체가 과대망상이다.

가치관의 차이나 장애물로 인해 잘되지 않는 것을 **불일치**라고 하자. 당신이 어떻게 행동하든, 무엇에 관심이 있든, 세상 대부분의 여성은 당신에게 관심이 없거나 감정적으로 열려 있지 않다. 우리가 할 일은 세상 모든 여성을 유혹하는 것이 아니라,

우리의 진정한 모습에 매력을 느끼는 여성을 찾는 것이다.

이러한 현실은 우리가 어떻게 여성과 만나야 할지에 대한 전략을 제공해 준다. 불일치를 고려하지 않고 세우는 전략은 비효율적이고, 최악의 경우에는 오히려 당신에게 해로울 수도 있다. 우리는 세상을 있는 그대로 받아들이고, 자신감 있게 자신을 세상에 드러내야 한다. 사람들의 반응을 있는 그대로 받아들이고 다음 단계로 나아가라. 다른 사람의 반응을 통제하거나 영향을 미치려는 시도는 어리석고 헛된 일일 뿐이다.

Models

2부
대담한 전략

4장

대담하게 양극화하라

1부에서는 남자의 매력은 그가 얼마나 비절박한지와 자신의 취약성을 얼마나 편안하게 드러내는지에 달려 있다는 것을 살펴봤다. 한편 매력에는 한계가 있으며 세상 대부분의 여성은 당신이 무엇을 하든 간에 당신과 맞지 않을 수 있다는 사실을 배웠다.

2부에서는 이러한 내용을 바탕으로 연애 생활을 빠르게 개선할 수 있는 명확한 전략을 제시하고자 한다. 이 책은 다른 데이트 조언에서는 다루지 않는 현실적인 면을 다룰 것이다. 거절, 나이, 외모, 수치심, 정직함을 다룰 것인데, 다시 강조하자면 거절에 대해 다룰 것이다.

당신은 거절당할 것이다. 하지만 걱정하지 마라. 거절은 좋은 일이다.

많은 데이트 조언은 당신이 원하는 모든 여성과 관계를 맺을 수 있다고 약속한다. 어떤 남자든 조건 없이 가능하다고 말한다. 당신이 부모의 집에 얹혀사는 게으르고 뚱뚱한 남자라고 하더라도, 몇 가지 대사만 적절하게 구사하면 모델과도 데이트할 수 있다고 말이다. 하지만 이것은 환상에 불과하다. 당신의 절박함을 부추기는, 해가 되는 환상이다.

거절은 가치 있는 것이다. 거절은 서로 맞지 않는 사람들을 떼어 놓는 수단이기 때문이다. 여자가 키 때문에, 머리 스타일이 별로라서, 얘기하는 것이 지루하다고 남자를 거절했다면, 그 여자는 애초에 함께하더라도 즐겁지 않았을 상대라는 사실을 남자는 이해하지 못한다.

왜 당신을 진정으로 인정해 주지 않는 사람과 가까이하고 싶은가? 왜 그런 사람에 만족하려 하는가? 그녀가 매력적이어서? 제발, **자신을 더 존중하라. 더 높은 기준을 가져라**. 더 매력적인 사람이 되기 위한 첫 번째 단계는 다음과 같다. 당신을 행복하게 해 줄 수 없는 여성을 당신의 삶에서 제거하는 수단으로써 **거절을 이용하는 것이다**. 거절은 축복이지 저주가 아니다.

그녀는 적극적인가, 중립적인가, 비적극적인가

자, 처음부터 시작해 보자. 세상에는 무수히 많은 여성이 있으며, 우리는 그 모든 여성을 만날 수도 없고 알 수도 없다. 따라서 첫 번째 과제는 우리에게 맞는 여성을 찾는 것이다.

세상에는 약 36억 명의 여성이 있다. 당신은 이 모든 여성에게 매력을 느끼지 않을 것이다. 따라서 당신의 취향에 맞지 않는 여성은 과감히 대상에서 제외하자. 만약 상대 여성이 매력적으로 느껴지지 않는다면, 그 여성에게 작업을 걸거나 데이트 신청을 하거나 다른 어떤 것도 하지 마라.

당신만의 기준을 고수하라. 체형이 큰 여성이나 통통한 여성에게 끌릴 수 있다. 연상의 여성이든, 연하의 여성이든, 레게 머리를 한 여성이든 끌린다면, 그게 중요한 것이다. 다른 사람의 기준에 자신을 맞추지 말라. 다시 한번 말하지만, 매력이 느껴지지 않는다면 절대로 그 여성을 쫓지 말라.

당신이 매력을 느끼는 여성을 다음 세 가지 유형으로 나눌 수 있다. 적극적, 중립적, 비적극적 유형이다.

우선 **'비적극적'**인 여성부터 살펴보자.

비적극적 여성은 당신에게 관심이 없거나, 당신과의 낭만적이고 성적인 관계에 관심이 없는 여성이다. 여성이 이 유형에 속하는 가장 일반적인 이유는 다음과 같다.

- 당신이 훨씬 더 절박해서 당신에게 매력을 느끼지 않는다.
- 남자 친구나 남편이 있으며, 그 관계에 만족하고 있다.
- 가치관이나 관심사가 서로 다르거나 상황이 맞지 않아서 당

신과 데이트할 의향이 없다.

• 현재 어떤 남성에게도 관심이 없다.

여성이 비적극적인지 알아보는 방법은 그녀가 당신의 관심에 계속해서 반응하지 않거나, 당신에게 무관심한지 확인하는 것이다. 커피를 마시자고 제안했는데 계속 이유를 대며 피한다면, 그녀는 비적극적이다. 세 번 전화를 걸었는데 한 번도 받지 않았다면, 그녀는 비적극적이다. 대화를 나누는 도중에 그녀가 바쁘다거나 혼자 있고 싶다고 한다면, 그녀는 비적극적이다. 그녀와 함께 시간을 보내는데, 남자 친구에 대한 불만을 늘어놓으면서 당신이 정말 이야기를 잘 들어 준다고 말한다면, 그녀는 비적극적이다.

비적극적 여성이 사실은 자신을 좋아할지도 모른다고 스스로 설득하면서 시간을 낭비하는 남성이 많다. 이런 사람들에게 조언을 하자면 **"물어봐야 한다면, 아니라는 것"**이다. 이것은 명확한 사실이다. 그래도 미련이 남는다면 직접적으로 물어봐라. "나는 네가 귀엽다고/예쁘다고/매력적이라고/재밌다고 생각해, 언제 같이 커피/저녁/술 먹으러 갈래?" 그러면 고민이 해결되고 당신은 바로 결과를 알 수 있다.

다음 유형은 **'중립적'**이다. 이 유형은 남성에게 익숙하지 않은 개념이므로 이해하기 어려울 수 있다. 일반적으로 남성은 여성을 보면 몇 초 안에 만나고 싶다거나, 심지어는 잠자리를 같이하고 싶은지를 결정한다. 하지만 여성은 그렇지 않다. 여성은 남성에 대해 확신이 빠르게 서지 않는 경우가 많고, 결정을 내리기까지 긴 시간이 걸리기도 한다.

아직 남자와 함께 시간을 많이 보내지 않은 여성들은 보통 중립적이다. 이때 여성들은 중립적인 상태에 길게 머물지 않으며, 시간이 지나면 결국 어느 한쪽으로 기울게 된다. 그리고 당신이 먼저 다가가거나 관심을 보이지 않으면, 보통 여성은 비적극적으로 기운다(이것이 바로 우리가 잠시 후에 다룰 친구 영역이다).

중립적인 여성은 말 그대로 중립적이다. 이들은 당신의 제안을 무조건 거절하지는 않지만, 자신이 먼저 제안하거나 적극적으로 반응하지도 않는다. 아직 판단이 서지 않은 상태로 망설이며 "그래."라고 대답하기도 하지만, 열정적으로 보이지는 않는다. 이들은 여전히 신중하게 상황을 본다. 혹은 아직 당신을 신중하게 생각하지 않을 수도 있다.

중립적인 여성에 대한 당신의 목표는 그녀가 한쪽의 태도를 취하게 만드는 것이다. 이는 그녀에게 작업을 걸거나 데이트를 신청함으로써, 혹은 단순히 건너편에서 그녀에게 미소 지음으로써 가능하다. 어느 쪽으로든 중립적인 여성이 당신에 대해 확실한 판단을 내리게 만드는 것이 핵심이다. 이때 중요한 것은 당신이 능동적으로 행동을 취한다는 것이다. 기억하라. **여성을 중립 상태로 두면, 대체로 여성은 비적극적인 상태가 되면서** 당신을 데이트 상대로 보지 않게 된다.

마지막 유형은 **'적극적'**이다. 적극적인 여성들은 당신에게 낭만적, 성적으로 끌리는 여성들로, 이를 알아보는 방법은 두 가지가 있다.

1. 그녀가 먼저 다가온다.
2. 당신의 행동에 열정적으로 반응한다.

여성이 먼저 다가오는 행동의 예시는 다음과 같다.

- 강렬한 눈 맞춤을 하고, 쉽게 눈을 떼지 않는다.
- 먼저 다가온다.
- 별다른 이유 없이 당신을 먼저 터치한다.
- 당신의 번호를 묻거나, 그녀의 친구들과 함께 놀자고 초대한다.
- 당신에 대해 많은 질문을 하고 진정으로 관심이 있는 것처럼 보인다.
- 친구들에게 당신을 소개한다.
- 전화번호를 준다.
- 당신과 시간을 보내기 위해 핑계나 이유를 만들어 낸다.

어쩌면 당신이 과거에 만났던 여자는 먼저 당신에게 다가왔을 수 있다. 하지만 보통 정말 잘생겼거나, 멋진 라이프스타일을 가지고 있거나, 사회적 인맥을 통해 소개받은 게 아니라면, 극소수의 여성만이 당신에게 먼저 다가올 것이다.

사실 대부분의 여성은, 특히 매우 아름다운 여성은 당신에게 끌린다고 해도 먼저 다가오지는 않는다. 여성은 일반적으로 관계를 맺기 전에는 덜 투자하는 경향이 있기 때문에, 처음에는 남성이 먼저 다가오기를 기대한다. 또한 문화적으로 남성이 먼저 다가오기를 기다려야 한다는 고정관념도 존재한다.

여성이 적극성을 표현하는 또 다른 방법은 당신과 상호작용하는 것이다. 그녀가 적극적으로 반응하는 것과 중립적으로 반응한 것의 미묘한 차이를 인식하는 것이 중요하다. 중립적인 여성은 당신에게 별다른 반응을 보이지 않는다. 그녀가 중립적이라면 당신이 그녀의 등에 살짝 손을 얹은 채 말해도, 그녀는 마치 당신이 그녀를 만지지 않은 것처럼 행동할 것이다.

반면, 적극적인 여성은 당신의 접근에 긍정적으로 반응한다. 당신의 접근을 좋아한다는 신호를 보낸다. 당신이 여성의 등에 손을 얹었을 때, 그녀는 당신에게 더 가까이 다가오거나 당신을 터치할 것이다.

다음은 적극적인 여성이 보이는 일반적인 예시다.

- 친구들을 무시하고 당신과 대화를 계속한다.
- 강한 눈 맞춤을 유지하며, 당신이 하는 말에 과하게 웃는다.

- 당신이 그녀를 터치하면 그녀도 당신을 터치한다.
- 당신이 팔을 두르면 그녀는 몸을 기댄다.
- 당신이 그녀의 손을 잡고 다른 곳으로 이동할 때, 그녀도 손을 잡고 있다.
- 당신이 데이트를 신청했을 때, 그녀가 장소를 제안하거나 함께 하고 싶은 무언가를 언급한다.

당신에게 관심 있는 여성은 사소한 신호에 적극적으로 반응하며, 당신에게 관심이 있다는 것을 표현한다. 여성의 반응과 신호를 알아차리는 능력은 경험을 통해 발전하는 것이지만, 무엇에 주의를 기울여야 하는지를 잘 알고 있다면 그리 어렵지는 않을 것이다. 여성이 다양한 플러팅에 어떻게 호응하고, 어떻게 대처해야 하는지는 5부에서 자세히 다룰 것이다.

아쉽게도 당신이 일반적인 남성이라면 만나는 여성 대부분은 중립적이거나 비적극적일 가능성이 크다. 이는 나를 포함한 대부분의 남성들에게 공통적인 내용이므로 너무 실망하거나 걱정하지 않아도 좋다.

여성이 어느 유형에 속하는지의 비율은 남자마다 다르고, 여성을 만나는 장소에 따라서도 달라진다. 예를 들어 당신이 40세의 투자계 거물이라면, 네트워킹 행사나 콘퍼런스에서 만나는 여성의 40% 이상이 적극성을 보일 수도 있으며, 비적극적인 여성이 거의 없을 수도 있다. 하지만 똑같은 40세 남자가 20대 젊은이들로 가득 찬 클럽에 가면, 그에게 적극적이거나 중립적인 여성은 1%에 불과하고, 나머지 99%가 비적극적일 수도 있다. 나는 이런 현상을 인구 특성이라고 부르는데, 이 개념은 너무나 중요하므로 이 주제는 7장에서 자세히 다룰 것이다.

관심을 표현하지 않으면 친구 영역에 갇힌다

만나는 여성의 유형에 따라 접근 방식이 달라져야 한다. 많은 남성이 잘못된 전략을 잘못된 유형의 여성에게 적용하는 실수를 저지르곤 한다. 비적극적인 여성을 설득해 적극적으로 만들려고 하거나, 적극적인 여성에게 호감이 없는 것처럼 대하는 것이다. 이는 시간 낭비일 뿐만 아니라 효과적이지도 않다.

비적극적 여성이라면, 가능한 한 빨리 그녀의 호감도를 파악하고 다른 상대를 찾는 것을 목표로 해야 한다. 이들을 설득하는 것은 시간 낭비가 될 가능성이 크다. 일반적으로 여성이 비적극적이라면 그럴 만한 이유가 있으며, 이는 당신과 그리 관련이 없을 수도 있다(혹은 전적으로 당신과 관련이 있을 수도 있는데, 이때는 그 경험을 통해 당신의 문제를 파악해야 한다). 비적극적인 여성의 마음을 바꿀 가능성은 거의 없으며, 설령 마음을 바꿨다고 하더라도 노력한 만큼의 가치가 없을 때가 많다.

나는 **"완전히 좋아."** 혹은 **"완전히 싫어."** 라는 대답을 듣길 원한다. 그리고 여성이 나를 알게 되었을 때 "완전히 좋아."라고 말하기를 원한다. 여성이 나와 함께하는데 열정적이지 않다면, 나는 더 이상 그녀에게 관심을 가지지 않는다. 그녀가 훌륭한 사람일 수도 있고 우리가 친구로 지낼 수도 있겠지만, 그녀가 나에게 적극적이지 않으면 내 관심은 곧장 다른 곳으로 옮겨간다.

나는 지난 7년 동안 수백 명의 여성을 만나 왔는데, 그중 확고하게 비적극적이었던 여성을 만나 성공한 경우는 다섯 번 정도밖에 없다. 만약 여자가 당신에게 관심이 없다거나 남자 친구가 있다고 하면, 시간 낭비이니 그냥 잊어버리고 다음으로 넘어가라. 정말로 잊고 넘어가라. 그녀가 얼마나 특별하든, 그녀만큼 특별하고 당신에게 호감을 보이는 여성이 반드시 있다.

비적극적인 여성 중 가장 흔한 두 가지 경우는 친구 영역에 있는 여성과 이미 연애 중인 여성이다.

친구 영역은 여성이 당신을 친구로만 분류하고 잠재적인 연인으로 보지 않을 때 생긴다. 여자에게 남자는 친구이거나 아니면 잠재적인 성적 파트너이다. 예외도 있지만 매우 드물다. 한번 친구 영역에 들어가면 거의 벗어나기가 불가능하다. 만약 벗어난다 해도, 그건 아마도 당신의 노력과는 관련이 없을 가능성이 높다. 보통 친구 영역에 있는 남자는 성적 관심을 행동으로 드러내지 않는데, 이는 절박하고 취약성이 부족한 행동이며 매력적이지 않다.

친구 관계는 일반적으로 남자가 적극적인 여자나 중립적인 여자에게 관심을 표현하거나 행동으로 옮기지 않을 때 발생한다. 그 대신 친절하게 행동하고 좋은 친구처럼 대한다. 남자는 여성이 자신과 이야기하는 것을 좋아하고, 자신의 농담에 웃어주니 잘 되고 있다고 생각한다. 남자는 여자에 대한 **이성적 관심을 표현하지 않으면서 점점 여자의 '친구' 영역에 들어선다.**

이와 관련한 안타까운 예시는 내 전 여자 친구의 친구에게서 볼 수 있었다. 처음 만났을 때 전 여자 친구는 새로운 아파트로 이사 중이었는데, 두 명의 남자가 그녀를 도와주고 있었다. 그 중 키가 큰 남자는 그녀를 기쁘게 하기 위해 최선을 다하고 있었다. 그는 여자 주변을 서성이며 지나치게 관심을 보였고, 여자가 받아주지도 않을 어설픈 플러팅을 날리곤 했다.

매력적인 그녀는 그에게 별다른 관심을 주지 않았다. 나는 그 남자가 여자의 친구 영역에 갇혀 있다는 것을 직감했다. 그리고 내 직감이 맞았다.

그 남자는 내가 그녀와 사귀는 내내 나를 싫어했다. 그녀에게 잘해준 건 자신인데, 내가 갑자기 나타나 그녀를 가로챘다고 생각하며 나를 나쁜 남자로 보았다. 몇 년 후, 내가 그녀와 헤어지고 좋은 친구로 남은 후에도, 그는 여자가 내 이야기를 하는 것을 견디지 못했다. 그 후에도 남자는 그녀와 잘해 보려고 계속 시도했고, 한 번은 수년간 사랑해 왔다고 눈물 나는 고백을 하기도 했다.

이런 시도들은 그녀를 질리게 했고, 여자는 점점 그와 거리를 두기 시작했다. 그들은 4년 이상 친구로 지내 왔지만, 결국 관계에 금이 가기 시작했다. 무려 4년 동안 고백할 용기를 내지 못했다는 것이 그가 얼마나 절박하고 자존감이 낮은지를 보여 준다.

남자는 계속되는 여자의 거절에 화가 났다. 내가 그녀에게 잘 대해 주지 않으면서도 사귀었던 것을 생각하며 남자는 그녀를 나쁘게 대하기로 결심했다. 자기애와 과잉 보상의 길로 빠져든 것이었다. 남자는 여자에게 무례하기 굴기 시작했고, 그녀가 자존감이 낮아서 자신과 같은 남자를 거부한 거라고 믿었다. 남자는 자신이 수년간 여자에게 잘해 줬다는 이유만으로 그녀를 나쁘게 대하고 심지어 물건 취급할 자격이 있다고 느꼈고, 어느 날 밤 억지로 그녀에게 키스하려고 시도했다.

결국 그들의 우정은 완전히 끝나 버렸고, 여자는 그를 다시는 보지 않기로 했다.

친구 영역에 갇히는 것은 남자에게 있어 가장 큰 시간 낭비다. 친구 영역에 갇힌 대부분의 남자는 여자와의 관계에서 어떤 불가피한 일이 일어나기를 기다린다. 또한 자신이 그녀의 완벽한 파트너이며, 언젠가 그녀가 깨달음을 얻어 완벽한 짝이 바로 곁에 있었다는 것을 알게 될 거라고 믿는다.

하지만 이런 일은 절대 일어나지 않는다. 그건 남자의 오만하고 자기중심적인 사고방식이다. 여자가 이런 사고방식을 매우 매력 없다고 생각한다는 것은 전혀 놀랄 일이 아니다.

만약 당신이 지금 이와 같은 상황이라면, 당장 이런 사고방식을 머릿속에서 지워 버리고 다른 사람을 찾아라. 일반적으로 여자와 한두 달 동안 친구로 지내면서도 성적 관심을 명확히 드러내지 않았다면 이미 늦었을 가능성이 크다.

초기에 어떤 식으로든 이성적 관심을 표현해야 한다. 그렇지 않으면 점점 더 관심을 표현하기 어려워지고, 그녀는 당신에게서 마음을 닫을 것이다. 다시 생각해 보자. **여자에게 관심을 보이기 위해 4년을 기다렸다는 것이 어떤 의미로 다가갈까?** 이는 '나는 나 자신보다 너에게 더 투자하고 있어서, 너에게 관심을 보일 용기를 내는 데 4년이 걸렸어.'라는 것을 의미한다. 이는 매우 매력 없는 행동이며, 그녀는 이미 이런 남자의 마음을 알고 있을 가능성이 높다.

남자들이 흔히 빠지는 두 번째 시간 낭비는 이미 연애 중인 여자에게 매달리는 것이다. 친구 영역에 들어가면 남자는 몇 달 또는 몇 년을 허비하는데, 연애 중인 여자에게는 그래도 그보다는 적은 몇 주나, 몇 달의 시간을 소모한다. 하지만 이것도 어쨌든 시간 낭비다.

남자 친구가 있는 여자에게 집착하는 남자들은 여자에게 적절한 상황이 주어지면 남자 친구나 남편을 배신할 거라는 환상을 가지고 있다. 하지만 이는 사실이 아니다. 설령 그것이 사실인 경우가 있더라도, **그만큼의 시간과 노력을 들일 가치가 없**

다.

　이미 연애 중인 여자를 기다리는 것은 더 논의할 필요도 없이 가치가 전혀 없는 행동이다. 여자의 연애를 망쳐서 그녀를 빼앗으려는 행동은 비효율적일 뿐만 아니라 도덕적으로도 문제가 있다. 이는 극도로 절박하고 자기중심적인 행동이다.

　많은 남자들이 이해하지 못하는 사실은, 결혼했거나 이미 남자 친구가 있는 여성들도 관심받는 것을 좋아하고 재미있어하기 때문에 가끔 다른 남자와 가볍게 플러팅을 한다는 것이다. 일부 여성은 플러팅을 무해한 게임으로 여긴다. 만약 여자가 결혼했거나 남자 친구가 있고 행복해 보이는데 플러팅을 한다면, 나는 이를 진지하게 받아들이지 않는다.

　남자들은 여자의 "저 남자 친구가 있어요."라는 거절을 어떻게 받아들여야 할지 어려워한다. 이 말이 진실인지 아니면 단순히 거절하기 위한 핑계인지 알기 위해 집착하는 남자도 있다. 다시 한번 말하지만, 그녀의 말이 사실인지 아닌지가 중요한 게 아니라, 말의 의도가 중요하다. 이때 여자의 의도는 "난 너에게 관심 없어."라는 것이다.

　이때 여성의 의도를 있는 그대로 받아들이고 넘어가야 한다. 그녀에게 남자 친구가 없다 하더라도 거짓말하는 여자를 굳이 설득할 필요는 없다. 그리고 만약 실제로 남자 친구가 있다면 서로 사이가 좋기 때문에 언급했을 것이므로 더더욱 그렇다.

　문제의 핵심은 다음과 같다. 바람을 피울 의향이 있는 여성들은 남자 친구나 남편을 거의 언급하지 않는다. 보통은 관계가 이루어지기 직전이나 직후에야 그들의 존재를 언급한다. 만약 그녀가 당신을 처음 만났을 때 남자 친구나 남편을 언급한다면 말 그대로 당신에게 관심이 없는 거다. 그러므로 비적극적인 여성에 대해서는 예의 바르게 물러서는 것이 좋다. 이때 거절은 당신의 친구가 된다.

어느 쪽으로든 기울게 하라

여성이 중립적이거나 그 이상의 관심을 보이면, 그때부터 상황이 흥미진진해진다. 중립적인 여성에게 해야 할 일은 **가능한 한 빨리 그녀가 중립적인 상태에서 벗어나도록 하는 것**이다. 앞서 언급했듯이, 중립 상태에서 계속 머물다 보면 결국 비적극적으로 기울기 마련이다. 그러므로 그녀에게 당신의 취약성과 정체성을 솔직하게 표현함으로써 적극적인 반응을 끌어내야 한다.

여성에게 진실을 드러내면 그녀는 두 가지 태도 가운데 하나를 선택하게 된다. 그녀는 당신에게 호감을 보이거나, 아니면 관심을 끈다. 만약 당신이 진실을 드러낼 때 그녀에게 지나치게 관심이 있다는 게 보이면 그녀는 당신에게 매력을 느끼지 못하고 비적극적이 된다. 또한 당신과 그녀 사이에 극복할 수 없는 마찰이 발견된다면 그녀는 비적극적이 될 것이다. 하지만 진실을 드러내는 당신이 절박하지 않으면, 그녀와 비슷한 관심사, 가치관, 생활 방식을 가져서 마찰이 별로 없다고 느껴지면 그녀는 당신에게 매우 적극적으로 변하게 된다.

많은 남자들은 모든 여자가 자신을 좋아하도록 만들어야 한다는 집착을 가지고 있다. 마치 모든 여자가 똑같기라도 한 것처럼 말이다. 하지만 호감을 얻기 위해 여자가 원하는 대로 행동한다는 말은 당신이 진실한 모습을 보이지 않고 있으며 매우 절박하고 매력이 없다는 뜻이다. 역효과만 생긴다. 어떤 남자들은 거절당하는 것이 두려워서 재미없는 농담을 하거나 무난한 내용의 대화만 한다. 결국 상대 여자는 적극적이지도, 비적극적이지도 않게 된다. 이는 자신의 진실한 모습을 숨기고 취약성을 드러내지 못하는 행동이므로 매력적이지 않다.

이것이 바로 절박하며 '착한 남자'가 겪는 어려움이다. 착한 남자는 누구에게든 감정적인 마찰을 일으키는 것을 두려워한다. 그래서 안전한 방식으로 행동하며 여자에게 중립적인 반응만을 끌어낸다. 그리고 너무 오래 중립적인 상태로 머무른 여성은 결국 비적극적으로 변화한다.

중립적인 여성에게는 이른바 '게임'이 필요하다. 좋은 게임은 중립적인 여성을 빠르게 적극적인 여성으로 만든다. 있는 그대로의 자신을 드러내면서 여자를 어느 쪽으로든 기울게 하면 된다. 그리고 그 결과를 편안하게 받아들이면 된다.

나는 최근에 클럽에서 아름다운 여자를 만난 적이 있다. 그녀는 나와 춤추는 것에는 만족했지만, 그 이상의 관심은 보이지 않았다. 나는 하염없이 춤만 추다가는 아무것도 안 된다는 것을 감지하고, 그녀에 대해 좀 더 알고 싶다고 하며 술을 마시러 가자고 했다. 그녀는 기꺼이 따라왔다. 바에서 내가 처음 꺼낸 질문은 중립적인 상황에서 내가 가장 자주 하는 질문 중 하나였다. "세상에서 가장 좋아하는 게 뭐예요?"

이 질문은 나에게 두 가지를 알려 준다. 그녀가 자신의 삶에 얼마나 열정적이고 자기 인식이 있는지, 그리고 우리 사이에 어떤 공통점이 있는지를 알려준다. 열정적이지 않거나 자기 인식이 없는 여자라면 나는 빨리 관심을 끊고 다른 사람을 만나러 간다. 관심사가 비슷하다면 상대가 적극적인 여성이 될 가능성이 생긴다.

만약 어떤 여성이 "예수님"이라고 대답한다면, 나는 그녀가 비적극적이 될 것을 알게 된다. 내가 예수님을 싫어하는 건 아니지만, 서로 관심사가 맞지 않기 때문이다. 비록 결과적으로 함께하지 못하더라도 이런 양극화는 좋은 것이다. 서로 잘 맞지 않으면 함께하지 않는 것이 더 나으니까 말이다.

여자는 여행과 새로운 문화를 경험하는 것을 좋아한다고 했다. 빙고! 나도 여행을 좋아한다. 나는 40개국이 넘는 나라를 여행해 봤다고 말했다. 30분도 지나지 않아, 우리는 러시아어 문법에 대해 깊이 대화를 나누게 되었다.

러시아어 문법에 대한 대화가 효과적인 대화 내용은 아닐 것이다. 하지만 나는 그런 주제가 좋으며 그녀도 그랬다. 그리고 결국 그녀와 사귀게 되었다. 내가 성공한 이유는 정체성을 솔직히 표현하고 그녀가 결정을 내리게 하며 그 결과를 받아들인 데 있었다.

자신을 드러낼수록 '적극적' 유형을 만난다

마지막으로, 적극적인 여성에 대해 알아보자. 적극적인 여성을 찾는 것이 가장 좋다. 가장 적은 노력으로 가장 만족스러운 만남을 가질 수 있기 때문이다. 적극적인 여성을 만나면 목표는 단순해진다. 진도를 나가는 것이다. 물론 당신이 원한다면 말이다.

원래 중립적이었는데 적극적으로 변화한 여성은, 당신이 움직이지 않거나 다가가지 않으면 다시 중립 상태로 돌아갈 것이고, 결국에는 비적극적인 여성이 될 것이다. 반면 처음부터 당신에게 적극적인 여성들은 적극적인 상태를 거의 무기한으로 유지한다. 만약 당신이 여자와 친구 영역에 있다가 사귀게 되었다면, 그건 대부분 여자가 당신에게 적극적이었는데, 어떤 이유로 인해 이를 표현하지 못했던 경우라고 할 수 있다.

당신에게 적극적인 여성의 비율은 당신의 라이프스타일, 사회적 지위, 그리고 외모의 수준에 비례한다. 당신에게 중립적인 여성이 적극적으로 변화할 확률은 당신의 '게임' 실력, 즉 여성과 얼마나 잘 소통하고 자신을 표현하는가에 비례한다. 또한 각 유형을 얼마나 잘 알아차리고 얼마나 많은 여성을 만날 수 있는가는 당신이 여성을 만날 때 얼마나 대담하고 용감한가에 따라 결정된다.

방금의 문단은 이 책 나머지의 기초가 되는 중요한 내용이다. 다시 한번 읽고 이해했는지 확인하라.

대부분의 데이트 조언은 거절당하지 않는 것에 집중하지만, 이 책의 전략에서는 거절이 중요한 역할을 한다. 피할 수 없다면 그것을 활용하는 전략을 개발해야 한다. 거절에는 이유가 있다.

여성을 양극화하여 우리를 거절할지, 받아들일지 결정하게 해야 한다. 이는 그녀가 우리를 행복하게 할 여자인지 아닌지를 판별해 주기 때문이다. 이때 '우리'란 취약함을 감추지 않고, 자신을 드러내는 정직한 남자를 의미한다.

남자들은 모든 것을 가지고 싶어 한다. 고통스러운 거절을 피하고 바보 같은 말을 하지 않으며, 자신을 난처하게 만드는 것을 피하면서 동시에 여자가 매달릴 정도로 매력적이고 놀라운 사람이 되고 싶어 한다.

하지만 모든 것을 가질 수는 없다.

여성에게 인생을 바꿀 정도로 매력적인 존재가 되려면, 누군가에게는 웃음거리가 되거나 당혹스러운 사람이 되어야 한다. **당신은 호불호가 나뉘는 사람이어야 한다. 즉, 양극화되어야 한다.** 이것이 게임의 본질이다. 이 게임을 잘하려면 자신을 감정적으로 충분히 개방하는 법을 배우고, 솔직한 모습을 표현하는 법을 배워야 한다. 자신의 취약함에 충분히 익숙해져서, 그 당혹스러운 순간을 열정적인 순간과 함께 받아들이는 법을 배워야 한다. 양극화는 쉽지 않지만 꼭 필요하다. 이것이 바로 지금 당신이 이 책을 읽는 이유다.

대담하게 양극화하라

여성에 대한 우리의 핵심 전략은 양극화다. 양극화는 여성이 자신에게 비적극적이든, 적극적이든 어느 쪽으로든 선택하게끔 만드는 것이다. 자신을 더 솔직하게 드러낼수록, 여성은 빠르게 양극화되고, 적극적인 여성을 만날 수 있게 된다. 아직 태도를 결정하지 못한 중립적인 여성에게 당신을 어떻게 대할지 결정을 내리게 할 수 있다.

양극화의 놀라운 점은 **양극화하는 행동 자체가 비절박함을 보여주면서**, 다른 전략보다 더욱 중립적인 여성이 적극적인 여성이 되도록 부추긴다는 것이다.

앞서 언급했듯이, 경험이 부족한 남성들은 '모두에게 호감을 사고, 아무에게도 미움을 받지 않는다.'라는 전략을 많이 사용한다. 하지만 이는 매력을 보여주는 데 있어서 끔찍한 전략이다. **누구에게도 미움받지 않는다는 것은, 누구에게도 사랑받지 못한다는 것을 의미하기 때문이다.**

이 전략은 대부분 대립과 논란을 피하려는 목적으로 선택한다. 이들은 대립과 논란을 피하는 성향을 보이는데, 이는 취약성에 대한 두려움을 전제로 한다. 성적 매력, 끌림, 연애 관계는 모두 본질적으로 논란의 여지가 있는 주제다. 그러므로 당신은 대립과 논란을 받아들이거나, 아니면 중립적인 태도만 취하는 인생을 받아들여야 한다.

양극화는 진실을 표현하고 취약함을 드러낼 때 발생한다. 여성에게 아름답다고 말할 때, 당신은 그녀를 양극화하는 것이다. 그녀의 귀걸이에 관해 이야기하거나 그녀의 어깨에 팔을 두를 때, 당신은 그녀를 양극화하는 것이다. 멋진 맞춤 양복을 입고 외출할 때, 당신은 여성을 양극화하는 것이다. 데이트에 늦은 여성에게 다시는 늦지 말라고 가벼운 핀잔을 줄 때, 당신은 그녀를 양극화하는 것이다. 미소를 지으며 그녀가 얼마나 아름다운지 말할 때, 당신은 그녀를 양극화하는 것이다. 그녀의 손을 잡고 어딘가로 이끌고 갈 때, 당신은 그녀를 양극화하는 것이다.

매력적인 모든 것은
양극화를 일으킨다.

어떠한 행동이 자신을 정직하게 표현하고 취약성을 드러내는 것이라면, 그것은 결코 잘못된 행동이 아니다. 과도하게 투자하는 남자는 여자의 반응에 따라 자신의 행동을 바꾸려 한다. 그는 그녀에게 늦지 말라고 말하기를 두려워한다. 멋진 옷을 입고 나가기를 망설인다. 소심해서 그녀의 어깨에 팔을 두르지 못한다. 그는 자신의 취약성과 진실함을 드러내지 못하기 때문에 여성을 양극화하지 못한다.

반면, 자신의 감정과 원하는 것을 거리낌 없이 표현하는 남자는 비절박하며, 이는 여성의 마음을 끌어내면서 그에게 적극적으로 대할지 비적극적으로 대할지를 즉시 결정하도록 만든다. 둘 사이의 마찰이 크지 않다면 여자는 적극적으로 변한다.

대부분의 남자는 이런 행동이 매우 많은 거절을 유발할 것으로 생각한다. 하지만 놀랍게도, 이런 행동으로 인한 거절은 드물게 발생한다. 당연히 여성에게 양극화를 종용하면 거절을 당할 수도 있다. 그러나 많은 여성이 대담한 접근을 긍정적으로 받아들인다. 비록 당신에게 흥미를 느끼지 못해서 거절하더라도, 여성들은 대담하고 정직한 남자를 존중한다.

나는 다음과 같은 상황을 수없이 경험했다. 여자에게 대담하고 정직하게 다가가 당신은 아름다우며 만남을 이어가고 싶다고 직접적으로 이야기한다. 그러면 여자는 나를 거절하지만 대담하고 자신감 있는 모습에 강한 인상을 받아서, 자신의 친구를 소개해 주겠다고 하는 경우를 말이다.

이처럼 접근이 성공적으로 이루어지지 않는다고 하더라도, 여성들은 나에게 고마움을 전했다. 내가 접근한 사실 때문이 아니라, 나의 접근 방식에 고마워했다. 솔직하고 감정을 직접적으로 드러내는 것을 존중하는 것이다.

내가 인생에서 겪었던 가혹한 거절은 대부분 내가 무언가를 연기하고, 인정을 구하고, 과도하게 투자하며, 절박했던 때 일어났다. 내가 여성에게 진실된 자세로 접근하자, 거의 모든 여성이 적어도 나의 시도 자체를 존중해 주었다. 비록 그녀가 나에게 관심이 없더라도 말이다.

경험에 따르면 남자는 양극적일수록 여성과 더 많은 기회를 얻는다. 이는 여성과의 만남에 놀라울 정도로 뛰어난 사람들의 공통적인 특징이다.

많은 남성에게 가장 큰 정신적 장애물은 거절을 받아들이는 것이다. 이들은 평생 동안 거절이란 끔찍한 경험이므로 어떻게든 피해야 한다고 배워 왔다. 데이트 조언 글에서도 그렇게 말한다. 결코 거절당하지 않는 매력적인 남자가 되어야 한다고 생각한다.

하지만 곧 알게 되겠지만, 이는 사실이 아니다.

5장
거절이 성공이 되는 법

뺨을 맞으며 깨달은 것들

경영 전문가 댄 케네디(Dan Kennedy)는 이렇게 말했다. "실패를 다루는 능력이 얼마나 많은 성공을 다룰지를 결정한다."

내가 겪었던 가장 가혹한 거절은 2007년 겨울, 텍사스 오스틴에서였다. 금요일 늦은 밤에 가장 친한 친구와 함께 놀고 있었는데, 자기들끼리 춤추고 있는 귀여운 두 여자를 보았다. 나는 그중 한 명의 어깨를 가볍게 두드리며 말을 걸었다. 그런데 갑자기 그녀가 돌아서더니 소리쳤다. "꺼져! 다시는 내게 손대지 마!"

나는 "이봐, 진정해. 난 아무 짓도 안 했어!"라고 말하려 했지만 전달되지 않았다. 그녀는 비명을 지르며 나를 밀어냈고, 나는 나를 보호하기 위해 그녀의 팔을 막았다. 그러자 따귀가 강하고 빠르게 날라왔다. 어이가 없었다. 그녀는 소리치고 있었다. "꺼져! 다시는 내게 손대지 마!"

어느새 나는 직원들에 의해 바 밖으로 끌려 나가고 있었다. "난 아무 짓도 안 했어요, 그녀를 알지도 못해요.", "아무렴, 친구."라고 직원이 말했다.

친구가 따라 나왔다.

"야, 이번엔 무슨 말을 해서 망쳤어?"

"아무 말도 안 했어."

친구는 의심스럽게 쳐다봤다.

"진짜로, 아무 말도 안 했어."

"그래, 아무렴."

또 다른 밤, 다른 바에서 일어난 일이다. 나는 엄청 귀여운 금발 여자애와 얘기하고 있었다. 대학생인 여자는 여학생 클럽에 속해 있었다. 그녀는 헛소리만 잔뜩 해서 상대하기 정말 힘든 애였다. 상대의 말을 끊고 가능한 한 모든 주제를 자기 얘기로 돌려 버리는 사람이었다. 대화하는 동안 마치 고문당하는 기분이었다. 하지만 그녀는 섹시했다. 나는 어리고 절박했으며, 미친 듯이 성욕이 넘쳤고 솔직히 다른 할 일도 없었다. 그래서 고통스러워도 억지로 그녀와 얘기를 나눴다.

술에 취해 죽어버릴지, 그녀에게 술을 들이부을지 고민하던 중에 그녀가 이런 말을 꺼냈다. "근데 말이야, 너 못생기지 않아서 다행이야."

배려 없고 미숙한 말이었다. "뭐라고?"하고 물었다. 그러자 그녀는 "너 못생기지 않아서 다행이라니까."라고 대답했다.

그 이야기를 들었을 때 아마 내 입이 벌어졌을 것이다. 하지만 그녀는 내 믿기지 않는다는 반응에도 독백을 이어나갔다(그녀는 독백을 정말 잘했다).

"있잖아, 기분 나쁘게 듣지는 마. 바에서 남자들과 대화하는 건 진짜 지루해. 그리고 오늘 내내 못생긴 남자들만 나한테 와서 말을 걸고 술을 사 줬어. 근데 적어도 너는 못생기진 않잖아."

적어도?

그녀가 계속 말했다. "솔직히 말하자면, 난 못생긴 사람들을 못 참겠어. 진짜로 못생긴 사람을 보면 내 영혼이 고통받는 느낌이야. 진짜로, 못생긴 사람을 보면 몸이 아플 정도야."

더는 참을 수 없었다. "그럼, 너희 집엔 거울이 없겠네."

그녀의 얼굴은 믿을 수 없다는 표정에서 공포, 그리고 분노로 순식간에 바뀌었다. 그리고 과일맛 술이 내 얼굴로 날아왔고, 이어서 조그마한 손바닥이 날아왔다.

"이 개자식!"

그녀는 친구들에게로 돌아갔다.

처음 클럽에서 여자들을 만나려고 할 때, 나는 위와 같은 일이 또 일어날까 봐 겁에 질렸었다. 뺨을 맞거나 술을 뒤집어쓰거나 바에서 쫓겨나는 것은 상상만 해도 아찔한 악몽 같은 일이었다. 아마 당신도 비슷한 두려움을 가지고 있을지 모르겠다.

이 두 가지 기억은 내 머릿속에 여전히 선명하게 남아 있다.

믿기 힘들겠지만, 여자에게 뺨을 맞은 경험이 매력에 대해 많은 것을 알려 주었다. 우선, 여자에게 뺨을 맞는 것이 세상의 끝은 아니며, 심지어 그 관계의 끝도 아니라는 것을 알게 되었다. 그것은 단순한 감정의 표현일 뿐이다. 그리고 나는 무관심이나 지루함보다는 감정적으로 강렬한 반응이 더 낫다고 생각한다. 이는 양극화를 일으킨다. 그리고 양극화를 일으키는 것이 여자에게 그저 친절한 것보다는 더욱 중요하다.

또한 뺨을 맞으면서 나는 사람들의 반응을 항상 통제할 수는 없다는 것을 배웠다. 어떤 사람들은 완전히 정신이 나가 있거나 매우 부적절하게 행동하기도 한다. 이는 어쩔 수 없는 일이다. 상호작용에서 일어나는 모든 일을 통제할 수는 없다. 이 사실을 빨리 받아들일수록 더 나아질 것이다.

거절당할 만한 행동을 할 때도 있고, 억울하게 거절당할 때도 있다. 나는 그 여학생 클럽의 여자에게 한 말을 후회하지 않는다. 다만 그렇게 무례할 필요는 없었다. 지금 똑같은 일이 일어난다면, 나는 그냥 예의를 갖추고 자리를 떠날 것이다.

거절을 어느 정도 당해 봐야 그것이 실제로는 그리 대수롭지 않은 일이라는 것을 깨닫게 될 것이다. **거절당할 걱정으로 얼마**

나 많은 시간을 낭비했는지 깨닫게 되고, 선택한 대로 행동할 수 있는 자유가 당신에게 있다는 것을 깨닫게 된다.

남자가 거절을 두려워하는 이유는 자신의 진실이 아닌 다른 사람들의 진실에 의존하기 때문이다. 사실 거절을 두려워하는 남자는 자신의 진정한 욕구, 필요, 가치에 대해 잘 알지 못한다. 만약 남자가 이를 제대로 알고 있다면 두려워할 이유가 없어진다. 왜 자신의 취약성을 다른 사람에게 드러내는 것을 주저하겠는가?

자신을 제대로 알지 못하는 남자는 거절당하지 않는 능력을 원한다. 이는 그의 절박함을 보여줄 뿐만 아니라 비현실적인 소망이기도 하다. 거절당하는 것이 얼마나 많은 시간과 노력을 절약해 주는지 모르는 것이다. **만약 거절당하지 않고, 조금이라도 매력적인 모든 여자와 데이트해야 한다면, 우리는 미쳐 버릴 것이다.**

대부분 당신 때문이 아니다

여자의 마음을 얻는 일의 95%가 당신과는 전혀 관련이 없는 것으로 인해 결정된다는 사실을 깨닫는 순간, 당신은 더 이상 주저하거나 두려워하지 않고 원하는 것을 추구할 수 있게 된다.

여자를 만나다 보면 '사람은 맞는데, 때가 잘못된' 경우가 얼마나 많은지 알게 될 것이다. 놀라운 여성을 만났지만, 상황 때문에 관계가 진전되지 않는 일은 항상 발생한다. 여자가 휴가로 이곳에 왔으며, 내일 곧바로 3,000km 떨어진 집으로 돌아가야 할 수도 있다. 혹은 그녀가 오래 사귄 전 남자 친구에게서 다시 연락이 올 수도 있다. 아니면 그녀의 강아지가 방금 죽어서 오늘 밤엔 정말 아무와도 말하고 싶지 않을 수도 있다. 또는 전 남자 친구가 그녀에게 건 전화로 괴로워서 그냥 혼자 있고 싶을 수도 있다. 혹은 그녀가 데이트를 했던 마지막 남자가 그녀에게 형편없이 대했는데, 하필 그 남자와 당신의 이름이 같을 수도 있다.

이처럼 당신이 통제할 수 없는 수백만 가지의 외부 상황이 존재하며, 당신이 만나는 여성이 그런 상황에 놓여 있을 수 있다. 이때 최선은 그냥 놓아 버리고 다음과 같이 생각하는 것이다. '거절은 나 때문이 아니다.'

그러므로 진실함을 기반으로 여성을 만나고, 빠르게 양극화하는 것이 좋다. 여자를 만날 때 서로 가치가 잘 맞는지 확인하고, 그녀의 가치에 자신을 맞추지 않아야 한다.

대부분의 남자는 모든 것을 지나치게 자신의 관점으로 받아들인다. 일이 진전되지 않으면 그것을 개인적으로 받아들인다. 우연히 만난 여자가 자신의 썰렁한 농담에 웃지 않았다고 화를 내고 속상해한다. '그녀가 나를 좋아했으면 좋겠다.', '그녀가 나를 거절하지 않았으면 좋겠다.'라고 생각한다.

'그녀가 나를 좋아할까?'라고 생각하는 대신 '그녀는 어떤 사람일까?'라고 생각하라. '그녀가 나를 거절하지 않았으면 좋겠다.'라고 생각하는 대신 '그녀가 나에게 맞는 사람인지 알아야겠다.'라고 생각하라.

그러면 여자가 당신에게 한눈에 반하든 얼굴에 음료수를 끼얹든, 결국 당신은 성공한 것이 된다. 진실을 알게 되었기 때문이다. 그녀에 대한 궁금증은 풀렸고, 이제 그녀와 계속 관계를 이어 나갈지 물러날지를 결정하면 된다.

나는 모든 거절을 불일치의 한 형태로 본다. 여자가 나를 완전히 이상한 사람이라고 생각하든, 나를 좋아하지만 서로 다른 대륙에 살고 있든, 내가 귀엽다고 생각하지만 가치관과 관심사가 서로 다르든, 그 이유가 무엇이든 간에 **여자가 나를 거절한다면 그것은 그녀와 내가 일치하지 않기 때문이다**. 일시적인 불일치일 수도 있고, 고칠 수 없는 불일치일 수 있다. 중요한 것은 그녀가 나에게 충분히 끌린다면 나와 함께하기 위해 노력할 것이라는 점이다. 만약 그녀가 그렇게 행동하지 않는다면 나와 안 맞는 사람이거나 타이밍이 안 좋았던 것이다. **그뿐이다**.

기억해 두자. '완전히 좋아.' 혹은 '완전히 싫어.'이다. '완전히 좋아!'라는 말을 듣지 못하더라도 '완전히 싫어.'라는 말이 '음… 그래.'라는 말보다 훨씬 낫다.

성공의 재정의

대부분의 데이트 조언에서 '성공'의 개념은 왜곡되어 있다. 한쪽은 전통적인 역할과 규칙(좋은 여자를 만나서 결혼해야 한다)의 영향을 받고, 다른 한쪽은 허세 가득한 남자들의 비현실적인 기대('진정한 남자'가 되려면 수십 명의 여자와 자 봐야 하며, 절대 거절당해서는 안 되며, 모델이나 '10'점 짜리 여자를 만나야 한다)의 영향을 받는다. 남자들은 서로를 압박하면서 거절당하는 것을 부끄럽게 여기게 만든다. 이러한 과정을 통해 절박함을 기반으로 하는 건강하지 못한 문화를 형성한다.

여자와의 관계에서 성공의 정의는 매우 중요하다. 성공의 정의가 자신과 맞지 않으면, 그 목표를 이루기 위해 노력하는 시간과 에너지가 그대로 낭비될 것이다. 예를 들어 성공을 얼마나 많은 여자와 잠자리를 가졌느냐로 정의하는 남자들은 별로 끌리지 않는 여자들을 쫓고 조종하면서 자신이 정의한 성공을 달성하기 위해서 시간을 낭비한다.

하지만 우리는 사냥을 하기 위해서가 아니라 정서적으로 건강한 삶을 위해 여기에 있다. 여성과의 관계는 우리의 정서적 건강과 직결되며, 여성을 대하는 방식과 관계를 인식하는 시각이 우리의 정서적 행복에 반영된다. 만약 여자와의 '성공'이 여성의 선택과 당신의 경제적 부양 능력에 달려 있다고 믿는다면, 당신은 오랜 시간 외롭게 보내다가 평생 당신을 겨우 참으면서 지낼 여자와 함께하게 될 것이다. 여자와의 '성공'을 잠자리 횟수와 같은 숫자에 달려 있다고 믿는다면, 당신의 연애 생활은 물질적으로 변해버릴 것이다. 숫자상으로는 많은 여성과 관계를 할지 몰라도 정서적 만족감이 매우 떨어지게 되고 행복을 놓칠 것이다.

나는 성공을 질적으로 정의한다. 이는 함께하고 싶은 여자와의 행복을 최대화하는 것이다.

성공 = 좋아하는 여자와 함께 행복을 최대화하는 것

단순한 정의로 보일지 모르지만, 그 의미는 사실 단순하지 않다. 대부분의 남성은 여자와의 '성공'을 다음과 같이 정의한다.

- 결혼했거나 솔로가 아닌 것
- 거절당하지 않는 것
- 친구들의 여자 친구보다 더 매력적인 여자를 사귀는 것
- 많은 여자에게 다가가거나 데이트하는 것
- 여자의 질보다 양을 중요하게 생각하는 것
- 여자의 '아름다움'이 세상의 관념과 일치하는 것
- 당신이 자라면서 만나야 한다고 생각한 유형의 여자와 만나는 것

성공을 우리의 행복을 최대화할 수 있는 관계를 만드는 것이라고 정의하면, 우리의 접근 방식은 완전히 새로워진다. 여자가 선택해 주기를 바라며 기다리거나, 숫자를 쌓고 자랑거리를 만들거나, 거절을 피하는 것이 아니라, 다양한 여자를 만나서 그중 서로 즐거울 수 있는 사람을 찾는 과정으로 정의할 수 있게 된다.

이렇게 되면 **거절은 성공률을 해치는 것이 아니라, 성공률을 높여주는 것으로 변한다**. 만난 지 한 시간 만에 잠을 같이 잔 여성보다, 진도는 느리더라도 정말 멋지고 서로 잘 맞는 여성과 데이트하는 것이 훨씬 더 큰 성공이 될 수 있다.

우리는 이를 위해 여성을 양극화한다. 자신의 진실을 솔직하고 편하게 드러내면서 여성을 양극화하는 것이다. 여성들은 우리에게 강하게 끌리거나 아니면 거절할 것이다. **어떤 결과가 나든 우리는 그로 인해 더 행복해질 것이다**.

행복을 위해서는 우리는 여성을 양극화하는 것을 넘어서, 교류 자체를 중요하게 여겨야 한다. 어떤 남성들은 얼마나 많은 여성과 키스를 하거나 번호를 얻는지를 통해 만족감을 얻지만 그것은 성공이 아니다. 이는 여성과의 관계를 제대로 활용하지 못하고 있기 때문이다. 더 많은 번호를 얻는다고 해서 더 행복해지지 않는다. 단지 인정받고 싶어 하는 절박함에 쫓기는 것일 뿐이다. 그것은 진심으로 그녀와 데이트하거나 친밀해지거나 헌신하는 것이 아니다.

자신을 드러내라. 마음을 열고 무엇이 자신을 행복하게 하는지 찾아라. 물론 그 과정에서 상처받을 수도 있다. 하지만 뭐 어떤가. 인생에서 정말 좋은 것들은 쉽게 얻어지지 않는다.

이제 구체적인 내용으로 들어가 보자. 지금까지 우리는 내면에 관해 이야기했다. 어떤 여성과 잘 될 수 있을지는 자신에 대한 투자 수준에 달려 있다. 여기에는 비절박함이 중요한 역할을 하며, 이는 취약성을 드러낼 때 생긴다. 그리고 **취약성은 정직함을 통해 이룰 수 있다.**

우리가 **정직해질 수 있는 세 가지 방법**이 있다. 이 세 가지 방법이 책의 나머지 대부분을 구성한다. 세 가지 방법은 다음과 같다.

1) 자신의 가치에 맞는 생활을 하는 것(**라이프스타일**)
2) 자신의 의도에 대해 편안해지는 것(**용기**)
3) 자신의 성적 매력을 자유롭게 표현하는 것(**대화**)

정직해지기 위한 첫 번째 방법은 자신을 행복하게 만드는 라이프스타일을 개발하는 것이다. 두 번째 방법은 용기를 가지고 두려움과 불안을 이겨내는 것이다. 그리고 세 번째 방법은 자신의 성적 매력을 자유롭게 표현하는 것이다.

자신의 가치와 관심사에 기반한 라이프스타일을 선택하지 않는 것은 스스로 정직하지 않은 것이다. 이는 자신보다 다른 사람에게 더 많은 투자를 하고 있다는 것이다. 따라서 매력적이지 않다. 필요한 상황에서 자신의 욕망과 의견을 내세우지 않는 것은 다른 사람에게 더 투자하고 있다는 것이다. 따라서 매력적이지 않다. 또한, 우리의 생각, 감정, 욕망을 자유롭고 명확하게 전달하지 않는 것도 다른 사람에게 더 많은 투자를 하고 있음을 나타낸다. 이것 역시 매력적이지 않다.

라이프스타일, 용기, 그리고 대화. 나는 이것을 '세 가지 기본 요소'라고 부른다.

6장
세 가지 기본 요소

비절박함으로 향하는 세 가지 방법

세 가지 기본 요소는 남자가 취약성을 드러내고, 덜 절박해지는 방법이다. 각 기본 요소를 개선하면 결과가 향상되는데, 때로는 극적으로 향상되기도 한다. 세 가지 기본 요소는 각각 개별적으로 발전시킬 수 있지만, 보통 한 가지를 개선하면 나머지 두 가지에 간접적으로 도움이 된다.

세 가지 기본 요소는 다음과 같다.

- 매력적이고 수준 높은 라이프스타일 만들기
- 사회적 만남, 친밀감, 성적 매력에 대한 두려움과 불안 극복하기

• 감정 표현에 익숙해지고 능숙하게 대화하기

나는 세 가지 기본 요소를 각각 간단하게 **정직한 삶, 정직한 행동, 정직한 대화**라 부른다.

우리는 자신에게 정직해져야 한다. 매력적인 라이프스타일을 만들기 위해서는 당신이 진심으로 원하는 것이 무엇인지 파악하고 그것을 현실로 만들기 위해 노력해야 한다. 만약 당신이 싫어하는 직업, 싫어하는 취미, 싫어하는 친구 관계를 유지하고 있다면, 당신이 무엇을 하든 얼마나 돈을 많이 벌든 간에, 매력적인 여성을 만나기 어려울 것이다. 이는 당신이 받아들인 정체성이 당신의 감정적인 필요와 욕망을 정확하게 반영하고 있지 않기 때문이다. 진정한 삶을 살고 있지 않다는 것은 자신에게 투자하지 않고 있다는 것이며, 따라서 절박하고 매력적이지 않다는 것을 의미한다.

만약 진정으로 열정이 있는 분야는 예술인데 보험 회사에서 서류 작업을 하고 있다면, 이는 정직하게 살고 있지 않은 것이다. 다른 사람들이 정해준 기준에 맞추기 위해 당신의 정체성을 타협한 것이 된다. 자신을 진정으로 행복하게 하는 것을 포기하고, 사회가 요구하는 역할이나 가치(안정적인 직업을 갖거나 회사에서 일하는 것, 좋은 집이나 차를 갖는 것)에 맞춰 살아가는 것이다.

사회가 요구하는 역할이 당신에게 진정 중요한 것이 아니라면, 당신에게는 스스로 변화를 주어야 할 책임이 있다. 그렇지 않으면 매력적이지 않은 남자가 될 것이다. 왜냐하면 매주 40시간 동안, **당신이 원하는 것이 아니라 다른 사람들이 당신에게 원하는 정체성에 투자하며 살고 있기 때문이다**. 이를 바로잡지 않으면 만나는 모든 여성에게 당신의 절박함을 드러내게 될 것이고, 진정으로 놀라운 여성들을 놓치게 될 것이다.

첫 번째 요소인 정직한 삶은 당신이 끌어들이는 여성의 수준과 직접적으로 연관된다. 당신의 정체성과 라이프스타일이 얼마나 잘 일치하는지, 그리고 외모와 건강을 얼마나 잘 관리하는지에 따라, 당신이 끌어들이는 여성의 수준이 더 높아지고 적극적인 여성을 만날 확률이 더 커진다.

두 번째 요소인 정직한 행동은 여성에 대한 두려움과 불안을 극복하는 것이다. 불안은 다른 사람들의 인식에 지나치게 관심을 가지고 나에 대한 진실을 회피할 때 생긴다. 불안은 마치 나쁜 생활 습관처럼 우리 안에 뿌리박혀 있는 것으로, 이를 바꾸려면 오랜 시간과 많은 노력이 필요하다.

내가 두 번째 요소를 '정직한' 행동으로 이름 붙인 이유는, 이 요소가 가장 엄격한 의미의 정직함을 요구하기 때문이다. 만약 당신이 아름다운 여성을 보고 나서 그녀를 만나고 싶다는 욕망이 생겼는데, 이를 행동으로 옮기지 않고 있다면 자신에게 정직하지 못한 것이다. 바에서 관심 있는 여성을 밤새 보고만 있으면서 행동할 용기를 내지 못한다면, 자신의 깊은 의도와 성적 관심에 대해 정직하지 않은 것이다. 당신은 그녀 혹은 다른 사람들의 의견에 과도하게 신경을 쓰고, 자신의 취약함을 드러내지 못한 것이다.

성적 매력에 대한 두려움은 대부분 열등감이나 자신이 부적절하다는 느낌에서 비롯된다. 여성에게 다가가는 것이 두렵다면, 이는 마음 깊은 곳에서 그녀가 자신을 어떻게 생각할지에 대해 과도하게 투자하고 있다는 것이다. 만약 여자를 집으로 초대하는 게 두렵다면, 그녀에게 거절당하지 않는 것에 지나치게 신경 쓰면서 자신의 욕망을 따르지 못하는 것이다.

여성에 대한 두려움과 불안을 극복하면, 여성과의 관계가 전반적으로 개선된다. **거절에 대한 두려움을 극복하면 마음에 드는 여자에게 두려움 없이 다가갈 수 있다.** 인생에서 이룬 것이 별로 없다거나(좋은 라이프스타일이 없다거나), 표현력이 부족하더라도(소통 능력이 부족하더라도), 계속 시도함으로써 자신에게 맞는 여자를 만나고 관계를 맺을 수 있게 된다. 거절에 대한 두려움 없이 500명의 여성에게 다가갈 수 있다면, 그중 최소한 한 명은 관심을 보일 테니까 말이다. 그러므로 정직한 행동은 당신이 만나서 끌어당길 여성의 수와 직접적으로 연관된다.

세 번째 요소인 정직한 대화는 자신을 자유롭고 효과적으로 표현하는 방법을 배우는 것이다. 대부분의 데이트 조언에서 '게임'이라고 부르는 것이 바로 이 부분으로, 좋은 유머 감각, 사람들과 연결되는 능력, 이야기하는 능력, 사람들의 관심을 끄는 것, 카리스마, 그리고 성적인 매력을 드러내는 것이 포함된다. 이 모든 것이 정직한 대화의 일부다.

내가 이를 '정직한 대화'라고 부르는 이유는 **자신의 진정한 의도와 감정을 다른 사람에게 명확히 전달해야 하기 때문이다.** 종종 우리는 특정한 생각이나 감정을 가지고 있지만, 그것을 적절하게 전달하는 방법을 모를 때가 많다. 이 세 번째 요소는 그 방법에 초점을 맞추고 있다.

정직한 대화는 자신과 잘 맞는 여성을 얼마나 효율적으로 끌어들일 수 있는지를 결정한다. 소통을 잘하지 못하거나 자신을 명확하게 표현하지 못하는 남자는 오해, 모호한 대화, 부정확한 가정 등으로 인해 수많은 로맨틱한 기회를 놓친다.

자신의 장점과 단점을 구분하라

당신은 아마 세 가지 기본 요소 중 한 가지 이상에서 이미 강점을 가지고 있을 것이고, 다른 하나 이상의 요소에서는 약하거나 평균적일 것이다. 당신의 강점과 약점에 따라 여성과의 관계에서 얻는 결과의 양과 질이 결정된다.

예를 들어 훌륭한 라이프스타일을 가지고 있지만 행동력이 부족하고 소통이 서투른 남자는 아름답고 흥미로운 여성들로 둘러싸여 있지만, 그들과 이어지지 못한다. 전형적인 예는 부자이거나 잘생겼지만, 여전히 솔로로 남아 좌절하는 남자들이다. 이들은 돈, 인맥, 권력을 가지고 있으며 아름다운 여성을 자주 만나지만, 그 기회를 제대로 살리지 못한다.

반면 여성에 대한 두려움이나 불안이 없는 남자는 많은 여성에게 다가가 데이트를 신청할 수 있지만, 노력에 비해 성공 비율이 낮고, 여성의 수준도 떨어지는 경우가 많다. 흔히 예비 '선수'들이 이 범주에 속하는데, 그들은 일주일에 5~6일 밤을 외출하여 수십 명의 여성에게 접근하지만, 거의 모두에게 실패한다. 가끔 운 좋게 술에 취한 여자를 설득해 집에 데려가는 정도의 결과만 낸다.

훌륭한 소통 능력을 가지고 있지만, 두려움이 많고 라이프스타일이 좋지 않은 남자는 아름다운 여성을 만날 기회가 드물지만, 가끔 기회가 찾아오면 그것을 잘 살린다. 대부분의 '보통' 남자들이 이와 같은 유형에 속한다. 이들은 기회를 자주 얻지는 못하지만, 기회가 찾아오면 잘 잡아서 성공을 거둔다. 그러나 이들의 문제는 자신의 연애 생활을 통제하지 못한다는 것이다. 항상 자신에게 관심을 가질 여성이 나타나기를 기다리는데, 때로는 꽤 오랫동안 기다리기도 한다.

세 가지 기본 요소가 흥미로운 점은 많은 남자들이 다양한 데이트 조언이나 자기 계발을 적용해도 실제로 결과를 얻지 못하는 이유를 설명해 준다는 것이다. 만약 당신의 약점이 소통을 명확하게 하지 못하거나 다른 사람에게 공감을 잘하지 못하는 것이라면, 500명의 새로운 여자에게 접근해 보라는 조언은 대참사를 초래할 것이다.

만약 당신이 빈털터리에 부모님과 함께 살면서 직업이 없다면, 클럽에서 시간을 보내고 돈을 쓰라는 조언은, 당신 말고는 별다른 선택지가 없는 수준이 낮은 여성과 의미 없는 관계만 맺게 할 뿐이다. 만약 당신이 매력적인 여자에게 말을 거는 것이 죽을 만큼 두려운 사람이라면, 대화법이나 플러팅 대사 등의 조언은 아무런 도움이 되지 않을 것이다.

하지만 앞서 말했듯이, 세 가지 기본 요소는 서로 독립적이지 않다. 서로가 서로에게 영향을 준다. 그래서 만약 당신의 가장 큰 문제가 소통을 잘하지 못하는 것이라면, 100명의 새로운 여자를 만나는 것이 직접적으로는 도움이 되지 않겠지만, 낯선 사람과 계속 대화하는 것이 당신의 문제에 간접적으로 도움이 된다. 같은 방식으로, 효과적으로 소통하는 방법을 배우는 것은 극도로 불안을 겪는 남자들의 발전에 도움이 된다. 왜냐하면 드물게 용기를 내서 여자에게 다가갈 때마다, 조금씩 접근이 매끄러워지고 사회적으로 부드러운 방식으로 행동하게 되기 때문이다.

자신의 문제에 맞게 조언을 적용해야 한다. 이 장을 읽으면서 자신의 약점이 무엇인지 대략적으로라도 알게 되기를 바란다. 이 책의 나머지 부분은 각각의 기본 요소를 개별적으로 분석하고 그것을 개선하기 위한 구체적인 방법을 제공한다. 당신이 가장 집중해서 개선해야 할 기본 요소를 찾아내고, 거기에 집중하는 것이 당신의 연애 생활을 가장 빠르게 개선하는 길이다. 대부분의 사람은 한두 가지 주된 약점과 아마도 한 가지 자연스러운 강점을 가지고 있다. 하지만 어떤 사람은 모든 부분에서 약할 수도 있다. 만약 자신이 모든 면에서 강하다고 생각하고 있다면, 아직 자신을 스스로 속이고 있는 것일 수 있으니 3장을 다시 읽고 자신에게 정직해질 필요가 있다.

두 가지 유형의 남자

내 경험상 연애에서 심한 어려움을 겪는 남자들은 두 가지 유형 중 하나에 속한다. 바로 사회적으로 불안한 남자와 사회적으로 단절된 남자다.

사회적으로 불안한 남자는 세 번째 기본 요소를 꽤 잘하는 경향이 있다. 자기표현을 잘하고, 사회적 규범이나 다른 사람들의 생각과 느낌을 잘 알아차린다. 사실, 너무 잘 알아차려서 오히려 사회적 불안을 느낀다. 새로운 여성에게 말을 거는 걸 두려워하고, 관계를 진전시키는 데 있어서 긴장하며, 데이트 신청조차 무서워한다.

하지만 이런 남자들은 자신에게 호감을 보이는 여자를 만나면 의외로 잘 지낸다. 밤새도록 대화를 이어가기도 하고 그녀가 그에게 관심이 있다면 큰 실수를 하지도 않는다. 문제는 용기를 내서 적극적으로 행동에 나서는 일이 그들에게 큰 두려움을 준다는 것이다. 이런 남자들은 대부분의 시간을 두려움을 극복하는 데 사용하며, 자신을 표현하는 데는 시간을 거의 쓰지 않는다.

사회적으로 단절된 남자들은 그 반대다. 이들은 주변 사람들이 무엇을 생각하고 느끼는지에 대해 '둔감한' 경향이 있다. 이들은 혼자서도 잘 지내며, 주변 사람들보다 공부나 특정 취미에 더 관심을 가진다. 사회적으로 단절된 남자들은 여성에게 접근하거나 관계를 발전시키는 데 있어서 두려움이나 불안이 거의 없다. 사실 그들이 두려움이 없는 이유는 사회적 신호나 다른 사람들이 무엇을 생각하고 느끼는지 잘 모르기 때문이다.

이 유형의 남자들이 겪는 어려움은 세 번째 기본 요소, 즉 자기표현과 타인의 감정 및 생각을 이해하는 것이다. 이들은 행동을 주저하거나 두려워하지는 않지만, 잘못된 행동을 반복하며 그것이 왜 잘못된 것인지 이해하지 못한다.

첫 번째 기본 요소인 라이프스타일은 모든 사람이 만들어 가고 있는 요소이며, 그 형태는 사람마다 다양하다. 라이프스타일이 개선될수록 모든 것이 더 수월해진다. **라이프스타일의 개선은 궁극적으로 당신 자신을 위해 이루어져야 한다**. 여성에게 매력적으로 보이는 것은 그저 부수적인 효과에 불과하다.

두 번째와 세 번째 기본 요소는 서로 밀접하게 연결되어 있다. 사회적으로 불안한 남자들은 남들과 너무 잘 연결되어 있어서 불안하고, 사회적으로 단절된 남자들은 남들과 너무 단절되어 있어서 두려움이 없다.

우리의 목표는 사회적으로 잘 연결되어 있으면서도 두려움이 없고, 이와 동시에 멋지고 매력적인 라이프스타일을 갖추는 것이다. 이를 통해 세 가지 기본 요소를 모두 갖춘 완벽한 패키지가 되는 것이다.

당신이 어느 유형에 속하든, 세 가지 기본 요소를 모두 읽어보길 권한다. 자신이 이미 강점을 가진 영역에 대한 글을 읽는 것만으로도 긍정적인 습관을 강화할 수 있으며, 그 강점을 더 발전시키기 위한 팁을 얻을 수 있을 것이다.

3부는 정직한 삶에 관한 것으로, 매력적이고 질 높은 라이프스타일을 구축함으로써 당신과 가장 잘 맞으며 수준 높은 여성이 자연스럽게 당신의 삶으로 끌려오도록 하는 방법에 관해 이야기한다.

4부는 정직한 행동에 관한 것으로, 두려움과 불안을 극복하여 부끄러워하거나 주저하지 않고 자신의 욕망과 충동을 행동으로 옮기는 방법에 대해 다룬다.

5부는 정직한 대화에 관한 것으로, 개방적이고 효과적인 방법으로 자신을 표현함으로써 여성들에게 매력을 발산하고 관계를 발전시키는 방법을 이야기한다.

3부와 4부는 각각 두 개의 장으로 구성된다. 첫 번째 장에서 해당 기본 요소의 개념과 아이디어를 설명하고, 두 번째 장에서 구체적이고 실행 가능한 조언을 제공한다. 예를 들어 3부(정직한 삶)의 7장에서는 '인구 특성'이라는 개념과 그것이 당신에 대한 여성의 반응에 어떤 영향을 미치는지 설명하고, 8장에서는 인구 특성 지식을 활용해 각 여성에게 최대한 매력적으로 보일 수 있는 방법을 설명한다.

5부에서는 네 개의 장을 통해 효과적으로 소통하는 방법(언어, 신체 등)과 데이트 과정을 다룬다.

모든 조언의 기초는 **남자로서 자신을 정직하게 표현하는 것이 여성에게 비절박함을 보여 주는 가장 효과적인 방법이라는 점**이다. 그 과정으로써 당신에게 가장 잘 어울리는 여성에게 진실되고 지속적인 매력을 보여 줄 것이다.

지금까지의 내용에서 이해가 안 되는 부분이 있거나 감이 잘 안 잡힌다면, 앞으로 돌아가 다시 읽어 볼 것을 권한다. 지금까지 내가 말한 것들이 이해된다면, 이제 당신은 준비된 것이다. 그럼, 계속해서 읽어 보자.

Models

3부

정직한 삶

7장
나에게 맞는 인구 특성을 찾아라

어디서 누구와 만날 것인가

여성에게 어떤 말을 해야 하는지, 어떻게 그녀를 웃게 하고, 어디로 데려가고, 어떻게 키스해야 하는지 논하기 전에 더 중요하며 근본적인 질문이 있다. 이는 무엇을 입어야 하는지, 어떻게 외모를 가꿔야 하는지 같은 질문보다 더욱 중요하다. 당신은 어떤 여성을 만나고 싶으며, 그녀와 어떤 관계를 맺고 싶은가?

맥락이 중요하다. 카페에서 여성을 만나는 것과 비즈니스 네트워킹 모임에서 자기소개를 하는 것, 스피드 데이트에 참석하는 것에는 큰 차이가 있다.

여성을 어디에서, 어떤 상황에서 만날 것인가 하는 질문을 나는 인구 특성이라 부른다. 오늘날 거의 모든 데이트 조언에서

간과되고 있는 부분이 인구 특성이다. 사회적 교류는 항상 맥락적으로 이루어지며, 따라서 여성에게 매력을 드러내는 것도 항상 맥락적이어야 한다.

어떤 데이트 조언에서는 주로 미술관에서 여성을 만나는 40세의 이혼한 은행원에게, 파티에 몰래 참가하는 19세 대학생과 똑같은 조언을 제공한다. 바보 같은 짓이다. 이 두 남성은 완전히 다른 우선순위, 삶의 경험, 성격, 그리고 관심사를 가지고 있으며, 그들이 만나는 여성들 역시 연령, 교육, 가치관, 정서적 발달, 외모 및 관심사가 완전히 다를 것이다. 이들에게 동일한 대사나 전략을 제시하는 것은, 오늘날 많은 남성을 위한 데이트 조언이 얼마나 시대에 뒤떨어져 있는지를 보여준다.

인구 특성 이론은 간단하고 기억하기 쉽다. '끼리끼리 모인다.'라는 것이다. **당신은 자신과 비슷한 사람들을 끌어들인다.** 만약 당신이 고급 와인을 좋아하고, 해외에서 공부했으며, 성공적인 전문직에 종사하고 있다면, 당신이 일상생활에서 자연스럽게 만나고 끌어들일 여성들은 비슷한 교육을 받고, 비슷한 외모와 관심사, 비슷한 수준의 성공을 성취한 여성일 가능성이 높다.

인구 특성이 맞지 않으면 마찰이 생긴다. 그리고 3장에서 알아봤듯이 마찰은 매력을 관계로 이어지지 못하게 한다.

내가 직접 목격한 인구 특성 불일치의 대표적인 사례는 바람둥이가 되기로 결심한 너드 남성이었다. 35세의 엔지니어인 존은 책벌레였고 집돌이였다. 그는 진지한 연애를 두 번 했고, 두 번 모두 5년 이상 지속됐다. 그는 최근에 싱글이 되면서 결혼하기 전에 가능한 한 많은 여성을 만나기로 했다. 그래서 존은 픽업 아티스트 관련 책을 읽고, 거기서 배운 '기술'을 가지고 클럽에 나가기 시작했다.

자, 이제 그가 사용하는 대사는 잠시 무시하고 넘어가 보자. 아니, 그가 사용하는 대사가 꽤 괜찮다고 가정해 보자(아마 그렇지 않겠지만). 클럽에서 그는 매우 매력적인 금발 여성 제니를 만나게 되었다.

제니는 20세이고 커뮤니티 대학 2학년에 재학 중이다. 그녀는 가난한 동네 출신이며, 지난 몇 년간 신발 가게에서 일하며 학비를 벌어왔다. 제니는 인생에서 무엇을 하고 싶은지 전혀 모른다. 사실 미래에 대해 별생각이 없다. 옷을 사기 위해 카드를 긁고, 공부나 과제를 하는 것보다는 파티에 더 많은 시간을 보낸다.

이에 반해 존은 학위를 세 개나 가지고 있으며, 지난 8년 동안 주당 60시간씩 일하면서 술은 거의 마시지 않았다. 그는 평생 동안 파티에 겨우 10번 정도 갔고, 취해본 적은 두 번뿐이다. 성격은 소극적이고 분석적이며, 지적인 유머를 구사한다. 그는 부드럽고 사려 깊지만, 옷차림은 세련되지 않았고, 헝클어진 머리에 큰 안경을 쓰고 있으며, 키도 조금 작은 편이다.

그가 제니에게 다가가면, 어떤 대사를 사용하든 결국에는 대화가 금방 끝날 것이 뻔하다. 제니는 존에게 관심이 없다는 것을 금세 표현할 것이다. 그러면 존은 자신이 사용한 대사가 잘못되었다고 생각할지도 모른다. 아니면 자신이 못생겼다거나 키가 조금 작은 것이 문제라고 자책할지도 모른다. 하지만 존과 제니는 일치하지 않았을 뿐이다. 그들의 가치관이 일치하지 않으며, 제니의 라이프스타일은 존과 잘 맞지 않는다. 존은 나이가 더 많지만 경험은 적다. 제니는 더 젊지만 경험이 더 많다. 존은 성숙하고 현실적이다. 제니는 미성숙하고 충동적이다. 모든 것이 어긋나 있다.

생각 실험을 계속해 보자. 2년이 지나고 존은 자신을 가꾼다. 이제 그는 옷을 잘 입는다. 성공적인 사업가 이미지를 풍기는 세련된 디자이너 브랜드의 옷을 입는다. 외모에도 더 신경을 쓴다. 헬스장에 다니며 몸을 단련했고, 안경 대신 콘택트렌즈를 착용했고, 스타일리스트에게 머리를 손질받았다.

존의 성격도 조금 달라졌다. 가끔 파티를 즐길 줄 알게 되었고, 젊은 전문직 친구들과 함께 술을 마시며 즐거운 시간을 보내기도 한다. 그는 해변에서 많은 시간을 보내고 있으며, 틈틈이 기타를 독학하고 있다. 그의 사회적 자신감은 급상승했고, 그의 라이프스타일은 확장되고 풍요로워졌다.

제니 역시 지난 2년 동안 변화를 겪었다. 그 사이에 그녀는 학업에 집중하여 간호대학에 진학했고, 자신이 생각보다 더 똑똑하고 배움을 즐기는 사람임을 깨달았다. 그녀는 무책임하고 자신을 함부로 대하던 미식축구 선수와의 1년간 연애를 끝냈다. 그녀는 자신을 위해서 더 좋은 남자, 더 책임감 있는 남자를 만나야겠다고 다짐했다.

이번에 존이 제니에게 다가가면(대사가 있든 없든), 두 사람의 인구 특성이 겹친다. 존은 매력적이고 잘 관리한 성공적인 남성으로, 감정을 자유롭게 표현하며 즐길 줄 아는 사람이 되었고, 제니는 아름다울 뿐만 아니라 책임감이 있고 야망을 가진 성숙한 여성이 되었다. 그렇게 두 사람 사이에 상호 매력이 생긴다.

2년 전에 존이 대사와 전략을 열심히 연습하고 완벽히 다듬었다면 단기적으로는 제니를 속였을 수 있었겠지만, 장기적으로 어떤 결말을 맞았을지 알 것이다. 줄줄 외워서 사용하던 존의 대사는 결국 다 떨어졌을 것이고, 무도회가 끝난 뒤의 신데렐라처럼 제니는 존의 실제 모습에 경악하며 돌아갔을 것이다.

대신 존은 자신에게 투자하여 인구 특성을 넓혀 갔고, 자신이 원하는 방향으로 삶을 살게 되었다. 이는 제니도 마찬가지다. 그렇게 둘은 서로에게 매력을 느낄 만큼의 공통점을 갖게 되었다. 이것이 인구 특성이 일치할 때 일어나는 일이다.

두 사람의 문제는 타이밍에 있다. 2년 전에는 두 사람이 일치하지 않았고, 2년 후에는 일치했다. 이것이 우리가 흔히 말하는 '딱 맞는 사람, 잘못된 타이밍'(right person, wrong time)의 의미다.

만약 그녀가 스키와 승마를 좋아하지만, 당신은 야외 활동이나 여행을 싫어한다면, 필연적으로 마찰이 생길 것이다. 당장은 아니더라도 언젠가는 갈등의 원인이 될 것이다. 혹은 그녀는 감정을 솔직하게 표현하고, 친구들이 자신을 어떻게 생각하는지에 큰 가치를 두는 반면, 당신은 진지한 대화와 지적 탐구를 중요하게 여기고 사회적 모임을 별로 좋아하지 않는다면, 두 사람 간에 상당한 마찰이 발생할 것이다.

이런 갈등은 피할 수 없다. 재치 있는 대사는 상황을 바꾸지 못한다. 잘생기거나 돈이 많아도 이러한 근본적인 차이를 바꾸지 못한다. 그녀가 사랑하는 것을 당신이 싫어하고, 반대로 당신이 사랑하는 것을 그녀가 싫어한다면, 그 관계는 잘 풀릴 수가 없다.

해결책은 당신의 정체성과 열정을 바꾸는 것이 아니라, **정체성과 열정을 확장하는 것**이다. 새로운 활동을 시도하고, 다양한 표현 방식을 탐색하며, 자신을 표현하는 방법을 배우는 것이다.

인구 특성의 개념은 왜 어떤 여성과는 딱 맞는 느낌이 드는지, 그리고 왜 자신이 즐겁고 좋아하는 일을 할 때 딱 맞는 여성을 자주 만나게 되는지를 설명해 준다.

나에게 맞는 라이프스타일 선택하기

인구 특성 이론의 가장 큰 장점은 자신의 강점을 활용할 수 있다는 점이다. 자신의 가치관, 관심사, 라이프스타일을 공유할 가능성이 높은 환경에서는 성공 확률이 높아질 뿐만 아니라 함께 있는 것이 더 즐거운 여성을 만날 수 있다.

나는 여행을 좋아하기 때문에, 여행을 좋아하는 여성을 선호한다. 여행은 내가 가장 좋아하는 대화 주제이며, 여행을 많이 한 여성을 만나면 쉽게 매력을 느끼고 데이트도 자연스럽게 이어진다. 텍사스의 술집에서는 여행을 많이 한 여성을 거의 만나지 못한다. 반면 뉴욕에서 열리는 유럽 와인 시음회에서는 여행을 좋아하는 여성만 만나게 된다. 더 나아가 다른 나라로 여행을 가서 여행 중인 여성을 만나면 성공 확률이 상당히 높아진다. 댄스나 음악을 좋아한다면, 공연장이나 콘서트에서 알게 된 여성들과 잘 맞을 가능성이 높고, 그녀들과 더 행복한 관계를 맺을 수 있을 것이다.

술집과 클럽은 흔히 '만남의 광장'이며, 누군가를 만나기 위해 가는 장소로 인식된다. 술집과 클럽은 친구들과 함께 즐거운 시간을 보내고 싶어 하는 에너지가 넘치는 파티 환경이다. 파티를 사랑하고, 재미를 추구하며, 새로운 친구들과 어울리는 것을 좋아하는 사람이라면 클럽은 이상적인 장소다. 하지만 당신이 사교적인 성향이 아니라면, 그곳에 있는 대부분의 사람들과 잘 맞지 않을 것이다. 당신이 성격이나 라이프스타일을 사교적인 쪽으로 확장하기 전까지는, 그곳의 여성들이 당신에게 마음을 쉽게 열지 않을 것이다.

그러므로 내가 추천하는 방법은, 여성과 대화를 시작하기 전에 몇 가지 중요한 질문을 스스로 던져 보는 것이다. 여성에게서 무엇을 가장 중요하게 여기는가? 정직, 아름다움, 애정, 지능, 호기심, 비슷한 관심사, 교육? 물론 '모두 다'이면 좋긴 하다. 질문을 이렇게 바꿔 보자. 당신이 만나는 여성이 가진 조건 가운데 절대적으로 받아들일 수 없는 것은 무엇인가? 여성을 선택할 때 무엇을 가장 우선시하는가? 이에 대한 답이 어디서 여성을 찾아야 할지를 결정하는 데 도움이 될 것이다.

당신이 가치 있게 여기는 특성을 가진 여성들은 주로 어디에 있는가? 그녀들을 가장 많이 만날 수 있는 장소는 어디인가? 당신이 가장 좋아하는 활동은 무엇인가? 독서나 글쓰기를 좋아하는가? 음악을 하는가? 스포츠와 경쟁을 즐기는가? 이러한 취미를 탐구할 수 있는 단체나 모임이 있을까?

자신의 열정과 관심사가 무엇인지 아직 모르겠다면, 잠시 시간을 내서 항상 해 보고 싶었지만 시간이 없었거나 용기가 없어서 못 한 것들을 적어 보자. 그런 활동이나 모임에 어떤 식으로든 참여하겠다고 스스로 약속하자.

물론, 모든 모임에 여성이 넘쳐나지는 않는다. 만약 당신이 체스 대회에 종종 참가하는 열정적인 체스 플레이어라면, 대회나 모임에서 여성을 많이 만나지는 못할 것이다. 그러나 한 가지 관심사만 가진 사람은 거의 없다. 아마 당신도 여성이 많이 참여하는 몇 가지 취미를 가지고 있을 것이다.

여성을 자주 만날 수 있는 취미나 모임을 몇 가지 소개하겠다.

- 댄스 수업(살사, 스윙, 사교댄스 등)
- 정치 단체나 행사
- 콘서트 및 콘서트 홍보
- 아마추어 스포츠 리그(예: 남녀 혼성 배구는 여성 참여율이 높으며, 건강한 여성들이 많다)
- 자원봉사, 자선 단체 및 자선 행사(훌륭한 여성들로 넘쳐난다)
- 교육 과정(리더십, 대중 연설)
- 요리 수업
- 요가 수업
- 명상 수업 및 명상 수련회
- 자기 계발 세미나 및 교육 행사
- 여행 모임
- 종교: 교회나 본인의 신앙에 해당하는 종교 모임
- 외국어 수업이나 전문 자격증 과정(CPA 등)
- 반려견 공원

- 와인 또는 맥주 시음회
- 미술관, 전시회 또는 갤러리
- 비즈니스 네트워킹 행사

또한 밋업(meetup.com)과 같은 모임 플랫폼은 당신과 생각이 비슷한 사람들이 있는 모임을 찾게 해준다.

내 친구 중 한 명은 뛰어난 댄서로 매주 지역 댄스 행사에 참석한다. 그는 성공적이고 똑똑하며 전문직에 종사하고 있다. 문화적 소양이 높고, 여행 경험도 풍부하다. 그는 미국에 거주하는 유럽 기업가들과 네트워크를 형성하고 있다. 다양한 모임을 통해 그는 매력적이고 지적인 수많은 여성들을 만난다. 그는 종종 자신의 집에서 행사를 주최하면서 여성들과 만나는 기회를 자주 가진다. 그가 여성과 성공적으로 만날 수 있는 이유는 그가 매력적이기 때문이기도 하지만, 그가 좋아하고 그를 좋아할 가능성이 높은 여성들이 있는 자리를 인구 특성적으로 잘 찾아냈기 때문이기도 하다.

또 다른 예로 프로 음악가인 친구가 있다. 그는 항상 여성들에게 인기가 많을 것 같지만, 실제로는 대부분 시간을 스튜디오와 연습실에서 보낸다. 그는 곡 작업과 연주 활동에 집중한다. 하지만 그는 솔로가 되면, 저렴하고 접하기 쉬운 공연을 하곤 했다. 웨딩홀, 바, 커버 밴드 등에서 연주하며 단기간에 많은 여성을 만날 기회를 얻었다. 한동안 여성을 만나지 않다가 갑자기 그의 삶에 여성이 넘쳐나게 되는 것이다.

내 경험을 이야기하자면, 나는 여행과 문화에 강한 열정을 가지고 있다. 나는 여행을 좋아하는 사람들을 만나기 위해 현지 행사나 수업에 참여하려고 한다. 미국에 있을 때 나는 외국인이 있을 가능성이 높은 장소나 행사에 참여하여 시간을 보낸다. 미국에서 아르헨티나 출신 여성을 만나면, 나는 부에노스아이레스에서 3개월 동안 지냈던 이야기를 스페인어로 얘기한다. 그러면 쉽게 데이트 약속을 잡을 수 있었다.

위의 예시는 몇 가지의 성공적인 사례에 불과하다. 당신에게 맞는 환경은 또 다를 것이다. 스스로 실험을 통해 찾아야 한다.

인구 특성은 당신이 여성들과 나누는 모든 상호작용에 큰 영향을 미친다. 만약 인구 특성적인 차이가 너무 크다면 마찰이 굉장히 심해질 것이고, 당신이 아무리 매력적일지라도 두 사람 사이의 연결점이 생기기 어렵다.

이것이 지금까지 당신이 겪어왔던 많은 실패의 이유를 설명할 수 있을지도 모른다. 그러니 관심사를 넓히고 적극적으로 찾아라. 영성이나 명상에 관심이 있다면 그 분야를 탐구하라. 정치와 지역사회 활동에 관심이 있다면 관련 모임에 참여하라. 세계 각국의 음식에 관심이 있다면 요리 수업, 음식 시식, 레스토랑 개업식 등에 참여해 보라.

당신의 신념이 누구를 만날지 결정한다

라이프스타일은 만나는 여성의 인구 특성에 영향을 미친다. 요가를 좋아해서 관련 모임에 자주 간다면, 요가를 좋아하는 여성들을 만나게 될 것이다. 그들은 당신에게 매력을 느낄 가능성이 높고, 당신 또한 그들에게 매력을 느낄 것이다.

이때 중요한 것이 신념이다. **신념은 우리 삶에 들어오는 여성을 무의식적으로 걸러내는 필터 역할을 한다.** 여기서 말하는 신념이란 자신이 갖고 있는 여성, 성, 관계 그리고 자신에 대한 믿음을 의미한다. 신념은 행동에 반영되고, 그 행동이 어떤 여성이 우리에게 매력을 느끼게 할지를 결정짓는다.

만약 당신이 '모든 여성은 문란하기 때문에 신뢰할 수 없다.'라고 믿는다면, 그러한 비판적인 태도를 견뎌 낼 수 있는 유일한 여성은 실제로 문란하고 신뢰할 수 없는 여성이다. 사회심리학에서는 이를 유사성 효과(assortment effect)라고 부르며, 이는 여러 연구를 통해 입증된 바 있다. 한편 '여성도 남성만큼 성생활을 원하고 즐긴다.'라는 믿음이 있다. 이는 내게 큰 영향을 준 믿음이었다. 많은 남자들은 여성도 성생활을 즐기고, 성적 환상이 있다는 것을 잘 믿지 않는다.

이러한 믿음이 당신의 행동에 어떻게 영향을 미치고, 당신에게 끌리는 여성을 어떻게 걸러낼까?

만약 당신이 '여성이 성생활을 즐기지 않는다.'라거나 '즐기지 않아야 한다.'라고 믿는다면, 성생활을 즐기는 여성은 당신에게 성적 매력을 표현하는 데 불편함을 느끼게 된다. 반면 성에 대해 보수적인 여성은 당신이 자신을 이해한다고 느낄 것이다. 그 결과 당신은 성에 보수적인 여성들과 데이트를 하게 될 것이다.

반대로 '여성도 성생활을 즐긴다.'라고 믿는다면, 이러한 여성들이 당신 주변에서 자신의 성적 매력을 자유롭게 표현하는 데 편안함을 느낄 것이다. 반면에 성적 표현에 익숙하지 않은 여성들은 당신과 함께하는 것을 불편하게 여길 것이다. 이런 여성은 당신을 거절할 수 있지만, 이는 인구 특성을 좁히므로 당신에게 유리한 방향으로 작용한다. 결국 당신은 성적 매력을 지닌 여성들과 자연스럽게 어울리게 되고, 그들과의 시간을 즐기게 될 것이다.

개인적인 신념에 따른 유사성 효과는 매우 강력하다. 많은 남성들이 전략과 기술로 극복하려고 하는 '문제'의 대부분은 단순히 자신의 신념을 점검하는 것만으로도 쉽게 해결될 수 있다.

나는 항상 남자들에게 말한다. **"당신이 만나는 모든 여성이 가지고 있는 공통점은 바로 당신이다."** 이 말의 의미는 무엇일까? 당신이 데이트하는 모든 여성이 거짓말을 하고 작위적으로 행동하며 이기적이고 나쁜 태도로 당신을 대한다면, 혹은 당신이 데이트하는 모든 여성이 수동적이고 개성이 없다면, 그건 당신의 신념과 행동이 무의식적으로 그러한 유형의 여성들만 선택하게 유도한다는 뜻이다. 더 직설적으로 표현하자면, 당신이 자각하든 못 하든 여성과의 관계에서 얻는 결과는 항상 당신의 책임이다.

여성과의 관계에 대한 신념을 의심하고 재평가하는 일은 몇 마디 대사를 외우는 것보다 훨씬 어렵고 불편한 작업이다. 그래서 많은 남성들이 이러한 노력을 하지 않으려 한다. 결국은 장기적으로 성공적인 관계를 맺지 못한다.

자신의 신념을 인식하고 그것이 진실이 아닐 수도 있다는 것을 인정하려면 나 자신에게 정직해져야 한다. 절박하지 않은 남자가 되기 위해서는 무엇보다도 자신에게 정직한 태도가 필요하다. 이는 자신의 신념을 관찰하고, 기존의 신념에 도전하는 것을 포함한다. 만약 평생 동안 '여성은 신뢰할 수 없으며 성을 표현하는 여성은 부도덕하다.'라고 믿어 왔다면, 그러한 신념이 자신의 삶에 어떤 종류의 여성을 끌어들이고 있는지 평가해 봐야 한다. 그리고 자신의 삶에 들어오는 여성들이 당신이 원하는 유형이 아니라면, 자신의 신념을 바꾸는 시도를 해 볼 필요가 있다.

그러면 당신은 "내 신념을 바꾸라고? 그걸 어떻게 하라는 거야?"라고 생각할 수 있다. 신념을 바꾸는 방법은 간단하다. 먼저 당신이 아는 모든 것이 정답이 아닐 수 있다는 사실을 받아들이고, 새로운 결론에 도달할 수 있도록 열린 마음을 가져야 한다. 만약 '모든 여성은 이기적이고 작위적이다.'라고 믿고 있다면, 그 생각이 틀렸을 가능성을 열어두고 새로운 가설을 세워서 테스트해 보라. 모임에서 만나는 모든 여성이 '다정하고 사랑스럽고 정직하다.'라고 생각해 보라. 온라인에서 여성을 만날 때, '그 여성들이 특별한 목적 없이 당신에게 관심을 가진다.'라고 가정하고 메시지를 보내 보라. 처음에는 불편할지 모르지만, 곧 당신이 끌어들이는 여성들의 수준이 바뀌고, 관계가 개선될 것이다.

여기 남녀 모두에게 놀라운 사실이 있다. **사람들은 우리가 그들에게 기대하는 대로 행동하는 경향이 있다는 것이다.**

예를 들어 새로운 직장에서 상사가 당신을 처음부터 차별 대우하는 상황을 생각해 보자. 당신을 깔보고, 당신의 존재 자체가 모욕적인 것처럼 행동한다. 당신은 그 상사에게 어떻게 행동하게 될까? 당신은 그의 기대대로 행동하게 된다. 상사는 당신이 무례하게 행동할 거라고 기대하고 당신을 나쁘게 대한다. 당신은 상사가 나쁘게 대하기 때문에 상사에게 무례하게 행동한다.

데이트에서도 마찬가지다. 만약 여성을 만날 때 부정적인 신념을 가지고 있다면, 그 신념이 그녀의 부정적인 행동을 유도할 수 있다. 예를 들어 당신이 여자를 믿지 않고 항상 질투한다면, 그 신념이 그녀가 당신에게 비밀을 가지게 만든다. 어차피 당신이 난리 칠 것이 분명하니, 여자는 당신에게 민감한 주제는 말하지 않기로 결심한다. 만약 여성을 아이처럼 대하고 그녀를 스스로 결정을 내릴 수 없는 존재로 취급한다면, 그녀는 결국 아이처럼 굴면서 당신에게 의존할 것이다. 심리치료에서는 이를 '조장(enabling)'이라고 부르는데, 우리의 잘못된 기대가 주변 사람들에게 나쁜 행동을 하도록 부추기는 현상을 의미한다.

인구 특성을 좁히기 전에, 그리고 관계를 시작하기 전에 자신의 신념을 분석해야 한다. 이를 통해 관계에서 생길 수 있는 문제와 재앙적인 이별을 예방할 수 있다.

결국 우리는 자신과 비슷한 사람을 끌어들이게 된다.

나이, 돈, 그리고 외모

인구 특성에서 가장 민감한 부분이자, 모든 데이트 조언에서 가장 민감한 주제가 바로 나이, 돈, 그리고 외모다.

이 부분을 먼저 명확히 하자. 나이, 돈, 그리고 외모는 중요하다. 어떤 경우에는 매우 중요하고, 다른 경우에는 덜 중요할 수도 있지만 여전히 중요하다. 이를 중요하지 않다고 말하는 사람은 거짓말을 하는 것이다.

하지만 나이, 돈, 외모는 남성들이 생각하는 것만큼 절대적인 요소는 아니다. 그리고 인구 특성의 영향을 잘 이해한다면, 이러한 요소들을 효과적으로 활용하거나 심지어 당신에게 유리한 방향으로 이용할 수 있다.

먼저 나이에 대해 살펴보자. 연구에 따르면 남성의 신체적 매력은 대략 31세에 정점에 달하며, 이는 여성에 비해 다소 여유가 있는 편이다. 또한 여성에 비해 천천히 감소하는 것으로 나타난다. 연구 결과에 따르면 평균적으로 45세 남성이 18세 남성과 비슷한 수준으로 신체적 매력이 있다고 평가받았다.

그 이유는 앞서 얘기했듯이 여성들은 남성의 신체적 특성보다는 스타일, 몸단장, 그리고 자신을 어떻게 표현하느냐에 따라 남성의 지위를 판단하는 경향이 있기 때문이다. 이런 면에서 남성은 매우 운이 좋은 편이다. 허름한 티셔츠와 청바지를 멋진 정장과 전문적인 헤어스타일로 바꾸는 것만으로도, 남성의 매력이 50% 이상 상승할 수 있다.

외모를 최대한 돋보이게 하는 방법은 다음 장에서 자세히 다룰 것이다. 당신이 자신의 외모가 부족하다고 생각하더라도(사실 그럴 필요가 없을 가능성이 높다), 걱정하지 않아도 된다는 점을 알길 바란다. 이는 충분히 해결할 수 있는 문제다.

돈 역시 중요하다. 돈은 성공을 나타내기도 하고, 여러 가지 긍정적인 특성을 암시하기 때문이다. 하지만 돈의 중요성은 과장된 경우가 많다. 여기서도 설문조사와 연구가 흥미로운 결과를 보여준다.

첫 번째, 돈이나 성공의 중요성은 나이에 따라 달라진다. 나이가 많을수록 더 많은 돈을 가지고 있을 거라는 기대가 있고, 따라서 경제적 성공이 매력으로 작용할 가능성이 커진다. 그리고 또 다른 연구에서는 여자가 덜 풍족할수록, 돈이 여자에게 더 중요했다. 이것이 왜 전형적인 '꽃뱀'이 대개 가난한 환경에서 자란 매우 아름다운 젊은 여성인지를 설명한다. 반대로 풍족한 환경에서 자란 여성들은 돈에 그다지 신경 쓰지 않는 경우가 많다.

여성이 돈 많은 남성을 보는 시각은, 남성이 예쁜 여성을 보는 것과 동일하다. 즉, 돈을 사회적 지위로 인식한다. 여성이 사회적 지위를 어떻게 평가하는지, 그리고 그때 돈이 얼마나 중요한 요소인지는 여성 개인마다 달라진다.

그래서 인구 특성이 중요하다. 나이, 돈, 외모에 있어서 내가 가장 전하고 싶은 것은 인구 특성의 중요성이다.

어떤 인구 특성을 가진 여성이 외모와 돈을 중요하게 여길까? 외모만 중요시하는 여성들은 주로 외모밖에 내세울 것이 없는 여성들이다. 돈에 집착하는 여성은 그 외의 관심사나 기회가 부족한 여성일 가능성이 크다. 즉, 외모와 돈에만 관심을 두는 여성은 대부분 흥미롭지 않을 가능성이 크며, 함께해도 행복을 느끼지 못할 여성일 확률이 높다. 그러니 이런 여성들과 잘되지 않는다고 해서 아쉬워할 필요가 없다.

물론 외모와 성공이 전혀 중요하지 않다는 뜻은 아니다. 누구나 어느 정도는 외모와 성공을 중요하게 생각한다. 따라서 가능한 한 자신을 가꾸고, 경제적으로 성공할 필요가 있다. 매력적이고 능력 있으며 심리적으로 건강한 여성들도 외모가 좋고 성공한 남성을 그렇지 않은 남성보다 선호한다. 모든 것이 같다면, 외모와 돈은 항상 당신의 성공 가능성을 높인다.

그러나 나는 당신이 **자신을 위해 스스로 꾸며야 한다고 생각한다.** 자신을 위해 가능한 한 경제적으로 성공해야 한다고 생각한다. 외모와 돈 모두 자신에게 투자할 때 얻을 수 있는 결과이다.

외모와 돈에 집착하는 남성들 대부분이 그것을 변명으로 사용한다. 하지만 이는 결코 정당한 변명이 아니다. 잘생기고 부유한 남자도 여전히 자신의 결과를 위해 노력한다.

나는 나보다 더 잘생기고 성공한 전문직 남성들을 수백 명 코칭했지만, 그들의 애인보다 더 아름다운 여성들과 더 많이 데이트했다. 외모와 돈이 있다고 하더라도 이를 활용하지 않으면 아무런 가치가 없다. 당신이 세계에서 가장 부유한 사람이라고 해도, 소심하고 부정적이며 약한 모습을 보인다면 여성들은 여전히 당신에게 매력을 느끼지 못할 것이다.

다음 장에서 설명하겠지만, 누구나 노력하면 잘생겨 보이고, 지위가 높아 보일 수 있다. 그러니 변명하지 말자.

지위는 인구 특성에 의해 결정된다. 대학 파티에서는 맥주 캔을 머리로 부수는 건장한 20세 청년이 여자들에게 높은 지위를 가진다. 반면 그 청년은 지역 아트 갤러리 오프닝에서는 아무런 지위도 획득하지 못할 것이다. 한편, 마른 몸에 베이스 기타를 연주하는 힙스터는 지역 인디 공연에서는 높은 지위를 가질 수 있지만, 비즈니스 네트워킹 행사에서는 낮은 지위를 가질 것이다. 아르마니 정장을 입고 다니는 성공적인 주식 중개인은 연말 사내 크리스마스 파티에서는 높은 지위를 가질 것이고, 히피 음악 축제에서는 낮은 지위를 가질 것이다.

이 모든 것은 상대적이다. 핵심은 첫째, 자신의 개인적인 관심사와 강점을 인식하고, 둘째, 그 개인적인 관심사와 강점을 바탕으로 하여, 이를 선호하는 인구 특성의 여성을 빠르게 끌어들이는 것이다.

인구 특성을 지배하라, 사회적 증거

사회적 증거라는 개념은 설득 심리학에서 나온 것으로, 영업, 광고, 정치, 그리고 매력과 인간관계의 여러 분야에서 다방면으로 활용되고 있다. 사회적 증거란 많은 사람들이 어떤 것을 가치 있다고 여기면, 자신도 무의식적으로 그것을 가치 있게 여긴다는 것이다. 모두가 새로운 영화에 관해 이야기하고 있다면, 우리는 무의식적으로 그 영화가 좋은 영화일 것이라고 생각하고 보고 싶어진다는 것이다.

이 개념은 사람에게도 적용된다. 예를 들어 당신이 파티에 있는데 어떤 사람이 들어오자마자 모든 사람들이 하던 일을 멈추고 그 사람에게 인사를 건넨다면, 당신은 곧바로 '와, 저 사람

누구지?'라고 생각할 것이다. 그리고 자연스럽게 그 사람을 만나고 싶어질 것이다.

이 원리는 매력에도 적용된다. 만약 당신이 어떤 방에 들어갔을 때 모든 사람이 하던 일을 멈추고 당신에게 말을 건넨다면, 그 방에 있는 여성들은 당신을 높은 지위를 가진 사람으로 인식하고, 당신에게 더 끌리게 될 것이다. 또는 여러 명의 여성이 당신에게 동시에 플러팅하고 있다면, 그 상황 자체가 더 많은 여성이 당신에게 플러팅하도록 만든다.

이것이 권력을 가진 남자나 연예인이나 운동선수 등이 여성에게 열망의 대상이 되는 이유이다. 그렇기 때문에 남성으로서 우리의 목표는, 자신의 인구 특성 내에서 가능한 한 많은 사회적 증거를 쌓는 것이다.

예를 들어 당신이 회사의 고위 임원이라면, 직장 내에서 높은 사회적 지위와 사회적 증명을 획득하였으므로, 직장 내 여성들은 어느 정도 당신에게 매력을 느낄 것이다. 그러나 주말에 바에 가서 아무도 모르는 사람들 사이에 있으면, 당신의 사회적 지위는 다시 원점으로 돌아가게 된다. 당신은 그저 그곳에 있는 여러 남자 중 하나가 된다.

사회적 증거는 특정 인구 집단 내에서만 유효하다. 따라서 자신이 겨냥할 인구 특성을 좁히고, 인맥을 쌓으며, 그 그룹 내에서 가능한 한 리더십 위치를 확보하는 것이 중요하다. 단순히 축구 모임에 가입하는 것에 그치지 말고, 모임을 주도하거나 조직하라. 자선 행사에서 자원봉사하는 데 그치지 말고, 후원자를 찾는 일을 맡아라. 지역 클럽에 가서 놀기만 하지 말고, 그곳의 홍보 담당자가 되는 것을 목표로 하라.

정직한 라이프스타일을 추구하는 것은 자신의 열정을 최대한 추구하는 것을 의미한다. 예술 전시회를 좋아한다면 단순히 여러 전시회를 방문하는 것에서 그치지 말고, 전시회를 자주 방문하는 사람을 위한 모임을 만들거나 평론을 하는 포럼을 만들어라. 자신의 관심사를 그냥 추구하는 것에서 그치지 말고, 그 분야에서 리더가 되어 보라. 만나고 싶은 여성의 인구 특성을 단순히 선택하는 것에 그치지 말고, **그 인구 특성을 지배하라.**

이쯤 되면 현재 자신이 어떤 인구 특성의 여성들을 끌어들이고 있으며, 어떤 인구 특성의 여성들과 관계를 맺고 싶은지 명확히 알았을 것이다. 다음 장에서는 자신에게 맞는 인구 특성을 어떻게 추구하고, 어떻게 하면 최대한 매력적인 남자가 될 수 있는지 구체적으로 알아볼 것이다.

무언가가 되는 것과 무언가를 말하는 것

이 장에서 반드시 알아야 할 내용은, 매력적인 무언가가 되는 것이 매력적인 무언가를 말하는 것보다 훨씬 더 강력하다는 것이다. 세상에서 가장 매력적인 말을 한다고 해도, 당신의 정체성이 뒷받침되지 않으면 아무런 의미가 없다. 반면 당신이 놀라운 무언가가 된다면, 당신이 하는 모든 말은 매력적으로 들리게 된다. 매력적인 사람에게서 나온 말이기 때문이다.

여성은 당신의 정체성에 매력을 느낀다. 말은 그녀에게 당신의 정체성을 보여 줄 시간을 벌어 주는 도구일 뿐이다. 그녀에게 '보여주는' 것이지 '말하는' 것이 아니다.

예를 들어 당신이 두 명의 남자를 만난다고 상상해 보자. 한 명은 초라하고 못생겼으며 수상해 보인다. 그는 당신의 눈을 똑바로 쳐다보지 못하며 뭔가 이상한 냄새가 나고 혼잣말을 한다. 그가 당신을 바라보며 이렇게 말한다. "당신에게 좋은 느낌을 받아요, 당신은 알아볼 만한 가치가 있는 사람이에요." 이 말을 들으면 어떤 기분이 들겠는가? 당신은 아마 소름이 끼쳐서, 그에게서 최대한 멀어지고 싶을 것이다.

이제 매력적이고 성공적이며, 카리스마 있는 남자와 이야기한다고 상상해 보자. 그가 하는 모든 말은 매력적이고 흥미롭다. 그가 당신의 눈을 바라보며 이렇게 말한다. "당신에게 좋은 느낌을 받아요, 당신은 알아볼 만한 가치가 있는 사람이에요." 그 말을 들으면 어떤 기분이 들겠는가? 아마 하루 종일 기분이 좋을 것이다. 왜냐하면 두 번째 남자는 무언가가 있는 사람이기 때문이다. 그는 사람 자체가 흥미롭고 매력적이다. 그래서 그가 하는 말은 더 큰 무게와 의미를 갖는다.

많은 남자들은 이 점을 오해하고 잘못된 방식으로 자신을 보여 주려고 한다. 어젯밤 나는 여자 친구와 함께 비싸고 고급스러운 식당에 있었다. 우리 옆 테이블에는 데이트 중인 커플이 앉아 있었다. 남자는 나이가 조금 있었고, 여자는 젊고 아름다웠다. 남자는 메뉴를 덮고는 이렇게 말했다. "아무것도 주문하지 마. 메뉴에는 없지만 특별한 요리를 시킬 테니까, 그걸 먹어." 여자는 약간 조심스럽게 "알겠어요."라고 답했다. 그 후 남자는 메뉴에 없는 비밀 요리를 주문하겠다고 웨이터와 실랑이를 벌이기 시작했다. 남자와 웨이터가 계속 실랑이를 벌이자, 주변 사람들 모두 불편하고 어색하게 느꼈다. 여자는 지루하고 짜증이 나서 휴대전화를 만지작거리며 페이스북, 인스타그램, 트위터 같은 걸 보며, 멍청한 남자에게서 벗어날 수 있다면 어떤 것이라도 하려고 애쓰는 듯했다.

아마도 그 남자는 자신을 성공적이고 강력한 남자라고 생각했을 것이다. 하지만 내가 본 것은 비참한 연기, 과도한 보상 심리, 그리고 지나친 자기애였다. 진정으로 성공적인 남자는 굳이 메뉴에 없는 것을 주문함으로써 자신의 성공을 증명할 필요가 없다. 진정으로 강력한 남자는 데이트 상대가 무엇을 먹을지를 일방적으로 결정할 필요가 없다.

이것이 매력적인 이미지를 과시함으로써 여자를 감동시키려는 행동이 항상 실패하는 이유다. 연기를 몇 주, 몇 달, 심지어 몇 년간 할 수도 있지만, 좋은 결과를 얻기는 어렵다. 왜냐하면 자기 자신을 제대로 보여 주지 못하며, 명확하고 성공적인 정체성을 가지고 있지 않기 때문이다. 그리고 보여 주려는 모습이 실제 자신이 살아가는 모습과 연결되지 않기 때문이다.

위의 남자처럼 **연기에 집중하느라 어떤 존재가 되는 것에 집중하지 못한다면, 당신은 자신의 정체성과 단절된다.** 당신이 누구인지, 무엇을 원하는지 모르게 된다. 자신과 단절되면 애매하고 공허한 인구 특성 집단으로 들어가게 된다. 그리고 당신은 어떤 여자라도 붙잡으려 애쓰게 된다. 그리고 왜 자신이 누구에게도 매력적이지 못한 남자가 된 건지 이해하지 못하게 된다.

자신만의 진실을 발견하고 정체성을 확립하는 것은, 자신이 원하는 여성과 자신에게 끌릴 여성의 인구 특성을 결정하는 데 필수적이다. 또한, 자신의 인구 특성을 제대로 활용하는 것이 모든 데이트의 기초다. 이 장을 통해 자신의 정체성이 무엇인지, 관계에서 원하는 것이 무엇인지, 어떤 여성들을 끌어들이고 싶은지를 스스로 질문해 보길 바란다.

다음 장에서는 당신이 선택한 정체성과 인구 특성 안에서 어떻게 하면 매력적인 라이프스타일을 구축할 수 있는지 구체적으로 알아볼 것이다.

8장
외모와 라이프스타일 가꾸기

　남자는 여자가 매력을 느끼는 방식이 자신과 같을 거라고 생각한다. 하지만 과학과 심리학에서는 그렇지 않다고 말한다. 남자는 여성의 아름다움을 먼저 신체적 특징에서 찾고, 그다음으로 성격과 외모를 본다. 예를 들어, 얼굴의 대칭, 허리와 엉덩이 비율, 가슴 크기 등이 주요 기준이 된다. 우리는 여성들도 남성의 매력을 같은 기준으로 평가할 것이라고 착각한다. 그래서 남성들은 벤치프레스, 키, 크기에 집착한다.

　물론 신체적 특성도 남성의 매력 평가에 어느 정도 영향을 미치지만, 연구에 따르면 여성에게는 다른 요소들이 더 중요한 것으로 나타났다. 그러므로 잘생긴 것과 매력적인 것은 다르다. 모든 사람이 잘생긴 외모로 태어나는 것은 아니다. 그러나 어떤 남자든 시간과 노력을 들이면 매력적인 남자가 될 수 있다.

　많은 남자들이 자신의 외모가 고정되어 있다고 생각하면서,

자신의 외모를 가꾸는 데 별다른 관심을 기울이지 않는다. 이들은 다양한 방식으로 자신을 표현할 수 있고, 그중 더 매력적인 방식이 있을 수 있다는 사실을 이해하지 못한다.

겉모습은 중요하다. 스타일이 멋진 사람과 그렇지 않은 사람의 차이는 극명하다. 물론 너저분하게 입더라도 여자를 만날 수 있지만, 노력에 비해 얻을 수 있는 결과의 차이가 매우 크다. 외양을 다듬고, 옷차림을 바꾸면 여자를 만나고 데이트하는 것이 세 배는 더 쉬워질 수 있다. 이뿐만 아니라 겉모습을 가꾸면 자신감이 생기고 스스로 더 매력적으로 느끼게 되는 심리적인 이점이 있다.

기억하라. **당신의 겉모습은 당신 자신에 대한 투자 수준을 보여준다.** 자신에 대한 투자는 당신을 덜 절박하게 만들어 주며, 이는 당신의 행동을 더 매력적으로 만든다. 겉모습은 자신을 세상에 드러내는 방식이므로, 이에 대해 시간과 노력을 들이지 않는다면 여성들은 무의식적으로 당신의 지위를 낮게 평가할 것이다.

외모 가꾸기의 첫 번째이자 가장 필수적인 단계는 외양을 깔끔하게 하는 것이다. 여기에는 규칙적인 샤워, 면도, 이발, 체취 관리, 양치질과 치실 사용, 깨끗한 손톱 유지, 그리고 깨끗한 옷차림이 포함된다. 너무 기본적인 얘기 같지만, 혹시라도 놓치는 사람이 있을까 봐 언급하는 것이다. 이것은 타협의 여지가 없는 필수 사항이다.

자, 이제 겉모습에 가장 큰 영향을 미치는 두 가지 F, 즉 패션(fashion)과 운동(fitness)에 대해 알아보자.

이 두 가지에 관심을 두지 않고 "이 부분은 건너뛰고 작업 멘트나 알아봐야지."라고 생각한다면, 당신은 일을 어렵게 만드는 것이다. 사람들은 항상 매력을 높여주는 '마법의 알약'을 원한다. 만약 그런 알약이 있다면, 거기에 가장 가까운 것이 바로 이 두 가지 F다. 의심할 여지 없이, 패션과 운동은 그 어떤 것보다 짧은 시간 안에 당신을 더 매력적으로 만들어 준다. 적당한 체형을 유지하고 잘 차려입으면, 여성들을 만나는 것부터 매력을 발산하고, 스킨십을 나누고, 관계를 지속하는 모든 과정이 더 쉽고 매끄러워질 것이다.

패션

대부분의 남성은 자신의 스타일과 옷차림을 탐구하는 것을 꺼린다. 그것이 자신의 남성성을 침범한다고 생각하기 때문이다. 게다가 지금까지 유지해 온 스타일에 익숙해져서, 수년간 고수해 온 셔츠나 머리 스타일을 바꾸려 하지 않는다. 또한 주위 사람들과 다르게 보이거나 튀어 보이는 것을 두려워하기도 한다.

이는 반드시 극복해야 할 심리적인 장벽이다. 만약 그동안 패션과 스타일에 많은 시간을 쏟지 않았다면, 당신이 지금 멋지다고 생각하는 스타일은 전혀 멋지지 않을 가능성이 크다. 스스로 옷을 잘 입는다고 생각할 수 있지만, 사실은 그렇지 않을 수 있다. 따라서 첫 번째 단계는 내가 모른다는 것을 인정하는 것이다.

다음은 옷을 잘 입기 위한 몇 가지 규칙이다.

- 핏이 맞는 옷을 입는다.
- 옷을 잘 매칭한다.
- 개성에 맞는 옷을 입는다.

각각의 항목을 하나씩 살펴보자.

- 몸에 딱 맞게 입어라

많은 남자들이 몸에 맞지 않는 옷을 입는다. 편안함과 실용성을 우선시하기 때문에 큰 옷을 입는 경우가 많다. 아마 지금 당신의 옷도 대부분 클 것이다. 자의식 때문에 몸을 가리기 위해 큰 옷을 사기도 한다.

옷에서 가장 중요한 요소는 핏이다. 세상에서 가장 멋지고 비싼 옷을 가지고 있어도, 핏이 잘 맞지 않으면 그저 광대처럼 보일 뿐이다. 반대로 수수하거나 평범한 옷을 입어도, 핏이 잘 맞고 몸이 어느 정도 괜찮다면 상당히 멋져 보일 것이다. 핏은 매우 큰 차이를 만들어 내며, 그 변화는 즉각적으로 드러난다. 그러므로 옷장을 정리할 때 가장 먼저 해야 할 일은 잘 맞지 않는 옷을 모두 꺼내는 것이다.

자신의 신체 사이즈를 알고 있어야 한다. 확실히 모른다면 측정해 보자. 셔츠의 경우, 어깨솔기가 어깨 끝에 와야 하며, 그 이상 길어지면 안 된다. 어깨 끝을 넘어가면 셔츠가 너무 큰 것이다. 드레스 셔츠의 경우, 소매 끝이 손목뼈를 넘어서면 안 된다.

바지나 청바지의 밑단은 신발 윗부분에 가볍게 얹혀야 한다 (특정 스타일의 록커 청바지나 힙합 청바지는 예외다). 청바지에는 '브레이크'가 하나 이상 있어서는 안 된다. 브레이크는 청바지가 신발 윗부분에 걸쳐서 생기는 자연스러운 주름이다.

신발 뒤꿈치에 바지 뒷부분이 밟힌다면 바지가 너무 긴 것이다. 걸을 때 양말이 드러나면 청바지가 너무 짧은 것이다.

바지를 입을 때 허리에서 흘러내리면 안 된다. 몸을 숙일 때도 마찬가지다. 허리 부분이 내려가 엉덩이골이 보이는 것은 결코 매력적이지 않다.

청바지는 벨트를 하지 않았을 때도 허리에서 흘러내리지 않아야 한다. 대부분 남성은 큰 청바지를 입으며, 올바른 사이즈의 청바지를 입을 때 어색함을 느낀다. 처음에는 꽉 끼고 불편하게 느껴질 것이다. 하지만 시간이 지나면 익숙해질 것이다.

- 매칭하기

남성들은 색상과 코디에 신경을 쓰지 않는 경향이 있다. 그러나 몇 가지 기본 원칙만 알면 매칭은 생각보다 간단하다.

- 정장 바지를 입을 경우, 양말은 바지 색상과 맞춘다.
- 청바지를 입을 경우, 양말은 신발 색상과 맞춘다.
- 액세서리는 모두 은색이나 금색으로 통일하는 것이 좋다.
- 벨트는 신발이나 다른 액세서리와 매칭한다.

여기 시작하기 쉬운 방법이 있다. '블랙 세트'와 '브라운 세트'를 구매하자. 블랙 신발 한 켤레, 블랙 벨트, 블랙 재킷을 산다. 그런 다음, 브라운 신발, 브라운 벨트, 브라운 재킷을 산다. 그다음, 밝고 어두운 워싱의 디자이너 청바지 몇 벌, 그리고 셔츠 10장 정도를 준비한다.

그런 다음 이를 섞어서 매칭해 보자. 청바지 한 벌과 멋진 셔츠를 선택한 뒤, 셔츠와 청바지에 가장 잘 어울리는 '브라운 세트'나 '블랙 세트'를 입는다. 보통 밝은 셔츠와 청바지에는 브라운 세트를, 어두운 셔츠와 청바지에는 블랙 세트를 맞춰 입으면 좋다.

옷을 잘 입는 것은 이보다 더 복잡하지만, 이 정도만 해도 초보자들이 쉽게 옷을 코디할 수 있다.

- 라이프스타일에 맞는 옷

패션에 대해 배우고 나서 자신의 라이프스타일과 전혀 맞지 않는 옷을 사는 경우가 많다. 예를 들어 헐렁한 청바지와 후드 티를 입은 40세의 회사 임원이나, 500달러짜리 정장과 스웨터 조끼를 입은 20세 대학생을 생각해 보라. 어떤 이는 LED 벨트, 금목걸이, 실크 모자 등 과한 아이템을 착용하기도 한다. 때로는 사람들이 생각하는 '스타일리시'가 얼마나 엉뚱할 수 있는지 놀랄 때가 있다. 자신의 라이프스타일에 맞지 않는 옷을 입으면 스타일리시하다고 할 수 없다.

여성들이 매력적이라고 느끼는 여러 가지 패션 유형이 있으며, 여기에 본인의 스타일을 맞출 수 있다. 예를 들면, 스케이터/서퍼 룩, 성공적인 비즈니스맨 룩, 록스타 룩, 운동선수 룩 등이 있다.

만약 록스타처럼 옷을 입는 것이 당신의 개성에 맞는다면 그렇게 하라. 만약 당신이 회계 임원이라면, 스타일리시하고 성공적인 비즈니스맨처럼 옷을 입어라. 힙합을 사랑하고 DJ를 하고 있다면, 그에 맞게 옷을 입어라. 잡지를 보고 인터넷을 활용하라. 당신의 개성을 대표하는 유명인이나 롤 모델을 찾아라. 그런 다음, 그 사람들의 스타일을 본받아라.

마지막으로, 패션의 첫걸음을 떼기가 어렵다면, 패션 감각이 있는 여성 친구에게 함께 쇼핑하자고 부탁할 수 있다. 당신이 패션에 대한 감각이 없을 때 좋은 여성 친구는 큰 자산이 된다.

무엇이 어울리고 어울리지 않는지 객관적인 의견을 제공해 주기 때문이다.

하지만 주의해야 할 점도 있다. 여성이라고 해서 모두 패션 전문가인 것은 아니며, 패션에 대해 생각만큼 잘 알지 못할 수 있다. 또한, 그녀가 당신을 위한 스타일이 아니라, 자신이 생각하는 멋진 스타일로 당신을 꾸미려 할 수 있다.

운동

이 책에서 운동에 대해 세부적으로 다루지는 않겠다. 이미 수많은 정보가 있기 때문이다. 다만, 몇 가지 기본적인 점만 짚어 보겠다.

◆ 운동은 반드시 하라

이는 협상할 수 없는 사항이다. 운동은 단순히 외모를 개선해 주는 것을 넘어서, 에너지를 증대시키고, 테스토스테론 수치를 올리며, 우울증과 불안 증상을 완화한다. 또한 자신에 대해 더 좋은 기분을 느끼게 해 준다.

운동 방식은 운동을 한다는 사실만큼 중요하지 않다. 축구를 좋아한다면 축구를 함께할 사람들을 찾아라. 맨손 체조와 요가를 좋아한다면 그것을 계속해라. 헬스장에서 운동하는 것도 좋다.

◆ 식단을 관리하라

최소한의 노력으로 최대의 효과를 얻을 수 있는 첫 단계는 다음과 같은 것들을 식단에서 제외하는 것이다. 탄산음료, 패스트 푸드, 디저트, 설탕. 이것들만 제외해도 눈에 띄는 개선 효과를 경험할 수 있을 것이다.

저탄수화물, 고탄수화물, 고단백질, 저지방 등 다양한 식단 정보가 넘쳐난다. 먼저 기본적인 것부터 시작하며, 위의 것들을 식단에서 빼고, 규칙적인 운동을 병행하자. 몇 달 안에 큰 변화를 반드시 경험할 수 있을 것이다.

운동과 마찬가지로 식단 관리 또한 섹시한 외모를 만드는 것 이상의 역할을 한다. 좋은 식단은 기분을 상쾌하게 해 주고, 에너지를 증가시키며, 성생활을 개선하고, 돈도 절약할 수 있게 해 준다.

바디랭귀지

바디랭귀지는 비교적 짧은 시간 안에 개선할 수 있는 요소로, 즉각적으로 당신을 더 매력적으로 보이게 할 수 있다. 책 초반에서 절박함, 의도, 서브 커뮤니케이션에 관해 이야기했던 것을 기억한다면, 바디랭귀지의 중요성은 당연한 일이다.

바디랭귀지는 의도적인 연습을 통해 개선할 수 있다. 그리고 절박함이 줄어들고 운동을 많이 할수록 바디랭귀지가 자연스럽게 더 나아지기도 한다.

다음은 자신의 자세를 분석하는 방법이다. 거울이 있으면 좋다.

- 먼저, 거울을 마주 본 후 오른쪽 또는 왼쪽으로 90도 회전하라. 자신의 '측면'을 완벽하게 볼 수 있어야 한다. 이제 목에서 어깨 끝으로 이어지는 '능선'을 살펴보라. 셔츠를 입고 있다면, 목에서 어깨로 이어지는 솔기를 보라. 거의 대부분 능선이나 솔기가 몸의 앞쪽으로 기울어져 있다. 이때 어깨를 뒤로 젖혀, 그 솔기나 능선이 똑바르게 될 때까지 조정하라. 그곳이 어깨의 최적 위치다. 이 자세를 기억하고, 가능한 한 자주 어깨를 그 위치에 두도록 하라.
- 어깨를 뒤로 젖힌 상태에서, 턱을 들어 목과 90도 각도가 되도록 하라. 눈은 거울 속 자신의 눈을 바라보거나 수평선 방향을 향하고 있어야 한다. 목뒤를 곧게 펴고 등을 세우면, 자연스럽게 배가 들어가고 자세가 곧게 펴지는 것을 느낄 수 있을 것이다. 이 자세가 우리가 원하는 이상적인 자세다.
- 이제 발을 확인하라. 발은 어깨너비만큼 벌려야 한다. 발이

정면 또는 약간 바깥쪽을 향하도록 하라. 발이 안쪽을 향하거나 너무 바깥쪽을 향하면 걷는 자세가 이상해질 수 있다. 발이 계속 안쪽이나 바깥쪽을 향한다면(특히 앉을 때), 종아리 근육이 너무 뻣뻣하다는 의미이므로 스트레칭하거나 폼 롤러로 근육을 풀어줘야 한다.

- 이어서 걷는 자세를 확인해 보자. 어깨는 뒤로 젖히고, 턱을 들고, 등을 곧게 펴고, 배는 집어넣고, 발을 정면으로 향하게 한 상태에서 걷자. 어깨를 자연스럽게 움직이면 걷는 모습이 자신 있어 보이고 편안해진다. 단, 너무 어깨를 많이 흔들면 부자연스러워 보일 수 있으니 주의하라. 걸을 때는 시선을 항상 정면을 향하게 하자. 지나가는 사람 모두의 눈을 바라볼 수 있어야 한다.
- 마지막으로 팔을 자연스럽게 흔들어라. 팔을 흔들지 않으면 로봇처럼 보인다. 주머니에 손을 넣으면 불안하거나 추워 보인다. 반대로 팔을 너무 과하게 흔들면 우스꽝스러워 보일 수 있다. 살짝 흔들어라. 그래, 이제 완벽하다.

이 자세가 어떤 느낌인지 기억하며, 가능한 한 자주 이 자세를 유지하도록 의식적으로 노력하라.

필요하다면 하나씩 단계적으로 진행하라. 길을 걸을 때마다 '어깨는 뒤로, 턱은 당기고, 발은 곧게, 어깨와 팔은 자연스럽게 흔들며, 시선은 정면을 유지한다'라는 원칙을 기억하라. 사람들이 지나가면 그들의 눈을 마주쳐라. 특히 매력적인 여자들과 눈이 마주칠 때, 시선을 피하지 말고 상대가 먼저 피할 때까지 눈을 마주쳐라.

습관이 될 때까지 반복해라. 일주일 동안 매일 밖에 나갈 때 이 자세를 유지하는 것을 목표로 하라. 자신이 느끼는 변화와 주변 사람들이 당신에게 반응하는 방식을 주의 깊게 살펴봐라. 당신의 자신감이 어떻게 변화하는지도 주목하라.

목소리 톤

남자들이 간과하기 쉬운 부분이 바로 목소리 톤이다. 섹시한 목소리를 갖는 것이 중요한 것이 아니라, **명확하고 표현력 있는 목소리**를 갖는 것이 중요하다.

우리는 두 가지 목소리를 가지고 있다. '머리' 목소리와 '가슴' 목소리이다. 노래할 때 머리 목소리는 높은 음을 내고, 가슴 목소리는 낮은 음을 낸다. 머리 목소리는 주로 코를 통해 나오고, 가슴 목소리는 입을 통해 나온다. 머리 목소리는 목에서 나오고, 가슴 목소리는 횡격막에서 나온다.

이제 연습을 해 보자. 먼저 음을 흥얼거려 본 후, 음을 천천히 높였다가, 천천히 낮춰 보라. 마치 사이렌 소리처럼 음을 높이고, 낮추고, 다시 높여 보고, 다시 낮춰 본다. 이 연습을 하면서 몸 안에서 공기의 흐름이 어떻게 변화하는지 주목하라. 높낮이가 바뀌면서 공기압이 머리에서 가슴으로, 그리고 다시 머리로 올라가는 것을 느껴 보라.

짐작했겠지만, **우리가 키워야 할 것은 가슴 목소리다**. 가슴 목소리를 키우는 유일한 방법은 의식적으로 연습하고, 습관적으로 가슴 목소리로 말하는 것이다.

유용하고 멋진 연습을 해 보자. 다음 문장을 소리 내서 읽어 보라.

"목요일 저녁에 술 한잔할래?"

이제 코를 막고 다시 읽어 보라. 목소리 톤이 얼마나 다른가? 별 차이가 없다면, 당신은 이미 가슴 목소리로 말하고 있으며 목소리 톤도 좋을 것이다. 코를 막고 말할 때 갑자기 콧소리가 나면 가슴 목소리로 말하는 연습을 해야 한다.

이 연습을 반복하여, 코를 막고 말할 때도 목소리 톤에 차이가 없도록 하라.

남성들이 자주 하는 또 다른 실수는 말을 너무 빨리하는 것이다. 이는 빨리 말하지 않으면 사람들이 자신의 말을 듣지 않을 것이라는 무의식적인 믿음에서 비롯된 것이다. 이는 절박한 행동이다.

명확한 기준은 없지만, 사람들이 종종 당신의 말을 알아듣기 어려워하는지 주목하라. 말하는 속도를 늦추는 실험을 해 보고, 자신의 느낌이나 상대의 반응을 관찰해 보라. 만약 사람들이 당신에게 말을 다시 해 달라고 자주 요청한다면, 당신이 말을 빨리하는 것이다.

또는 당신의 목소리가 충분히 크지 않았을 가능성이 있다. 대부분 사람들이 목소리를 충분히 크게 내지 않는다. 조금 더 크게 말하라. 지금부터 어디에서든 횡격막에서 나오는 깊고 강한 목소리로 말하라. 연구에 따르면 목소리가 큰 사람이 더 많은 존경과 관심을 받는다고 한다.

바디랭귀지와 마찬가지로, 목소리 톤의 변화도 시간과 연습이 필요하다.

좋은 바디랭귀지와 목소리는 기분에 긍정적인 영향을 준다. 더 자신감 있는 자세와 목소리를 의식적으로 갖추는 것만으로도 더 자신감이 생긴다. 심지어 '내가 자신감을 얻기 위해 이 행동을 하고 있다.'라고 의식해도 여전히 효과가 있다. 그러니 자신의 몸, 표현 방식, 앉는 자세, 서 있는 자세, 눈을 마주치는 빈도에 주목하기 시작하라. 이런 작은 변화가 큰 차이를 만든다.

캐릭터 개발하기

남자의 매력을 방해하는 것 중 하나는 너무 평범하다는 것이다. 우리는 살면서 주변의 흐름을 맞추고, 친구들이 좋아하는 것을 따라 하며, 주변 사람들이 생각하는 것에 동의하라는 압박을 받는다.

앞서 논의했듯이, 이러한 태도는 자신의 관심사, 열정, 욕구에 대한 투자가 부족하다는 것을 보여주기 때문에 매력적이지 않다. 매력적인 남자는 양극적이고 자신감이 있다. 그리고 자신의 의견을 드러낸다. 독특한 경험과 아이디어를 가지고 있다. 다른 사람들이 시도해 보지 않은 것을 시도하고, 다른 사람들이 해 보지 못한 것을 해 보며, 자신의 생각을 솔직하고 자유롭게 공유한다.

다르게 말하자면, **깊이와 캐릭터가 있는 남자는 자신의 의견을 분명하게 가지고 있으며, 그 의견을 자신 있게 표현한다.**

그런데 대부분의 남자는 무엇을 좋아하고 싫어하는지에 관해 미지근한 반응을 보인다.

"그래, 그 영화 꽤 좋더라." 아니면 "그 드라마 나는 별로던데." 정도로 끝나고 더 깊이 들어가지 않는다. 특정 음악, 영화, 작가를 왜 좋아하는지에 대한 이유를 말하지 않으며, 그 취향을 이끄는 감정에 관해서도 얘기하지 않는다.

예를 들어, 평범한 사람은 "나는 《터미네이터》가 재밌더라. 꽤 좋았어."라고 말한다. 이때 좀 더 매력적인 사람은 "《터미네이터》 정말 잘 만들었지. 하지만 내가 재밌던 건 그 영화가 처음으로 악당을 응원하게 만드는 영화라는 점이야."라고 말할 수 있다.

친구들과 비슷한 것을 좋아하는 건 문제가 되지 않는다. 하지만 여성에게 당신을 돋보이게 하는 것은 다양한 취향을 가지는 것을 넘어서, 그 취향에 대한 당신만의 독창적인 생각과 느낌을 갖는 것이다. 여성이 만나는 대부분의 남자들은 스포츠, 액션 영화, 록 또는 힙합 같은 일반적인 취미를 가지고 있다. 취미 자체로는 문제가 되지 않지만, 당신을 돋보이게 하기 위해서는 무엇인가가 더 필요하다.

당신이 취향이 있는 남자, 의견이 있는 남자가 되었으면 좋겠다. 70년대 모타운 레코드부터 19세기 문학, 독일 영화, 인상파 예술에 이르기까지 여러 분야에 대해 왜 좋아하거나 싫어하는지 설명할 수 있는 남자가 되었으면 좋겠다. 그렇다고 예술 수업을 수강하라고 말하는 것이 아니다. 똑똑한 척하는 속물이 될 필요도 없다. 단지 자신의 의견을 개발하고, 삶을 더 풍요롭게 만들어 나가라는 것이다.

많은 남자들이 대중문화나 친구들의 의견에 따라 자신의 취향을 형성한다.

"야, 그 코미디언 진짜 웃기더라."

"새로운 배트맨 영화 대박이야."

반면 소수의 남자만이 실제로 자신이 그것을 왜 좋아하는지, 왜 특정한 대중문화가 인기를 끌고 다른 것이 그렇지 않은지에 대해 진지하게 생각해 본다. 새로운 예술 형식이나 취미에 호기심을 가지고, 자신이 그것을 어떻게 느끼는지 탐구하려고 한다.

삶에서 예술과 미디어를 바라볼 때 염두에 두어야 할 두 가지 개념이 있다.

모든 것은 어떠한 형태로든 가치가 있다고 생각하라. 그 가치를 발견하는 것은 당신의 몫이다. 특정 음악 장르나 영화를 편견이나 선입견 때문에 무조건 싫어하는 것만큼 어리석은 것은 없다. 이러한 편견을 버리고 다음과 같이 생각하라. '이 예술에 어떤 가치가 있으니 팬층이 있는 거겠지. 그 가치를 찾아봐야겠다.' 그것을 찾고 나서, 좋아하는지 아닌지를 결정하라. 무언가를 좋아하든 싫어하든, 항상 그것을 존중할 줄은 알아야 한다.

시야를 넓히려면 최고라고 평가받는 것에서부터 시작하라. 어떤 분야는 매력적인지 아닌지 바로 느낄 것이다. 나는 특정 록 음악이 좋은지 아닌지 알아차리는 데 2초도 걸리지 않는다. 평생 록 음악을 들어왔기 때문이다. 하지만 컨트리나 클래식 음악은 시간이 좀 더 걸린다. 영화도 마찬가지다. IMDB에서 선정한 역대 최고 영화 20편을 모두 보고, 구글에서 역대 최고의 영화 10편 목록을 찾아서 보라. 또한, 아카데미 작품상을 받은 영화도 보라.

이런 생각을 할 수 있다. "다 좋은데, 헤밍웨이를 읽거나 바흐에 대해 의견을 갖는다고 해서 여자와 잘 되는 게 아니잖아."

물론 맞는 말이긴 하다. 하지만 여기에 다음과 같은 내용을 덧붙이고 싶다.

시야가 넓어지고 자신만의 의견이 있는 사람이 되면, 만날 수 있는 여성의 인구 특성이 확장된다. 만약 당신이 특성이 없는 여자를 만나고 싶다면 굳이 취향을 넓힐 필요는 없다. 하지만 예술적 감각, 열정, 품격을 갖춘 지적이고 활기찬 여성을 만나고 싶다면, 이러한 것이 선행 조건이 된다.

고등학교 문학 선생님이 항상 하셨던 말이 있다. "문학을 읽는 이유는, 우리가 만날 수 있는 사람이 한정되어 있기 때문이다." 내가 이 말에서 얻은 교훈은, 비록 헤밍웨이나 밀턴 프리드먼의 경제 이론을 읽는 것이 직접적으로 여성과의 관계로 이어지지는 않더라도, 나의 관점을 더 다양하게 만들어 주고, 더 많은 사람들의 경험과 아이디어에 공감할 수 있도록 해 준다는 것이다. 이러한 지식은 사람들과 소통할 때 폭넓은 선택지를 제공해 준다.

믿기 어렵겠지만, 하이에크의 자유지상주의에 대한 의견이 데이트와 인간관계를 바라보는 나의 관점을 더 좋아지도록 만들었다. 미친 소리로 들릴지 모르겠지만 그것은 사실이다.

독서를 많이 해 본 사람이라면 알 것이다. 종종 어떤 책에서 얻은 최고의 아이디어는 그 책의 주제와 직접적인 관련이 없다는 사실을 말이다.

대부분의 남성이 같은 일상을 반복하며, 진정으로 즐기지도 못하고, 자신의 정체성과 개성을 충분히 표현하지 못한 채 인생을 흘려보내고 있다.

- 직장에 출근한다.

- 집에 와서 휴식을 취한다.
- 전형적인 스포츠 경기, 시트콤, 영화를 본다.
- 금요일, 토요일에는 항상 만나는 3~4명의 친구와 시간을 보낸다.

이보다 더 정체된 삶을 사는 남자들도 있다. 이들은 60~80 시간의 주당 업무에 매여 있거나, 두 가지 일을 하면서 오직 통장에 돈을 채우는 것 외에는 어떤 취미도 가지지 않는다.

물론, 이러한 삶이 잘못되었다고 말하는 것은 아니다. 이는 서구의 20세에서 40세 사이 남성 가운데 약 90%가 살아가는 모습이다. 여기서 중요한 점은 당신이 그 90%의 남성들로부터 어떻게 차별화될 수 있는가이다. 스스로 물어보라. 만약 당신이 사는 동네의 무작위 싱글 남성 10명과 당신이 나란히 선다면, 무엇이 당신을 돋보이게 할 것인가? 만약 어떤 여성이 10명 모두를 차례로 만난다면, 그녀가 당신을 보고 "와, 이 남자는 특별하네."라고 말할 수 있는 차별점은 무엇인가? 다른 사람이 갖지 못한 당신만의 것은 무엇인가? 다른 남성들이 제공할 수 없는, **당신만이 줄 수 있는 것은 무엇인가?**

쉬는 시간에 남들 몰래 시를 쓰는가? 스카이다이빙을 세 번 해 본 적이 있는가? 알프스의 빙하에 오른 적이 있는가? 뱀, 벌레, 거미와 같은 이색적인 음식을 먹어본 적이 있는가? 당신을 한 사람으로서 멋지고 흥미롭게 특별하게 만드는 경험은 무엇인가? 다른 어디에서도 찾을 수 없는 당신만의 특별한 매력은 무엇인가? 그녀의 기억 속에 당신을 남게 할 경험은 무엇인가?

자신만의 삶을 살아라

매력적인 라이프스타일을 개발하는 것은 장기적인 과정이다. 이를 위해서는 자신의 행동, 습관, 그리고 시간을 어떻게 보낼지에 대한 선택을 깊이 들여다볼 필요가 있다.

당신의 현재 직업, 취미, 친구, 관심사는 당신이 자신의 삶을 풍요롭게 만드는 것이라고 판단하여 스스로 선택한 것인가, 아니면 남이 주입하거나 강요한 결과인가? 이 질문은 매우 중요하다. 아무도 당신의 인생을 대신 살아 주지 않는다. 자신의 라이프스타일에 대해 평가하거나 의문을 제기하지 않고, 인생을 수동적으로 살아간다면 같은 패턴만 반복될 뿐이다.

형편없는 라이프스타일은 여성과의 모든 상호작용에 영향을 미친다. 수준 낮은 라이프스타일은 자기 자신에 대한 투자 부족을 드러내며, 다른 이의 승인을 얻고 싶어 하는 자신감 없는 모습을 보여 준다.

나는 부모님과 함께 사는 남성들을 코칭하면서 이러한 부분을 깨달았다. 그들 중 많은 이들이 훌륭한 사람들이었다. 똑똑하고, 재미있고, 배려심이 깊었으며, 흥미로운 취미를 가지고 있었다. 심지어 좋은 직업을 가진 사람들도 있었지만, 건강상의 이유로 부모님과 함께 살고 있었다. 그럼에도 불구하고, 그들은 여성과의 관계에서 좋은 결과를 얻지 못했다. 여성들은 그들에게 따뜻하게 반응하지 않았고, 그들 역시 의욕과 자신감이 없었다.

일정 수준의 독립성과 자립성이 있는 라이프스타일을 가져야 한다. 만약 당신이 일 때문에 끊임없이 스트레스를 받고, 친구들로 인해 화가 나고, 신체적 건강이 좋지 않다면, 앞서 얘기한 불안을 극복하고 내면을 들여다보는 것은 그리 도움이 되지 않을 수 있다. 이때는 자신의 라이프스타일부터 챙겨야 한다.

당신의 삶을 돌봐라. 건강해져라. 행복한 친구 그룹을 찾아라. 사랑하는 취미를 발견하고, 자신의 의견을 가져라. 당신의 시간을 어떻게 쓸 것인지 신경을 써라. 이러한 노력은 자신에 대한 투자 수준을 높이고, 타인에게 절박하게 보이지 않게 만들어 준다. 또한 올바르게 행동할 수 있는 용기와 효과적으로 소통할 수 있는 능력을 제공할 것이다. 이것이 바로 진정한 삶이다.

자신에게 진실하고 자신의 가치관과 이상에 충실한 삶을 살고 있다면, 이제 행동에 나설 차례다.

Models

4부

정직한 행동

9장
당신의 이야기는 무엇인가?

두려움이 만들어 내는 이야기

헬스장 앞에 차를 세우고 이어폰을 귀에 꽂는다. 차에서 내려 주차장을 건너고 있을 때, 다른 방향에서 문을 향해 걸어가는 날씬한 사람이 눈에 들어온다. 슬쩍 쳐다본다. 매력적인 여성이다. 우연히 눈이 마주친다. 그녀는 고개를 돌리지만, 반 박자 느리게 내 시선을 피한다. 순간적으로 우리 사이에 미묘한 긴장감이 흐른다.

그녀는 나보다 10걸음 정도 앞서 헬스장으로 들어간다. 그녀의 운동복 엉덩이 부분에 'PINK'라는 글자가 적혀 있다. 여자들이 종종 입는 보송보송한 느낌의 딱 붙는 운동복이다. 순간 내 머릿속에 섣부른 판단이 스친다. '왠지 가벼워 보이네.' 곧바로 판단을 멈춘다. 내가 뭘 안다고.

　잠시 후, 우리는 나란히 회원 등록대 앞에 선다. 그녀에게 무슨 말을 걸어야 할지 머릿속으로 생각하기 시작한다. 그런데 내가 입을 떼기도 전에 전화가 울리고, 그녀는 전화를 받는다. '맙소사, 이런 여자구나.' 본능적으로, 속으로 중얼거린다. 다시 생각을 멈춘다. 나는 그녀에 대해 아는 게 없다. 내가 그녀에게 이렇게 신경을 쓰고 있다면, 그녀에게 말을 거는 것이 좋겠다.

　몇 초 동안 다양한 시나리오를 머릿속으로 그려 본다. 예를 들어, 화장실에 갔다 온다고 핑계를 댄 뒤 그녀가 통화 중일 때 말을 걸어 볼까? 아니다, 그건 너무 억지스럽다. 아니면 헬스장에서 운동하는 중에 그녀에게 다가갈 수도 있다. 하지만 그런 시도는 잘 된 적이 없기도 하고, 나는 여자를 만나러 온 게 아니라 운동을 하러 온 것이니 그만두기로 한다. 아니면 운동을 마치고 그녀가 나갈 때쯤 맞춰서 같이 나갈까? 그건 좀 스토커처럼 보일 것 같다. 이론적으로 모든 방법이 가능하지만, 내 마음은 점점 식어간다. 이어폰에서는 음악이 울려 퍼지고 있고, 이제 내 관심은 운동기구로 향하고 있다.

　이렇게 망설인 후에 내가 결국 기적 같은 멘트를 떠올려 상황을 반전시켰다고 거짓말하지 않겠다. 나는 그녀에게 말을 걸지 못했다. 이 글을 쓰는 지금까지 그녀를 다시 본 적도 없다. 다시 말해, 나는 기회를 놓쳤다.

　그렇다고 해서 흔한 데이트 코칭 책의 내용처럼 그 여자에게 말을 걸지 않은 것을 두고, 여자 앞에서 쫄고, 겁먹고, 남자답지 못했다고 나 자신을 비난하지는 않을 것이다. 이건 그렇게 큰일이 아니다. 또한 당신에게도 여자에게 겁먹지 말고, 무슨 일이 있어도 항상 여자에게 말을 걸고, 겁쟁이가 되지 말라는 말을 늘어놓지 않을 것이다.

경험이 많든 적든, 우리는 이런 상황을 자주 겪는다. 지금까지 수백 번의 기회를 놓쳤을 것이고, 어떨 때는 자신이 기회를 놓쳤는지도 알아차리지 못하고 지나가기도 한다. 누구나 다 그렇다. 앞으로도 마찬가지일 것이다. 그래서 나는 당신에게 기회를 놓치지 말라고 훈계하지 않겠다. 당신은 이미 자신이 놓친 기회를 어느 정도 알고 있다. '그래야 했는데', '해야 했는데', '할 수 있었는데'라는 후회의 순간들이 꽤 있을 것이다.

나는 그보다 **당신이 스스로에게 말하는 '이야기'**에 더 관심이 있다. 우리 모두가 스스로에게 들려주는 그 이야기 말이다.

몇 년 전, 내가 이 일을 처음 시작했을 때 나는 누구보다 여성에 대한 불안감이 컸다. 이후 수백 명의 남성을 코칭했지만, 여성에게 다가갈 때 나보다 더 불안을 느끼는 사람은 고작 서너 명 정도밖에 만나지 못했다.

그렇다면 지금은 어떨까? 나는 이제 접근에 대한 불안을 거의 느끼지 않는다. 그렇다고 해서 내가 대단한 사람이라는 것은 아니다. 나는 시간과 노력을 들였고 그만한 대가를 치렀다. 그 과정은 재미있기도 했고, 때로는 힘들거나 굴욕적이기도 했다.

하지만 그 덕분에 나는 더 나은 사람으로 성장했다. 수년간 때로는 평범하고, 때로는 엉뚱한 상황에서 수천 명의 여성에게 다가간 결과, 손에 땀이 나거나, 숨이 가빠지거나, 머리가 하얘지는 등의 두려움이 대부분 사라졌다.

하지만 사라지지 않는 것이 하나 있다. 그것은 바로 **변화에 대한 내면의 저항**이다. 즉각적인 두려움부터 미묘한 무의식적인 생각까지, 여전히 내 행동을 가로막는 편견이 존재한다. 나는 더 이상 긴장하지 않지만, 끊임없는 판단과 지루함이 나를 방해한다. 예를 들면 '그런 옷을 입는 여자는 가벼운 사람일 거야', '세상에, 저 여자는 항상 전화기를 붙들고 있잖아. 이런 여자에게 내 시간을 쏟고 싶지 않아.'라는 생각들이다. 이러한 생각은 접근하기 전에, 만난 지 30분 후에, 두 번째 데이트에서 나타난다. 하지만 이러한 단편적인 판단은 정확하지 않다. 나는 그녀를 알지도 못한다. 그럼에도 불구하고 그녀를 판단하고 있다. 이것은 방어 기제다. 내 의식적인 두려움은 사라졌지만, 내 무의식은 여전히 저항하고 있는 것이다.

관찰한 바에 따르면, 모든 사람이 무의식적으로 방어 기제를 사용하고 있다. 저항은 사라지지 않는다. 단지 그 형태만 바뀔 뿐이다. 수년의 세월이 흐르면서 불안은 무관심으로 변하고, 무관심은 다시 오만함으로 변한다. 저항은 그녀를 만나기 전, 키스하기 전, 섹스를 하기 전, 관계에 헌신하기 전에 나타날 수 있다. 우리는 모두 약점을 가지고 있고, 그 약점이 저항의 형태로 나타난다.

접근하기 전에 극도로 긴장하는 것, 여성에게 전화하기를 미루는 것, 그녀가 나를 좋아하고 함께 집에 가고 싶어 하는데도 갑자기 '섹스할 기분이 아니야'라고 스스로에게 말하는 것은 모두 무의식이 변화에 저항하기 때문이다. 그리고 당신의 마음은 그러한 저항을 합리화하기 위해 이야기를 만들어 낸다. 그 이야기는 두려움, 지루함, 분노, 수치심 등의 감정과 연결되어 당신을 현재 상태에 머물게 만든다. 그것은 일종의 **정서적 관성**이며, 당신이 그곳에 머물도록 설계된 메커니즘이다. 이는 우리 모두가 가지고 있는 것이다.

최근에 내가 속으로 했던 이야기를 살펴보자. 요즘 내 무의식이 가장 좋아하는 이야기는 '내가 이 여자들보다 너무 잘났다.'라는 이야기다. '얘보다 더 예쁘고 똑똑하고 멋진 여자와 많이 사귀어 봤는데, 내가 왜 굳이 이 여자에게 노력해야 하지?'라고 스스로 말한다. 물론 이러한 생각이 얼마나 터무니없는지, 내가 얼마나 건방지고 허풍을 떨고 있는지 알고 있다. 하지만 요점이 바로 그거다. 우리는 모두 가끔, 어쩌면 자주 허풍을 떤다. 우리의 이야기 대부분이 허세에 해당한다. 우리는 그 이야기를 자신에게 말하면서 믿어 버린다. 나는 내 말이 바보 같다는 걸 알고 있다. 당신도 자신에게 들려주는 이야기가 바보 같다는 것을 알 것이다. 아무튼 이러한 내용이 요즘 내가 내면적으로 싸우고 있는 것이다.

내 이야기는 3년 전과는 많이 달라졌다. 3년 전의 이야기는 또 6년 전과는 다르다. 하지만 이 이야기들은 모두 같은 목적을 가지고 있다. 현상 유지와 정서적 관성이다.

당신은 스스로 어떤 이야기를 하고 있는가? 그 이야기를 자각하지 않으면 행동을 바꿀 수 없다. 아마도 당신은 바와 클럽에 가기만 하면 긴장해서 열등감을 유발하는 이야기를 속으로 할지도 모른다. '저런 여자는 몸 좋고 키 큰 남자만 좋아할 거야.'라거나, '술을 몇 잔만 마시고 다가가야지.'라고 말할지도 모른다. 카페에서 여자를 봤다면 '지금 바빠서 인사할 시간이 없어.'라고 스스로 변명할지도 모른다.

혹은 여자에게 무언가 특별한 말을 해야 한다고 생각할지도 모른다. 그래서 그녀와 대화할 때 말을 더듬고, 지나치게 애쓰며, 그녀를 어색하게 만든다. 이럴 때는 차라리 자신에게 다음과 같은 이야기를 해라. "나는 이미 충분히 괜찮은 사람이다."

이런 이야기도 있다. 어쩌면 자신은 아직 여성을 만날 준비가 되지 않았다고 생각하는 것이다. 집에서 연애 관련 글을 읽으면서 '조금만 더 준비하자', '승진하고 헤어샵에 갔다 와서', '좋은 옷을 살 돈을 모은 후에'라고 말한다. 실제로 승진하고 옷을 사면, 기존 이야기를 대신할 새로운 이야기를 만들어 낸다. 공부를 더 해야 한다거나 다이어트를 해야 한다고 말이다. 그러고 나면 준비가 될 거라고 생각한다. 하지만 정작 그러한 준비를 마친 다음에도 아무 일도 일어나지 않는다.

항상 자신에게 부족한 무언가가 있는 것 같다. 그것만 채워지면, 원하는 대로 행동할 수 있을 것 같다. 그렇지 않은가? 그래서 당신의 이야기는 무엇인가? 당신은 내면의 저항을 정당화하기 위해 스스로 어떤 이야기를 하는가? 그 저항을 없애기 위해 어떤 이야기를 대신 할 수 있을까?

많은 사람들이 여성을 유혹하려면 특별한 대사나 접근 방식과 같은 '기술'이 있어야 한다고 믿는다. 하지만 여성에게 무엇을 말하는지는 그리 중요하지 않다. 어떻게 접근하는지도 중요하지 않다. 중요한 것은 주저하지 않고 행동하는 것이다. 우리를 아무것도 하지 않게 하고 현상 유지를 하게 만드는 저항을 내려놓는 것이다. 헬스장에서 나는 저항을 극복해야 했다. 그 여자가 내 인생의 단짝이자 완벽한 여자였을지 누가 알겠는가? 하지만 이제는 결코 알 수 없게 되었다.

데이트에서 유일하게 중요한 '기술'은 내면의 헛소리를 멈추고, 스스로 만들어 낸 이야기를 믿지 않는 법을 배우는 것이다. 저항은 언제나 존재한다. 그렇기에 끊임없이 싸워야 한다. 스스로 만들어 낸 이야기를 인정하고 그것을 직시하며 이렇게 말해야 한다. '저 여자가 전화 중이고 엉덩이에 'PINK'라고 적혀 있어도, 난 그녀를 만나고 싶어.' 그런 마음을 먹은 후 주저하지 말고, 두려움 없이, 미안해하지 말고 행동에 옮기는 것이다.

절박할수록 저항이 커진다

안타깝게도 우리는 자신의 헛소리를 믿는다. 여성에 대한 불안과 자신의 성적 매력에 대한 불안이 클수록, 자신이 만들어 낸 이야기와 헛소리를 더 많이 믿게 된다.

우리는 성적인 측면에서 두려움과 수치심을 많이 갖고 있다. 이러한 두려움은 주로 몇 가지 특정한 상황에서 나타난다.

- 매력적인 여자에게 다가가 대화를 시작하는 것에 대한 두려움
- 직접적이든 간접적이든 성적 관심을 표현하는 것에 대한 두려움(전화번호를 묻거나, 전화를 걸거나, 데이트를 신청하는 것 등)
- 스킨십을 시작하는 것에 대한 두려움(보통 첫 키스)
- 실제 성관계에 대한 두려움

대부분의 남성은 여성을 대할 때 위에서 언급한 두려움 중 적어도 하나 이상을 경험한다. 극소수의 남성만이 위와 같은 두려움을 전혀 느끼지 않는다. 이러한 두려움은 절박함에서 비롯되며, 자신이 취약해지는 것을 두려워하여 생기는 것이다. 특정 영역에서 더 절박할수록, 그 영역에서 더 큰 불안을 느끼게 된다.

과학적이진 않지만, 내가 수백 명의 남성을 코칭한 경험에 따르면, 높은 수준의 불안은 다음 중 하나 이상과 관련이 있다.

- 아버지의 부재나 소홀함
- 감정적으로 학대받은 어린 시절
- 어린 시절의 트라우마
- 엄격한 종교적 또는 문화적 가정 환경
- 자라면서 당한 괴롭힘이나 사회적 소외

슬픈 사실은, 일단 불안을 가지게 되면 그것이 쉽게 사라지지는 않는다는 것이다. 왜 그 불안이 생겼는지 알아내는 것은 별다른 도움이 되지 않는다. 평생 불안을 피하며 살고 싶지 않다면, 우리는 불안에 대해 무언가를 해야 한다. 나는 이것을 '정직한 행동'이라고 부른다.

나는 여성과 성공적으로 만나고 데이트하는 데 있어 가장 큰 방해 요소가 불안이라고 생각한다. 불안만 없애면 나머지는 시행착오를 통해 자연스럽게 해결해 나갈 수 있다.

불안은 그 자체로 절박함이 많다는 것을 보여 준다. 예를 들어 아름다운 여자가 당신 옆에 앉았다고 하자. 그녀에게 말을 걸고 싶지만 겁이 나서 아무것도 하지 못하고 있다면, 이는 그녀가 당신을 어떻게 생각할지에 지나치게 신경 쓰고 있다는 뜻이다. 즉, 절박하다는 것이다. 이러한 절박함은 우리에게 투쟁-

도피 반응을 일으킨다. 아드레날린이 솟구치고, 땀이 나고, 우리의 마음은 온갖 것들을 생각하며 질주하기 시작한다. 간신히 말을 꺼내도 더듬거리거나 우물쭈물하며 얼굴이 빨개지고, 결국 바보같이 행동할 가능성이 커진다. 이런 경험을 하고 나면, 다음에 또다시 아름다운 여자가 옆에 앉으면 불안은 더욱 커지게 된다.

이런 지독한 경험은 우리 모두 어느 정도 겪는 일이다. 나 또한 그랬고, 극복하는 데 몇 년이 걸렸다. 당신은 이 과정이 오래 걸리지 않고, 고통스럽지 않기를 바란다.

나를 속이는 방법, 세 가지 방어 기제

두려움을 극복하는 첫 번째 단계는 자신의 패턴을 알아내는 것이다.

우리는 두려움이나 불안에 직면할 때, 이에 대처하기 위해 사용하는 고유의 패턴이나 전략을 가지고 있다. 예를 들어 내가 가장 많이 사용하는 패턴은 무관심이다. 두려운 상황에 직면하면, 나는 마치 '사실은 신경 쓰지 않는 것'처럼 가장한다. 일반적으로 사람들이 사용하는 잘못된 대처 방법을 소개하면 다음과 같다.

◆ 책임 전가

책임 전가는 두려운 상황에 직면했을 때, 자신의 두려움을 다른 사람이나 무언가의 탓으로 돌리는 것을 의미한다.

예를 들어, 직장에서 발표를 앞두고 있는데 불안하다고 해 보자. 책임 전가를 하는 사람은 상사가 멍청하고, 자신은 이런 일을 하기엔 너무 뛰어나다고 느낀다. 일이 잘못되면 '내가 몸이 안 좋았어', '충분한 자료가 제공되지 않았어'라는 식으로 변명하며, 자신의 책임이 아니라고 생각한다. 여성을 대하는 상황에서도 마찬가지다. '아, 저 여자는 잘난 척해.', '저 여자는 잘생긴 남자들만 좋아해.', '저 여자는 어차피 나한테는 너무 멍청해.', '이 클럽은 사람들과 이야기하기에 너무 시끄러워.', '이 도시의 여자들은 그냥 다 이기적이야. 새로운 도시를 찾아야겠어.'라는 식으로 책임을 돌린다.

이런 사소하고 어이없는 책임 전가가 마음 깊이 스며들어 있을 수 있다. 문제는 책임 전가는 종종 분노와 좌절을 동반한다는 것이다. 너무 자주 책임 전가를 하다 보면 분노가 쌓여서 여성에 대해 비합리적인 신념을 가지게 된다. 평생 책임 전가를 해 온 남자는 '여자들은 남자의 돈만 신경 쓴다.' 또는 '바에 있는 모든 여자들은 멍청하고 천박하다.'라는 식으로 왜곡된 생각을 갖게 된다. 그리고 이는 더 나쁜 결과로 이어진다.

◆ 무관심과 회피

이것은 오랫동안 나에게 아킬레스건이었고, 자주 나타나는 패턴이었다. 무관심과 회피는 말 그대로 '아무것도 나에게 중요하지 않다.', '나는 아무것도 신경 쓰지 않는다.'라고 생각하는 것이다. 나는 몇 년 동안 이 패턴을 사용했다. 나는 여자를 만나는 것에 대해 신경 쓰지 않는다고, 내가 좋아하는 여자들이 나를 매력적으로 보지 않아도 상관없다고 스스로 설득했다. 그러나 친구들이 모두 여자 친구를 만나고 헤어지는 동안, 혼자 집에서 포르노를 보며 몇 달을 보내고 난 후에 깨달았다. 사실 나는 신경을 많이 써 왔다.

무관심과 회피는 영원하지 않다. 우리는 생물학적으로 여성을 원하도록 설계되어 있기 때문에, 어느 순간 본능이 이기기 마련이다. 하지만 무관심과 회피가 직업, 가족, 취미와 같은 삶의 다른 영역에서 나타나면 상황은 더 심각해진다. 무관심과 회피는 소파에서 TV만 보며 시간을 보내고 불만만 가득해지는 근본 원인이 될 수 있다.

◆ 주지화

여성을 대할 때 느끼는 불안이나 두려움을 해결하는 대신, 공부나 지식을 쌓는 것에 몰두하는 것을 의미한다.

주지화는 어느 정도 유익할 수 있다. 다양한 주제에 대해 엄청난 양의 정보를 얻을 수 있고, 자기 인식을 높이며, 어떤 행동을 해야 할지 명확히 하는 데 도움이 될 수 있기 때문이다. 그러나 대부분의 남자들은 주지화를 또 다른 회피 수단으로 사용한다. 특히 똑똑한 사람들일수록 주지화 경향이 더 많이 나타난다. 똑똑할수록 더 분석하고, 더 많은 것을 배우고 이해할 필요가 있다고 스스로 설득한다.

하지만 여자와의 관계에 있어서 주지화는 답이 아니다(데이트에 관해 300페이지 넘게 쓴 내가 하는 말이다). 솔직히 데이트에 대해 한 글자도 읽지 않고, 1년 동안 직접 나가서 여자들에게 말을 걸어보는 것이 더 괜찮을 수 있다. 만약 스스로 정직하고, 실수에서 배울 수 있다면 말이다.

물론 공부하는 것도 도움이 될 수 있지만, 가장 좋은 스승은 경험이다. 어느 순간이 오면 더 배우는 것이 유익하지 않고, 오히려 더 혼란을 주는 시점이 온다. 지식을 적용해야 할 실제 경험이 부족하기 때문이다.

주지화는 역효과를 불러일으킨다. 어떤 주제를 충분히 공부하고 나면, 오히려 불안감이 커질 수 있다. 너무 많이 분석하다 보니 자신에게 지나치게 높은 기대를 걸게 되고, 그에 따른 압박감이 커지기 때문이다.

이 외에도 많은 패턴들이 있지만, 앞서 설명한 세 가지 패턴이 불안감을 극복하려 할 때 우리가 가장 자주 접하게 되는 것이다. **우리는 두려움을 피하기 위해, 세 가지 패턴을 사용하여 자신을 속인다.**

책임 전가를 하는 사람은 여자에게 잘못이 있다고 자신을 설득한다. 무관심한 사람은 그것이 중요하지 않다고 자신을 설득한다. 주지화를 하는 사람은 먼저 더 배우고 이해해야 한다고 자신을 설득한다. 결국, 그들 모두 자신이 두려워하는 대상을 피하고 있는 것이다.

우리는 보통 하나의 방어 기제만 사용하지 않으며, 여러 가지 방어 기제를 사용한다. 심지어 이것들을 동시에 사용하기도 한다. 예를 들어, '이곳에 있는 여자들은 다 이기적이니까, 나는 상관하지 않을 거야. 집에 가야겠어.'라는 말은 무관심과 책임 전가를 동시에 사용한 전형적인 예다.

두려움 극복의 핵심은 두려움에 대한 반응 패턴을 먼저 깨뜨리는 것이다. 이를 위해서는 자기 인식과 훈련이 필요하다.

예를 들어 나는 여자에게 다가가는 법을 배울 때 두려움과 불안이 많았다. 이때 나의 반응 패턴은 무관심이었다. 술집에 앉아 있다가 마음에 드는 귀여운 여자를 보았을 때, 내 즉각적인 반응은 '지금은 그냥 대화하고 싶지 않아.' 또는 '지금은 여자를 만나고 싶지 않아.'라고 말하는 것이었다. 하지만 이것은 완전히 헛소리였다. 여자를 만나기 위해서가 아니라면 그날 밤 일부러 외출하지 않았을 것이다. 나는 여자를 만나는 법에 관한 책과 웹사이트를 일주일 내내 읽었다. 여자를 만나고 싶었기 때문이다.

이러한 반응 패턴을 인식하고 나서야 비로소 패턴을 깨기 시작하면서, 만나고 싶은 여자에게 말을 걸 수 있었다. 심지어 마음속에서 원하지 않는다고 거짓말할 때조차, 말을 걸 수 있게 되었다.

자신의 패턴을 깨뜨리는 데 도움이 되는 방법은 다음과 같다.

먼저 무엇이 가장 불안한지 생각해 본다. 여자를 유혹하는 것인가? 성적 관심을 표현하는 것인가? 데이트 신청인가? 첫 키스인가? 다음으로 그것과 관련된 패턴을 적어 본다. 예를 들어, '여자에게 전화 걸기, 패턴은 무관심' 또는 '여자에게 접근하기, 패턴은 책임 전가'와 같이 적는다.

그 후 자신을 위한 목표를 세운다. 예를 들어 '전혀 관심이 없더라도, 받은 번호에는 모두 전화 걸기'처럼 명확한 목표를 설정하고 기록해 둔다. 그리고 친구나 동료에게 이러한 계획을 알리고, 당신이 잘 행동하고 있는지 확인해 달라고 요청한다.

마지막 항목이 중요하다. 두려움을 공유하고 누군가가 당신을 책임지게 하는 것은 큰 도움이 되며, 10배는 더 쉽게 두려움을 극복하게 해준다. 자신이 가진 두려움을 이해하고 공감해 줄 수 있는 사람과 이야기를 나누는 것만으로도 압박감이 크게 줄어들 것이다.

당신은 희생자가 아니다

오랫동안 내 삶을 관통해 온 진실이 하나 있다. **'내가 잘못된**

건지, 다른 모든 사람이 잘못된 건지 헷갈린다면, 내가 잘못된 것일 가능성이 훨씬 크다.'라는 것이다.

분명한 예를 하나 들어 보겠다. 남자들이 내게 자주 하는 말이 있다. "밖으로 나가서 여자를 만나려 했지만, 이 도시 여자들은 모두 말이 험하고 유치해. 그래서 다른 도시로 가야 할 것 같아." 그런데 그 말이 사실일까? 그러니까 당신이 잘못된 것이 아니라, 그 도시의 15만 명이 넘는 싱글 여성이 모두 잘못됐다는 것인가? 그럴 확률이 얼마나 될까?

어떤 남자들은 '모든 미국 여성이 변덕스럽고 개성이 강하다.'라고 주장한다. 또는 '노출이 심한 옷을 입은 모든 여성은 부도덕하고 바람을 자주 피워서 좋은 여자 친구가 될 수 없다.'라고 말한다.

이 남자는 자신의 단점을 외면하기 위해 수백만 명의 여성에 대해 부정적인 고정관념을 만들고 있다. 이것은 피해 의식이며, 많은 남성들이 가지고 있는 문제다.

그들이 관찰한 것이 틀렸다는 것은 아니다. 단지 자신을 피해자로 만드는 방식으로 그 내용을 해석하고 있다는 것이다. 어쩌면 실제로 미국 여성이 유럽 여성보다 더 변덕스럽고 잘난 체할지도 모른다(다시 말하지만, 아닐 수도 있다). 당신이 사는 도시의 여성이 대도시의 여성들보다 더 보수적일 수 있다(또한 아닐 수도 있다). 그러나 당신은 그 관찰 결과를 통해 당신이 도망친 행동을 합리화하고 있다. **타인에게 과도하게 투자하고, 절박함**

을 드러내고 있는 자신을 변명하고 있는 셈이다.

인간은 정보를 효율적으로 처리하기 위해 큰 덩어리로 묶어서 관리하는데, 이로 인해 고정관념이 생긴다. 고정관념은 때로 유용할 수 있지만, 대부분 경우에는 그렇지 않다. 결과가 좋지 않을 경우 책임을 회피하기 위한 수단으로 우리는 고정관념을 사용한다. 이러한 변명은 우리에게 해를 끼치고, 기회를 차단한다. 남을 탓하면 배울 수 없고, 배우지 못하면 발전할 수 없다.

'내가 사는 도시의 여자는 차갑다.'라는 예로 돌아가 보자. 실제로 그 남자가 있는 도시의 여자들이 라스베이거스 여성보다 더 차가울 수 있다. 하지만 그 도시의 모든 여성이 차가울까? 얼마나? 50% 정도일까? 만약 도시의 여자 모두가 차갑다고 단정 짓고 이를 변명 삼아 책임을 회피하고 있다면, 그는 도시 여성 절반에 대해서 스스로 차단하는 것이다. 이것은 수백 번의 기회를 놓치는 것이다.

미국 여성에 대한 불만도 마찬가지다. 미국에는 약 4천만 명의 싱글 여성이 있다. 그런데 당신이 괜찮은 여자를 한 명도 찾을 수 없다고 생각하여 여자를 만나지 못한다면 그것은 누구의 잘못일까? 당신 자신이다. 당신이 게으른 것이다. 실패에 대한 책임을 지지 않기 위해, 수백만 명의 여성에 대해 부당한 판단을 내리고 있는 것이다.

나는 당신의 삶에서 일어나는 모든 일에 대해서 당신이 책임을 져야 한다고 강하게 믿는다. 우리의 마음은 항상 고통, 실패,

거절을 피할 방법을 찾으며, 스스로 완벽하게 만들기 위해 끊임없이 합리화한다. '잘못된 것은 그들이지 우리가 아니다.', '우리는 괜찮다. 우리는 모든 것을 올바르게 했다. 우리가 행복하지 않은 것은 이 잘못된 세상 때문이다.'라고 말한다.

그러나 **책임 전가는 절박함의 또 다른 형태로, 자신보다 다른 사람을 우선시하는 것**이다. 타인의 잘못이라면 당신은 스스로 취약하게 만들 필요가 없다고 생각하는 것이다.

반면, 당신이 자신의 삶에서 일어나는 모든 일에 대해 책임을 지기 시작하면, 더 이상 타인을 탓하지 않게 된다. 그때부터는 비난의 문제가 아니라 노력의 문제가 된다. 당신이 혼자인 것은 여자가 차갑기 때문이 아니라, 당신의 책임이 된다. 차갑지 않은 여성을 찾기 위해 어떤 노력을 기울일지 선택해야 하는 문제가 된다. 문제에 대한 책임을 지고 비난을 노력으로 바꾸면 당신은 힘을 얻는다. 주도권이 당신에게 넘어오면서, 이 세상에서 당신의 성공과 실패를 결정하는 유일한 사람은 당신 자신이라는 건강한 현실로 돌아오게 된다.

비난, 책임, 노력의 문제는 관계에서도 중요하다. 비정상적인 관계는 대체로 한 사람이 자신의 단점이나 잘못을 상대방 탓으로 돌리면서 무너진다. 연구에 따르면, 파트너 간에 비난하는 횟수가 많아질수록 서로 헤어질 가능성이 높아진다. 건강하고 행복한 관계의 비결은 양쪽 모두가 자신의 감정에 책임을 지고, 상대에게 헌신하겠다는 선택을 내리는 데 있다.

책 초반에 언급했듯이, 나는 고등학교와 대학교 시절에 한 여자와 4년간 사귀었다. 나는 그녀를 미치도록 사랑했지만, 그녀는 다른 남자와 바람을 피우고 나를 떠났다. 나는 한동안 매우 화를 내며 그녀를 탓하기만 했다. 하지만 시간이 지나면서 나는 몇 가지를 깨달았다.

1) 나는 절대로 좋은 남자 친구가 아니었고, 그녀가 나를 속이고 떠난 것이 그렇게 놀라운 일이 아니었다.
2) 내가 무시하거나 전혀 알아차리지 못한 여러 가지 경고 신호가 있었다.
3) 나는 그녀가 어떤 행동을 하든, 그녀에게 헌신하기로 결정했었다. 한편 나는 그녀가 바람을 피울 수 있다는 것을 항상 느꼈다. 이 관계의 끔찍한 결말을 처음부터 알고 있었을지도 모른다. 그녀가 나쁜 짓을 한 건 맞지만, 나 스스로 그녀를 믿기로 선택한 것이었다.

다시 생각해 보니 나는 관계에 헌신하는 데서 기쁨을 느끼고 싶었고, 이를 위해 상처받을 위험을 감수하기로 결정한 것이었다. 나는 그러한 결정을 후회하지 않는다. 그것은 내 선택에 따른 책임이기 때문이다.

어렸을 때 나는 겉만 번지르르한 파티 걸에게 끌리면서도, 그녀들을 싫어했다. 어렸을 때 본 영화에서는 내가 잘 나가는 파티 가이가 되어야 한다고 말했다. 그래서 나는 술에 취한 파티 걸을 유혹하고, 그들과 잠자리를 가지려고 애썼다. 하지만 잘되지 않았고, 나는 그녀들이 멍청하고 바보 같다고 생각하기 시작했다.

나는 잘되지 않은 이유를 그녀들의 탓으로 돌리고 있었다. 도대체 어떻게 하면 나에게 끌리지 않을 수 있단 말인가! 그녀가 멍청하지 않다면, 나와 함께하고 싶어서 줄을 섰을 것이다. 그래야 세상이 정상인 거 아닌가?

하지만 그것은 잘못된 생각이었으며, 미성숙하고 권리만 주장하는 마음가짐이었다. 나는 내가 책임져야 할 부분을 그녀들의 탓으로 돌리고 있었다. 그러면서 나는 여성을 한 인간으로 존중하는 대신, 비디오 게임에서처럼 정복해야 할 대상물로 본 것이다.

그러한 점을 인식하게 되면서 나는 선택의 기로에 섰다. 그 여자들에게 다가가기 위해 내 대인관계 능력을 발전시킬 것인가, 아니면 포기할 것인가. 노력하기로 선택했을 때, 대부분의 여성이 멍청하지도, 얄팍하지도 않다는 것을 깨달았다. 사실 그녀들 대부분은 똑똑하고, 흥미롭고, 재미있으며, 아름답기까지 했다. 결과에 대해 스스로 책임지기로 선택하기 전까지, 나는 이러한 여성을 놓치고 있었던 것이다.

모든 사람의 내면에서 아름다움과 좋은 점을 발견하기 위해 도전하라. 아름다움과 좋은 점은 분명히 존재한다. 그것을 발견하는 것은 당신의 몫이다. 이러한 점을 그들이 당신에게 친절하게 보여 줄 의무는 없다.

강력한 동기 부여 방법

두려움과 불안 외에도 많은 남성이 겪는 또 다른 문제는 여성들을 만나러 나가고 싶어 하는 의욕이 부족하다는 것이다. 집에서 책을 읽는 것과 토요일 밤에 밖으로 나가서 여성을 만나기 위해 스스로 내미는 것은 완전히 다른 일이다. 처음에는 많은 노력이 필요하며, 몇몇 남자는 몇 번 좌절한 뒤 '이 일은 그만한 가치가 없다.'라고 스스로 설득하기도 한다.

인터넷 포르노가 등장한 이후, 남자들은 성적 욕구를 만족시키기가 그 어느 때보다 쉬워졌다. 오늘날에는 어린 시절부터 포르노에 쉽게 접근할 수 있다. 이와 함께 '포르노 중독'에 관한 이론이 널리 퍼지고 있다. 아직 포르노 중독에 대한 명확한 과학적 증거는 부족하지만, 확실히 말할 수 있는 한 가지가 있다. 포르노는 현실에서 여성과의 만남을 추구하려는 동기를 없앤다는 것이다.

전 세계적으로 성적 무관심이 퍼지고 있다. 눈앞에 있는 여성보다 포르노에 의존하는 남자 친구, 남편, 싱글 남자가 많아지고 있다. 왜 그런지 이해는 된다. 포르노는 더 접근하기 쉽고,

매력적인 여성이 나오며, 섹스는 더 흥미롭고, 언제든지 클릭 한 번으로 볼 수 있다. 대부분 무료이고, 여자들은 거절하지 않으며, 감정적 부담이 없으며, 의무나 책임도 없다.

그러나 포르노에는 부작용이 있다. 첫째, 포르노는 성, 여성, 그리고 성적 매력에 대해 매우, 매우 비현실적인 기대를 만들어 낸다. 포르노는 성적으로 완벽한 이상형을 만들어 내고, 이를 과장하면서 돈을 번다. 반면 실제 여성과의 성관계에는 어색한 순간이 있다. 서로의 취향과 선호를 알아가는 시간이 필요하기 때문이다.

또한 아무리 매력적인 여성이더라도 실제 여성은 결점을 가지고 있다. 포르노에서는 메이크업, 성형 수술, 연기로 이러한 결점을 가린다. 남자가 포르노의 완벽주의에 너무 익숙해지면, 현실에서 만나는 여성들에게 매력을 느끼거나 동기를 찾는 데 점점 더 어려움을 겪게 된다.

또 다른 문제는 포르노를 접하기가 너무 쉬워서, 남자들이 자위를 더 많이 하게 된다는 것이다. 자위를 많이 할수록 남자는 여성과 무언가 성취하려는 관심은 줄어들고, 음식과 TV에만 관심을 갖게 된다.

나폴레옹 힐(Napoleon Hill)은 그의 명저 《Think and Grow Rich》에서 '성적 승화(sexual transfiguration)'라는 개념을 다룬다. 힐은 매우 성공한 남성들은 강한 성욕을 가지고 있으며, 그러한 성적 에너지를 일과 성취로 승화한다는 이론을 주장했다. 실제로 많은 성공적인 남성들이 오랜 기간 성관계나 자위를 자제하고, 그 에너지를 사업이나 목표 달성에 사용했다고 한다. 최근 과학에서도 이를 뒷받침하고 있다. 남성의 오르가슴, 더 정확히 말하면 사정은 동기를 부여하고 생산적인 행동을 이끄는 호르몬과 엔도르핀을 고갈시킨다는 것이다.

청소년기부터 자주 자위를 해 온 남성들은 지나치게 강한 자극에 길들면서 실제 관계에서 둔감해지는 경우도 있다. 수년간 하루에 여러 번 자위를 하면, 강한 자극 없이는 사정하기 힘들어지고, 이는 실제 여성과 성관계를 가질 때 성적 문제와 발기부전으로 이어질 수 있다. 손으로 강하게 자극을 주는 것은 따뜻한 여성과의 사랑을 준비하는 데 좋지 않다.

그래서 내가 동기 부여와 자기 개선을 원하는 남자에게 추천하는 것이 있다. 포르노 다이어트다. 나도 가끔 내 삶에서 의욕을 높이고 싶을 때 이 다이어트를 실천한다. 이 다이어트는 놀라운 효과가 있으며, 많은 남성이 이로부터 긍정적인 결과를 얻었다. 수년간 데이트 관련 조언을 읽으면서도 실제 행동에 옮기지 않았던 남자들이, 포르노 다이어트를 실천하고 2주 만에 여성들을 만나 데이트를 시도했다.

그 방법은 다음과 같다.

- 지금부터 모든 포르노를 즉시 끊는다. 오늘부터 시작한다.
  컴퓨터에 있는 모든 포르노를 삭제하고, 가지고 있는 자료를 모두 버린다. 만약 스스로 욕구를 통제하는 데 어려움이 있다면, 무료 웹사이트 차단 소프트웨어를 사용하여 알고 있는 모든 포르노 사이트를 무기한 차단한다. 이것이 극단적으로 들릴 수 있지만, 한 달 뒤에는 나에게 고마워할 것이다.

- 자위는 일주일에 한 번으로 제한하고 정해진 날짜에만 한다. 나는 보통 월요일을 선택한다. 자위 일정에서 절대 벗어나지 않도록 한다. 더 큰 동기 부여를 원하고 젊었을 때처럼 성적으로 충만해지고 싶다면 자위를 2주에 한 번으로 줄인다. 다시 말하지만, 날짜를 정하고 그 날짜에 맞추도록 한다.

- 자위를 할 때는 로션이나 윤활제를 사용하여 평소보다 천천히 한다. 가능하다면 10분 이상 끌어본다. 시간을 충분히 들여 즐긴다. 매일 할 수 있는 게 아니라는 걸 기억하자.

- 몇 주간 이 방식을 따르면, 더 강한 동기를 느끼게 될 것이다. 만약 실패하거나, 욕구를 억제하지 못했다면, 다시 시작하면 된다. 자신에게 너무 엄격하게 굴지 마라. 이상적으로는 몇 주 안에, 여성에게 다가가는 것이 귀찮은 일이 아니라 신나는 일처럼 느껴질 것이다. 이는 좋은 신호이다. 그러니 나가서 직접 해 보라!

10장
불안을 극복하는 법

첫걸음을 내디뎌라

최근에 만나고 싶지 않은 사람과의 만남을 거절했던 순간을 떠올려 보자. 직장에서 귀찮게 구는 사람일 수도 있고, 가족이나 친척일 수도 있다. 어쩌면 어머니가 친구 딸을 소개해 주려던 상황일 수도 있다. 누군가와의 만남을 거절하기 위해 핑계를 대야 했던 그 어색한 순간을 떠올려 보자. 기분이 어땠는가? 아마도 썩 좋지 않았을 것이다.

"날 좀 내버려둬."라고 직접적으로 말하든, "이번 주말에 정말 바빠서, 다음에 봐요."라고 간접적으로 말하든, 만남을 거절하는 것은 어색하고 불편한 일이며 이를 즐기는 사람은 거의 없다. 즉, 다른 사람의 감정을 상하게 하거나 불쾌하게 만드는 것을 즐기는 사람은 극히 드물다.

이러한 거절을 매주 해야 한다고 상상해 보자. 전혀 좋지 않으며 오히려 매우 불편하고 지루한 일이 된다. 이는 여성이 남자들의 서툰 접근을 불편하게 느끼는 이유를 설명해 준다. 여성은 남자들의 접근을 거절해야 하는 상황이 많으며, 거절하는 것은 일반적으로 불편한 경험이다.

일부 남성은 여성이 성적 우월감 속에서 비웃으며, 어떤 남자에게는 영광의 기회를 주고, 어떤 남자는 고독한 시간을 보내도록 결정하는 이기적인 존재라고 생각한다. 하지만 실제로는 그렇지 않다.

생각해 보자. 왜 여성들이 그렇게 많은 시간과 노력을 쏟으며 외모를 가꿀까? 왜 바에 가고, 데이팅 사이트에 가입하고, 소개팅을 시도할까? 여러 남자에게 거절하는 데서 즐거움을 얻기 때문이 아니다. 그녀들 역시 우리만큼 외롭고 좌절감을 느낀다. 그녀도 남자를 만나고 싶어 한다. 다만, 아무 남자나 만나고 싶어 하는 것이 아니라, 자신감 있고 매력적이며 재미있고 흥미로운 남자를 만나고 싶어 한다. 절박하지 않으며 정직하게 자신을 표현하는 취약성을 드러낼 수 있는 남자를 만나고 싶어 한다.

그녀는 바로 **당신이 그 남자가 되기를 원한다**. 그녀는 속으로 당신을 응원하고 있다. 그녀는 당신을 거절하고 싶지 않다. 새로운 남자가 다가올 때마다 그녀는 속으로 '제발, 제발, 제발 그 남자가 되어 줘. 내가 거절할 수 없는 매력적인 남자가 되어 줘.'라고 외치고 있다. 그런데 남자가 어색하게 말을 더듬으며 불편한 농담을 한다. 그녀는 다시 거절해야 하는 불편한 상황에 놓인다.

그 단계까지 이르지 못하는 경우도 있다. 남자가 입을 열기도 전에 이미 게임이 끝나는 경우로, 남자가 광대처럼 옷을 입고 있거나, 머리를 오랫동안 손질하지 않았거나, 술에 취해 눈도 제대로 못 맞추는 경우다.

이것이 여성이 남자들의 멍청한 행동이나 실수를 기꺼이 눈감아 주는 이유이기도 하다. 여자가 당신을 좋아한다면 두 번째, 세 번째 기회를 얼마나 많이 주는지 놀라울 정도이다. 그녀는 당신을 응원하고 있다. 그녀는 당신의 가장 큰 팬이다. 그녀는 속으로 이렇게 말하고 있다. "아, 이 남자가 데이트 신청하는 걸 겁내고 있네. 내가 전화할 핑계를 만들어 줘야겠다. 그러면 다음에는 데이트 신청을 할 거야." 그녀는 당신이 성공하기를 간절히 바라고 있다. 그녀도 당신만큼이나 원하고 있다. 모임에서, 커피숍에서, 데이팅 사이트에서 여성들은 당신이 믿을 수 없을 만큼 매력적인 남자가 되기를 원한다. 시간을 멈추게 하고, 한 번도 느껴 보지 못한 감정을 느끼게 해 줄 수 있는 남자가 되기를 원한다. 당신이 그 남자가 되길 바라고 있는 것이다.

그녀가 당신을 거절하는 것은 재밌기 때문도 아니고, 이기적이기 때문도 아니다. 당신이 키가 작거나 근육이 충분히 크지 않아서도 아니다. 그것은 바로 그녀가 자신이 어디에 있는지조차 잊어버릴 정도로 빠져들게 만들지 못했기 때문이다. 그녀가 정신을 놓고 웃게 만들지 못했기 때문이다. 이것이 바로 그녀가 찾고 있는 것이다. 살아있다는 기분을 느끼게 해 주는 남자 말이다.

다음에 그녀에게 다가갈 때는, 그녀가 속으로 당신을 응원하고 있다고 생각하라(여자는 보통 당신이 다가오는 것을 이미 알고 있다). 그녀는 마음속으로 당신이 성공하기를 당신만큼 원하고 있다. 그 잠깐 동안 그녀는 당신의 가장 큰 팬이 된다.

남자로서 당신의 역할은 행동을 취하는 것이다. 모든 것은 당신에게 달려 있다. **당신에게 주도권이 있다.** 당신이 첫걸음을 내디뎌야 한다. 하지만 대부분의 남자들이 바로 이 지점에서 실패한다. 말을 거는 것, 올바른 방향으로 발을 내딛는 것, 전화를 거는 것과 같은 단순한 행동을 하지 못한다. 이전 장에서 언급한 두려움과 방어 기제가 너무 커서 그들을 압도하기 때문이다. 그래서 아무 일도 일어나지 않는다.

아무리 여성의 관심을 끄는 방법에 대해 많은 글을 읽고 공부해도, 행동하지 않으면 소용이 없다. 어쩌면 이 책이 당신이 처음으로 읽은 데이트나 매력에 관한 책이 아닐 수 있다. 어떤 남자는 자기 계발과 데이트 조언에 중독되어, 계속해서 읽고 또 읽기만 하면서 행동을 미룬다.

어떤 남자들은 행동을 회피하기 위한 수단으로 조언을 얻고, 글을 읽기도 한다. 매력에 대한 책을 읽는 것만으로, 무언가 성취한 것이라고 느끼는 것이다. 이미 성취감을 느꼈으므로 두려운 상황과 마주하지 않아도 된다고 생각한다. 여자 앞에서 진실을 표현하고, 취약성을 드러내고, 거절당할 위험을 감수하는 상황을 피하는 것이다.

자기 계발 및 비즈니스 코칭 업계에서는 이 문제를 수십 년 동안 다루었다. 데이트 조언 분야도 마찬가지다. 하지만 데이트 분야에서는 지금까지 남자에게 동기를 부여하고, 행동을 취하게 만드는 데 있어서 형편없는 결과를 보였다.

행동에 관한 전형적인 조언은 '무작정 깊은 물로 뛰어들어, 수영이 될 때까지 헤엄쳐라.'라는 것이다. 이는 여성에게 다가가는 것이 두렵다면, '하룻밤에 25명의 여자에게 다가가라.'라고 압박하는 프로그램과 같다. 무슨 말을 하든, 어떤 결과가 나오든 상관없이 행동하라는 것이다.

이런 과부하 방법은 단기적인 효과는 있을지 모르지만, 지속하기가 불가능하다. 그 대신 여기 더 간단하고, 부담이 적으며, 장기적인 결과를 얻을 수 있는 방법이 있다.

불안을 극복하는 방법

두려움을 느끼는 것은 정상이다. 누구나 어떤 형태로든 두려움을 느끼며, 이는 쉽게 사라지지 않는다. 그러므로 중요한 것은 두려움을 없애는 것이 아니라, 두렵더라도 행동할 수 있도록 훈련하는 것이다.

두려움을 완전히 없애고 싶다는 말은 모든 분노나 슬픔을 없애고 싶다는 말과 같다. 이것이 좋은 목표라고 생각할 수도 있지만, 연구에 따르면 감정을 억누르거나 회피할수록 그다음에 감정이 나타날 때 미숙하게 대처하게 된다. 그러므로 우리는 부정적인 감정을 억누르는 대신 긍정적인 행동으로 전환하는 법을 배워야 한다.

예를 들어, 분노의 문제를 가진 사람들은 운동, 일, 혹은 감정을 드러내는 편지 쓰기 등 생산적인 방법으로 표출하는 것이 좋다. 분노를 피하거나 억누르면, 다음에는 더 심하게 돌아올 뿐이다.

첫 여자 친구와 헤어지고 나서의 일이었다. 나는 일주일 정도 침대에 누워 우울해하다가, 내가 어리석고 의미 없는 시간을 보내고 있다는 것을 깨달았다. 상처받고 화가 나서 침대에 누운 채 그녀에 대한 생각을 피하는 데만 집중했는데, 그럴수록 스트레스는 더 커졌다. 그래서 어차피 스트레스를 받을 거라면 차라리 생산적인 일을 하기로 마음먹었다. 나 자신을 발전시키기로 결정한 것이다. 그녀가 헤어진 것을 후회하게 만들겠다고 스스로 다짐했다. 내 자기 계발의 시작은 이러한 마음에서 비롯되었다.

평생 처음으로 헬스장에 등록했고, 공부도 더 열심히 했다.

여자인 친구와 함께 나가서 새 옷을 샀다. 파티에서 새로운 사람들을 만났다. 그때 나를 움직이게 만든 건 전 여자 친구에 대한 분노와 상처였다. 나는 굉장한 사람이 되어 그녀가 나를 떠난 것을 후회하게 만들고 싶었다.

이러한 개념을 여자에 대한 두려움과 불안에도 적용할 수 있다. 그런데 문제는 여자에 대한 불안을 없애야만 한다고 생각하면, 그 생각이 오히려 불안을 증폭시킬 수 있다는 것이다. 신경생물학은 우리가 두려워하는 것을 피하려 하거나 억누르려 할수록, 오히려 두려움이 더 강해진다는 사실을 보여 준다. 불교에서는 '저항하는 것은 지속된다'라는 말이 있다. 두려움과 불안을 다루는 올바른 방법은 그 감정이 정상이며 당신의 일부임을 인정하고 받아들이는 것이다. 그리고 만나는 여성에게 이런 감정을 숨기지 않는 것이다.

당신이 정말 잘하는 일을 떠올려 보자. 아마 당신은 직장에서 특정 업무를 아주 잘할 것이다. 또는 발표를 잘할 수도 있다. 학창 시절에는 테니스나 체스를 정말 잘했을지도 모른다. 당신이 잘하는 분야에서 중요한 순간이 다가왔을 때(중요한 테니스 경기나 발표, 주도해야 할 중요한 회의), 아마 긴장을 느꼈을 것이다. 하지만 그 긴장이 당신을 무너뜨렸는가, 아니면 오히려 활력을 불어넣었는가?

나는 학교에서 발표하는 것을 좋아했다. 발표를 정말 잘했다. 하지만 발표하기 전에는 항상 긴장했다. 그리고 지난 5년 동안

75회 이상 비즈니스 세미나와 강연을 했는데도 매번 긴장했다.

그러나 그러한 긴장감은 나에게 긍정적인 자극이 되었다. 흥분과도 비슷했다. 나는 내 능력에 자신이 있었다. 나는 모두를 놀라게 할 것이고, 사람들이 내 강연을 좋아할 것을 알고 있었다. 그래서 무대에 올라가는 게 긴장이 되면서도 기다려졌다.

심리학 연구에 따르면, 사람들은 특정 수준의 불안감이 있을 때 더 좋은 성과를 낸다. 중요한 것은 불안감 자체가 아니라, 불안 속에서도 잘할 수 있다는 자신감이다. 큰 경기를 앞두고 전날 밤에 잠을 이루지 못하는 프로 운동선수들도 이와 같다. 긴장되지만 나가서 뛰고 싶은 마음을 견딜 수 없어 한다. 그들은 자신의 능력을 믿으며 압박과 불안을 즐긴다.

따라서 중요한 것은 불안감이 아니라 자신이 얼마나 유능하다고 느끼는가이다. 자신이 유능하지 못하다고 느낄수록 불안감이 당신을 방해할 것이다. 반대로 자신이 유능하다고 느낄수록 불안감은 오히려 당신을 도울 것이다.

데이트 글이나 픽업 관련 이론에서는 여성을 유혹하는 것이 복잡한 과정이라고 하며, 외우고 연습해야 할 수많은 자료를 제공한다. 몇백 번 실패하고 나서야 잘할 수 있을 거라고 말하기도 한다. 하지만 이러한 조언은 지나친 두려움을 불러일으켜 오히려 해가 될 수 있다.

하지만 진실은 그렇지 않다. 여성을 끌어들이는 것은 복잡하지 않다. 친구나 가족과 대화할 수 있다면, 이미 여성을 끌어들이는 데 필요한 '기술'을 충분히 가지고 있는 것이다. 특별히 배우거나 외워야 하는 것이 아니라, 그저 해야 할 행동들이 있을 뿐이다. 두려움은 사라지지 않는다. 단지 두려움이 우리에게 도움이 되도록 활용하는 연습을 할 수 있을 뿐이다.

나 역시 지금도 여전히 아름다운 낯선 여성에게 다가갈 때마다 긴장한다. 여전히 여자에게 키스하려 할 때마다 긴장한다. 여전히 새로운 여성을 집에 데려올 때마다 긴장한다.

두려움은 결코 사라지지 않는다. **변하는 것은 나의 절박함과 취약성이다**. 과거와 지금의 차이점은, 예전에는 나는 절박했고, 여성이 나를 어떻게 보는지에 대해 지나치게 투자했다는 것이다. 이는 견딜 수 없을 정도로 불안감을 증폭시켰다.

사람들은 비절박함을 두려움이 없는 상태라고 착각하지만 그렇지 않다. 비절박함은 두려움을 받아들이되, 그것이 당신을 정의하지 않도록 하는 것이다. 다시 말하자면 **비절박함은 두려움을 느끼면서도 행동하는 것이 더 중요하다고 결정하는 것이다**.

중요한 것은 얼마나 불안하고 두려운지 판단하는 것이 아니라, 두려운 상황에서도 행동하는 것이다. 어떤 사람들은 이렇게 말할 것이다. "당신은 여성과 경험이 많으니까 자신감이 있는 거지. 여자와 거의 경험이 없는 사람이 어떻게 자신감을 가질 수 있어?"

좋은 질문이다.

점진적으로 단계를 높여라

앞서 말했듯이, 많은 데이트 조언에서는 '깊은 물에 던져 넣어서, 스스로 헤엄치는 법을 익히도록 하는' 접근 방식을 취해왔다. 낯선 여성에게 다가가는 것 자체를 두려워하는 사람에게 무리한 대사를 주거나, 부담스러운 상황에 밀어 넣어서 '정신을 번쩍 들게' 만들었다. 최악의 상황을 경험하면, 일상적인 상황에서는 두려움을 덜 느낄 것이라는 생각에 따른 것이다.

이는 마치 체중을 줄이고 싶어 하는 사람을 곧바로 마라톤에 출전시키는 것과 같다. 도움이 될 수는 있지만, 그것 자체가 지독하고도 힘든 경험이 될 것이다. 마라톤은 그 사람에게 한 번의 지독한 운동 경험이 될 뿐, 그것이 습관으로 이어지지 않을 것이다. 한 번 뛴 것으로 끝나면서, 결국 다시 예전의 모습으로 돌아가게 된다.

두려움도 마찬가지다. 불안에 대한 극복은 점진적이고 일관된 노출을 통해서 이루어져야 한다. 한 번 극단적인 노출을 해서 끝나는 것이 아니다. 예를 들어, 매일 점심때나 오후에 한두 명의 여성에게 시간을 물어보는 것을 목표로 할 수 있다. 그 이상의 대화는 필요 없다. 단지 몇 시인지 묻는 것으로 충분하다. 이처럼 쉬운 것부터 더 이상 어렵지 않게 느껴질 때까지 연습하라.

그리고 다음 주에는 여성에게 시간을 물어본 후 "오늘 하루는 어떠세요?"라고 물어본다. 조금 더 수준 높은 대화를 시도하는 것이다. 이처럼 점진적으로 수준을 높여, 여성에게 매력적이라고 말하고 데이트를 신청할 수 있을 때까지 연습한다. 연습하다 보면 생각보다 빨리 편안해질 수 있다는 사실에 놀랄 것이다.

계속 연습하다 보면, 여성에게 다가갈 때마다 아드레날린의 분출과 함께 스릴을 즐기게 될 것이다. 새로운 여성에게 다가가는 것이 오히려 두근거리고 흥분되기 시작할 것이다. 무슨 말을 해야 할지 또는 어떤 대사를 사용해야 할지에 대한 고민이나 두려움 없이, 어떤 상황에서든 여성에게 다가가 관심을 표현할 수 있게 될 것이다. 이러한 연습을 전화 걸기, 이메일 보내기, 성적인 유머 사용, 스킨십 등 다양한 상황에 적용할 수 있다. 어떤 분야에 대한 두려움이든 단계적으로 노출을 늘려가는 것이 중요하다.

데이트 중인 여자에게 키스하는 것이 두려운가? 우선 그녀의 손을 잡는 것부터 시작하라. 몇 번 시도한 후에는 팔을 그녀의 어깨에 두르는 것을 목표로 해 보라. 이것도 익숙해지면, 그녀의 볼에 키스하는 것을 목표로 하고, 마지막으로 키스를 시도해 보는 것이다.

중요한 것은 무리하지 않고 단계적으로 접근하는 것이다. 갑자기 여러 여자와 성적 관계를 가지려고 하지 않는 것이 중요하다.

이 방법을 다른 영역에도 적용할 수 있다.

- 대화가 끊기는 경우, 자신에 대해 이야기하는 데 익숙해지기.
- 여자에게 전화해서 데이트 신청하기.
- 여성에게 플러팅하기.
- 직접적으로 관심을 표현하고, 매력을 느낀다고 말하기.

0에서 100까지 한 번에 가려고 하기보다는, 각각의 단계마다 집중하고 꾸준히 노력하는 것이 필요하다. 작은 성공을 하나씩 이루다 보면 능력이 쌓이고 자신감이 커진다. 그러다 보면 모든 과정이 즐거워지고, 불안도 점차 극복될 것이다.

이 방법을 통해 불안감에 익숙해지고 능력에 대한 자신감이 생기면, 더 많은 여성을 만나서 데이트하고 싶어질 것이다. 그 과정에서 자신감과 능력은 더욱 성장하고, 불안은 훨씬 더 줄어들 것이다.

이것이 건강하고 성공적인 연애 생활을 위해 필요한 관성이다.

한 번에 한 가지에만 집중하자. 집중한다는 것은 여성과의 상호작용에서 한 가지 측면에만 집중한다는 것이다. 만약 당신이 여성에게 다가가는 것에 대한 긴장감을 줄이고 싶다면, 번호를 얻는 것이나, 키스를 언제 시도할지, 언제 문자를 보내야 할지는 걱정하지 마라. 그저 다가가는 것에만 집중하라.

마찬가지로 여성들과 신체적으로 친밀해지고 적극적으로 행동하는 데 집중할 때는 다가가는 것에 대해 걱정하지 마라. 관계를 발전시키고, 데이트를 하고, 진도를 나가는 것이 두려운 남자가 회피 수단으로 쓰는 방법이 더 많은 여성에게 접근하는 것이다. 아름다운 여성과의 관계를 계속 이어 나가지 않고, 다른 여성에게 접근하는 것이다. 그러면서 접근 연습을 더 해야 한다고 자신을 설득한다. 하지만 이 과정에서 남자가 연습해야 할 문제는 접근이 아니라, 여성과의 관계 발전이다.

다시 한번 말하자면, 자기 인식이 중요하다. **한 번에 한 가지씩 천천히 단계적으로 접근하여, 편안해지는 것을 넘어 흥분을 느낄 정도로 익숙해져라**. 그러한 흥분과 열정이 다음 단계의 불안을 줄여 주고 계속 나아갈 수 있도록 도와줄 것이다.

이를 위해서는 많은 노력이 필요하다고 생각할 수 있지만, 그렇지 않다. 생각보다 훨씬 적은 노력으로도 가능하다. 여성을 만나는 것이 두렵다면 가장 간단한 단계부터 시작하라. 시간을 물어보거나, 데이팅 사이트에 가입하거나, 친구에게 소개를 요청하는 것이다. 한 번에 한 단계씩, 각 단계에서 이전보다 더 많은 것을 할 수 있도록 스스로 도전하라. 불필요한 조언이나 이론에 주의를 뺏기지 않는다면, 결과를 빠르게 얻을 수 있을 것이다.

대담할수록 매력적이다

두려움을 느끼면서도 행동에 옮길 때 용기가 길러진다. 무언가 두렵고, 보이지 않는 힘이 당신을 붙잡는 것처럼 느껴질 때, 이를 뚫고 나아가면 내면에 용기가 쌓인다.

용기는 습관이며, 훈련의 결과이다. 다른 무언가를 하고 싶다는 느낌이 들더라도, 처음에 하고자 했던 행동을 취하는 것이다. 용기가 두려움에 맞서 행동하는 것이라면, 훈련은 나태함이나 피로에 맞서 행동하는 것이다.

용기는 근육처럼 단련될 수 있다. 앞에서 설명한 단계식 훈련은 점진적으로 용기를 키워 준다. 용기가 커질수록 더 대담하게 행동할 수 있다. **대담한 행동은 취약성을 드러내는 것이며, 그 과정에서 비절박함이 길러진다.**

여성에게 다가가 시간을 물어보는 것은 큰 용기가 필요하지 않으며, 대담한 행동이 아니다. 이는 사회적 규범에 속한 행동이다. 하지만 여섯 명이 모여 있는 그룹에 다가가 그중 가장 매력적인 여성에게 매력적이라고 말하며 데이트를 신청하는 것은 꽤 대담한 행동이다. 이는 사회적 규범을 넘어서기 때문에 많은 용기와 취약성이 필요한 대담한 행동이다.

여기에는 주의할 점이 있다. 당신의 행동이 사회적 규범을 넘어서고 있다는 것을 인지하고 있어야 한다는 것이다. 그렇지 않으면 시대에 뒤떨어지거나 눈치 없는 사람으로 보일 수 있고,

매력이 떨어질 수 있다.

사회적으로 단절된 남성들이 흔히 저지르는 실수가 이것이다. 그들은 사회적 규범과 너무 동떨어져 있기 때문에 거침없이 대담하게 행동할 수 있다. 그런데 문제는 자신이 대담한 행동을 하고 있는지조차 알지 못한다는 것이다.

나는 한 번 사회적으로 매우 단절된 사람을 코칭한 적이 있었다. 우리는 쇼핑몰을 돌아다니며 여성들과 대화를 시도하였다. 그러던 중 에스컬레이터를 타고 내려가고 있을 때, 반대편에서 매우 매력적인 여성이 올라오는 것을 보았다. 그녀가 우리를 지나칠 때, 나는 남자에게 그녀와 이야기해 보라고 말했다.

그러자 남자는 즉시 에스컬레이터를 거꾸로 뛰어 올라가면서, 그녀에게 큰 소리로 인사를 하려고 했다.

이것은 분명히 이상하고 당황스러운 행동이었다. 남자가 자신이 어색하고 이상한 행동을 하고 있다는 것을 알았다면 대담해 보일 수 있는 행동이었지만, 그는 알지 못했다. 그 결과 여성을 불쾌하게 만들었다.

따라서 평범하지 않은 행동을 할 때는, 예를 들어 낯선 장소에서 여성을 만나게 되거나, 예상치 못한 상황에서 키스를 시도하거나, 방금 만난 여성에게 함께 나가자고 제안하는 경우에는, 자신의 행동이 평범하지 않다는 것을 알고 그 점에 대해 자연스럽게 이야기하는 것이 중요하다.

"저도 처음 해 보는 건데, 우리가 막 만난 건 알지만, 저와 함께 식당에 가지 않을래요?"

"저기요, 이건 좀 뜬금없지만, 당신이 너무 매력적이어서 대화해 보고 싶었어요."

행동이 더욱 대담할수록 더 매력적이다. 대담할수록 더 많은 취약성을 보여 주며, 그로 인한 반응이 더 극명하게 나뉜다.

여성에게 다가가 시간을 물어보는 것은 그다지 극명한 반응을 이끌어 내지 않는다. 대부분의 여성은 시간을 알려줄 것이다. 최악의 거절은 "아, 미안하지만, 나는 시계가 없어요." 정도일 것이다.

반면 여성에게 데이트를 신청하면 극명한 반응을 얻게 될 것이다. 긍정적인 대답을 받을 수도 있고, 거절을 받을 수도 있다. 때로는 상대가 화를 내며 거절할 수도 있다. 특히 예상치 못한 순간에 키스를 시도한다면, 매우 열정적인 수락이나 거절을 받을 것이다.

핵심은 대담함이 커질수록 반응이 더 극명하게 나타난다는 것이다. 내가 남자들에게 항상 하는 말 중의 하나는 "항상 적극적인 선택을 해라."이다.

무엇을 해야 할지 확신이 서지 않을 때는, 적극적인 쪽으로 행동하라. 더 대담한 행동을 선택하라. 안전하고 소심하게 기회를 기다린다면, 당신의 매력이 시들어 버릴 수 있다.

한편 대담한 행동만으로는 한계가 있다. 대담함은 카리스마 있고 효율적인 소통 방식으로 전해져야 한다. 무모하게 행동하는 것으로도 일부 여성을 끌어들이고 성적인 기회를 얻을 수 있겠지만, 매력적인 방식으로 소통하지 않는다면 그 여성은 당신 곁에 오래 머물지 않을 것이고, 그 관계 역시 그다지 즐겁지 않을 것이다.

매력적인 라이프스타일과 페르소나를 구축하고, 적절한 인구특성을 가진 집단에 집중하며, 대담하고 거리낌 없이 여성에게 다가간다 해도, 당신의 의도와 성격을 제대로 전하지 못한다면 그녀의 관심을 오래 유지하지 못할 것이다.

5부에서는 소통을 개선하여 모든 만남에서 좋은 인상을 남길 수 있는 방법에 대해 다룰 것이다.

절박함을 버린
남자들

Models

5부

정직한 대화

11장 _____
당신의 의도는 무엇인가?

그녀는 당신의 의도를 듣는다

3장에서 취약성은 조건 없이 전달될 때만 가치가 있다고 이야기했다. 즉, 여성을 칭찬하거나 자신을 표현할 때, 숨겨진 의도 없이 솔직하게 자신을 드러내야 한다는 것이다. 이번 장에서는 그 의도에 대해서 더 깊게 탐구하려고 한다.

남자들은 주로 사실, 통계, 이야기로 소통한다. 스포츠 통계를 이야기하거나, 주말에 자동차를 어떻게 고쳤는지, 다음 달에 어디로 여행을 갈 예정인지 등을 공유한다. 어떤 남자가 "오후 6시에 보자."라고 말하면, 다른 남자는 문자 그대로 6시에 보자는 의미로 받아들인다. 만약 어떤 남자가 대학교에서 농구를 제일 잘했다고 말하면, 다른 남자는 그 말이 약간 과장되었더라도 사실과 가깝다고 믿는다. 만약 누군가가 당신을 싫어한다고 말하면, 그건 더 이상 친구가 아니라는 뜻이고, 당신은 관계를 정리한다.

반면 여성에게는 감정이 중요하다. 여성은 의도를 중심으로 소통한다. 표면적으로는 사실과 이야기를 주고받는 것 같지만, 실제로 전달되는 것은 그 이면의 의도와 감정이다. 이것이 바로 **서브 커뮤니케이션**이다.

예를 들어, 여자 친구가 어느 날 당신이 친구들과 시간을 보내는 것이 싫다고 화를 냈다가, 다음 날은 "볼링 모임에 가도 좋아."라고 권하는 것에 대해 당신은 모순을 느낄 수 있다. 첫째날 그녀는 당신이 자신에게 충분히 관심을 주지 않는다고 느낀 것이고, 둘째 날에는 당신과 함께 있다는 것에 대한 안정감을 느껴서, 당신이 즐거운 시간을 보내길 바란 것이다. 문제의 본질은 당신이 친구와 노는 것이 아니라, 그녀 자신이 가치 있는 존재라고 느끼는 것이다. 이는 남자를 평생토록 혼란스럽게 만드는 문제다.

그래서 남자는 종종 여성을 "비합리적이다", "불안정하다", "미쳤다"라고 표현하기도 한다. 반면 여성의 말 이면에 숨겨진 감정과 의도를 남자들이 몰라보기 때문에, 여성은 남성을 "무정하다", "냉정하다", "나쁜 놈이다", "이기적이다" 또는 "말을 못 알아듣는다"라고 느낄 때가 많다.

우리는 여성의 말을 듣지만, 사실 수영장의 얕은 부분에서만 놀고 있는 것과 같다. 말 속에 담긴 감정과 의도를 놓치고 있다.

3장에서 친구가 여자에게 "네 몸에 오줌 싸도 돼?"라고 물어본 적이 있다고 이야기했었다. 물론, 그의 말은 터무니없어서 그를 거절한 여자든, 같이 집에 간 여자든 모두 그의 말을 심각하게 받아들이지 않았다.

하지만 그의 의도는 분명했다. "네가 나를 어떻게 생각하든 상관없어. 오늘 밤 나는 재미있게 놀고 싶고, 내 생각에 재미있는 건 좀 극단적이야. 왜냐하면 내가 극단적이니까." 물론, 이로 인해 몇몇 여성은 놀라서 도망갔다. 하지만 그러한 의도에 흥미를 느끼는 여성은 그에게 빠르게 매료되었다.

위의 이야기가 다소 극단적이라면, 더 흔한 예시를 들어보겠다.

많은 남성들이 여성을 칭찬할 때 그 의도가 올바르지 않기 때문에, 역효과를 부르곤 한다. 절박한 남자는 성관계나 여성의 애정을 통해 인정받고 싶어 한다. 남성이 절박함 때문에 여성을 칭찬하면, 여성은 불편함을 느끼면서 자신이 성적 대상이 된 듯한 느낌을 받는다. 반면 남성이 여성을 진정으로 존중하는 마음에서 칭찬한다면, 여성은 그 의도를 느끼고 진심으로 고마워할 것이다.

여성을 놀리거나 플러팅할 때도 마찬가지다. 많은 남성이 여성을 처음 만나면, 그녀를 놀리거나 약간의 모욕을 주려고 한다. 그런데 놀림과 모욕은 어떻게 다를까? 둘 다 유머를 동반하며, 상대를 깎아내릴 수 있다. 그렇다면 둘 사이의 차이는 무엇일까?

바로 **의도**다. 놀림은 재미있고 긍정적인 의도를 가지고 있다. 반면, 모욕은 부정적인 의도를 가지고 있다.

자기 자신을 드러내는 것과 자랑하는 것의 차이는 무엇일까? 예를 들어, 당신이 유명인과 친구라서 그와 함께한 경험을 여성에게 공유하는 것(매력적이다)과 그녀에게 자랑하는 것(매력적이지 않다)의 차이는 무엇일까?

이제 눈치챘을 것이다. 바로 의도다. **당신의 의도는 무엇인가?** 그녀에게 깊은 인상을 주려고 하는가(절박함)? 그래서 자랑하는 것인가? 아니면 당신 자신을 공유하려는가(취약성)? 그래서 그녀를 양극화시키는 것인가?

이는 1장에서 언급한 투자, 절박함, 그리고 승인 욕구와 연결된다. 매우 절박한 남성은 검증과 승인을 받고 싶은 의도에 사로잡혀 있으므로, 어떤 말을 하든 간에 매력적이지 않아 보인다. 반면 비절박한 남성은 의도에 정직함과 취약성이 담겨 있기에, 어떤 말을 하든 매력적으로 보인다.

물론 이때 대화의 기술이 중요하며, 이를 이번 장과 다음 장에서 다룰 것이다. 하지만 핵심은 이야기의 내용보다 그 속에 담긴 당신의 의도가 결과에 더 영향을 준다는 것이다.

앞으로 소개할 모든 내용은 당신이 올바른 의도를 가지고 행동한다는 전제를 바탕으로 한다. 기억하라, 여성은 당신의 외모만 보는 것이 아니라, 당신이 자신을 어떻게 표현하는지를 본다. **그들은 당신의 말을 듣는 것이 아니라, 당신의 의도를 듣는다.** 만약 당신이 지속적으로 거절당하고 있다면, 이는 당신의 표현 방식에 문제가 있거나, 의도가 잘못되었음을 의미한다. 두 가지 경우 모두 당신이 절박함에 사로잡혀 있다는 의미이며, 스스로에게 투자하기 전까지는 매력적으로 보이지 않을 것이다.

소름 끼침

남성이 자신의 성적 욕망을 여성에게 표현하는 것을 주저하는 가장 큰 이유 중 하나는 '소름 끼치는 사람'으로 보이는 데 대한 두려움이다.

'소름 끼침'이란 무엇인지, 여성이 왜 그런 느낌을 받는지 정확히 알아보기 전에, 먼저 씁쓸한 진실을 한 가지 말하고자 한다.

여성들에게 인기 있는 남자라도,
어떤 사람에게는 소름 끼칠 수 있다.

성적 매력을 자유롭게 표현하는 남자에 대해서 어떤 여자들은 소름 끼친다고 느낄 수 있다. 이는 피할 수 없는 일이다. 아무리 멋지고, 돈이 많고, 잘생기고, 매력적이라 하더라도, 어떤 여성은 그 남자를 불편하게 느낄 수 있다. 이 사실을 받아들여라.

'소름 끼칠 수 있도록' 자신을 허락하라. 단, 고의로 소름 끼치게 하려고 하지는 마라. 여성을 겁주려 하거나 불편하게 만들려고 꾸미지는 말라는 것이다. 단지 때때로 오해가 생기거나 어색한 상황이 발생할 수 있다는 사실을 받아들여라. 인생이란 그런 것이다. 당신이 자신에 대해 표현할 때 상대에 대한 존중을 잃지 않는 한, 그리 심각한 문제는 발생하지 않을 것이다.

어떤 여성이 당신을 소름 끼치게 느낀다고 해서, 그게 세상의 끝을 의미하는 것은 아니다. 경찰이 와서 당신에게 수갑을 채우고, 당신을 감옥에 가두고는, 소름을 세 번 끼친 혐의로 법정에 세우는 일은 없다.

소름 끼치는 느낌은 모두가 알고 있지만, 이는 말로 명확히 설명하기 어려운 개념 중 하나다. 여성에게 소름 끼친다는 것이 무엇인지 묻는다면, 그녀는 애매하게 답변할 것이고, 결국 정의를 내리기보다는 소름 끼치는 행동의 예시를 말할 것이다. 그 예시를 들어보면 매우 다양하고, 패턴이 없어 보인다. 참고로 내가 여자인 친구들에게 이 질문을 했을 때 나온 답변은 "아무 이유 없이 팔을 세게 잡았다.", "문자 메시지에 웃는 이모티콘을 너무 많이 사용한다.", "말할 때 이상한 표정으로 쳐다본다." 등등 다양했다.

이를 통해 소름 끼침의 정의를 내리자면 다음과 같다.

소름 끼침은 여성을
성적으로 불안하게 만드는 행동이다.

당신이 의도와 어긋나는 행동을 할수록, 여성은 당신의 행동과 말을 불신하게 된다. 불신이 커질수록, 그녀는 불안감과 함께 당신이 소름 끼친다고 느끼게 된다. 예를 들어 당신이 여성에게 접근하여 날씨에 관해 이야기하는데, 시선은 그녀의 가슴을 향한 채 입술을 핥고 있다면 당신은 소름 끼치는 사람이 된다. 당신의 행동과 말이 당신의 의도와 완전히 어긋나 있기 때문이다. 여자는 이를 쉽게 알아챈다.

솔직해야 한다고 해서 그녀에게 "가슴이 정말 이쁘네요."라고 직설적으로 말하면, 당신은 소름 끼치는 사람이 될 것이다. 그 의도 때문이 아니라, 그녀가 당신을 알지 못하기 때문이다. 대부분의 여성은 잘 알지 못하는 남성 앞에서 성적인 편안함을 느끼지 않기 때문이다. 신뢰에는 시간이 걸린다. 그녀가 자신을 편안히 드러내고 취약해지려면, 당신의 행동과 의도가 일치한다고 그녀가 느껴야 한다. 여성은 안정감을 느낄 때 성적 매력을 표현한다. 여성을 성적으로 불편하게 만드는 순간, 당신은 소름 끼치는 사람이 되고, 그녀는 가능한 한 빨리 당신에게서 벗어날 방법을 찾을 것이다.

이것이 바로 취약성이 중요한 이유다. 당신이 모르는 여성 앞에서 취약한 모습을 보이면 이 행동이 그들에게 신뢰를 불러일으키고, 여성도 당신에게 취약성을 드러내게 된다. 여성이 당신에게 취약성을 드러낼수록, 당신이 그녀에게 소름 끼치는 느낌을 줄 가능성이 줄어든다.

취약성은 여전히 올바른 의도에 좌우된다. 성관계를 갖기 위한 목적으로 여성에게 동정심을 유발하는 이야기를 한다면, 당신은 여전히 소름 끼치는 사람이다. 성관계는 여성에게 있어 취약성을 가장 많이 드러내는 행동이기 때문이다. **당신이 그녀에게 더 많은 취약성을 드러낼수록, 즉 의도를 공유하고, 정직할수록 그녀는 당신을 더 신뢰하고 취약성을 드러낼 것이다.** 성관계는 서로 취약성을 나누는 과정에서 자연스럽게 생기는 결과이다.

역설적으로 여성에게 소름 끼치는 느낌을 주지 않고 취약성을 나누기 위해서는, 일부 여성들이 당신에 대해 소름 끼친다고 느낄 것이라는 사실을 받아들여야 한다. 다행인 것은 거절과 마찬가지로, 취약성을 드러내고 위험을 감수할수록 그런 상황은 더 적게 발생한다는 것이다.

소름 끼치는 사람으로 보일 수 있다는 사실을 편안하게 느끼고, 여성 앞에서 더 자유롭고 취약한 행동을 보일수록, 그녀의 관심사와 욕구를 더 잘 인식하고 존중할수록, 그녀가 당신에게서 소름 끼치는 느낌을 받을 가능성은 줄어든다. 반대로 당신이 의도를 더 많이 숨기고, 당신이 원하는 것과 어떤 사람인지에 대해 조작하거나 그녀의 감정과 행동을 무시할수록, 소름 끼치는 사람이 될 가능성이 높아진다.

성적 긴장감 형성하기

플러팅(flirting)은 소름 끼침의 반대이다. 플러팅은 여성이 성적으로 안전하다고 느끼게 하면서 당신의 성적 매력을 표현하는 것이다. 당신이 성적 매력을 드러내는 방식이 때로는 노골적일 수도 있고, 때로는 미묘하거나 암시적일 수도 있다. 어떤 방식이든 당신이 올바르게 행동한다면, 여성에게 환영받을 수 있다.

플러팅은 자신의 성적 매력을 드러내고, 상대가 성적 매력을 되돌려 표현하는 것을 편안하게 만들어 주는 것이다.

사람들이 흔히 말하는 '게임(game)'이란, 여성을 상대로 플러팅을 얼마나 잘할 수 있느냐를 의미한다. 얼마나 성적 매력을 잘 표현해서 여성으로부터 긍정적인 반응을 이끌어 내는가? 자주 그럴 수 있다면, 그는 '게임'을 잘하는 것이다.

사람마다 사용하는 기술이나 전략이 다를 수 있지만, 패턴은 모두 동일하다. 이를 간단하게 설명하기 위해 플러팅 방식을 두 가지로 나누어 보겠다. 장난치기와 대담함이다. 두 가지 유형의 플러팅은 기본 공식을 따른다. 성적 긴장감을 만들기 위해 친밀감을 살짝 줄이는 것이다.

과학적 연구에 따르면, 성적 긴장감은 둘 사이의 교류에서 **불확실한 성적 가능성이 제시될 때** 생긴다.

예를 들어 "고양이를 좋아한다고 하니 멋지네. 나중에 네 집에 가서 고양이와 놀아 줘도 될까(maybe I can come over and play with your pussy)?"와 같이 성적 암시가 내포된 말은 성적 긴장감을 유발한다. 이는 미래의 성적 만남의 가능성을 남겨 두기 때문이다. 끝이 정해지지 않은 이야기이기 때문에, 인간의 두뇌는 다음에 무슨 일이 일어날지 알고 싶어진다. 이 경우, 다음에 일어날 일은 성적인 무언가일 것이다.

장난치기 유형의 플러팅은 당신이 여성을 실제로 좋아하는지에 대한 불확실성을 유발하기 때문에 성적 긴장감을 유발한다. 위의 예에서 당신은 완전히 장난을 치고 있거나, 실제로 그럴 마음이 있다는 것을 보여 준 것일 수 있다. 그녀는 당신의 마음을 확실히 모르기 때문에 플러팅이 되는 것이다. 불확실성이 성적 긴장감을 만드는 것이다.

여성의 헤어스타일에 대해 "ET가 파마를 한 것 같네요." 또는 "우리 할머니가 그런 가발을 가지고 계셨어요."라고 장난을 치면 성적 긴장감이 형성된다. 당신의 의도는 "그래, 난 네가 좋아."라는 신호를 보내지만, 당신의 말은 "아니, 난 너 안 좋아해."라고 말하고 있다. 이러한 모순이 불확실성을 만들고, 성적 긴장감을 유발한다.

서양 문화의 데이트 조언에서 남녀 모두에게 '밀당을 하라'거나 서로 게임을 하라는 내용이 나오는 이유가 바로 이것 때문이다. 의도와 행동의 불일치가 불확실성을 만들고, 이를 통해 성적 긴장감이 발생하는 것이다.

하지만 우리는 의도를 명확히 하면서 플러팅을 할 수 있다. **자신의 의도를 분명하게 표현하면서, 더 많은 불확실성과 성적 긴장감을 만들 수 있는 것이다.** 예를 들어 여성을 보고 바로 "정말 예쁘시네요. 데이트하고 싶어요."라고 말한다고 해 보자. 많은 남성은 이렇게 한다는 생각에 몸서리를 친다. 절박한 남성들은 자신이 소름 끼치는 사람으로 보일까 봐 두려워하고, 자기애적인 남성들은 주도권을 잃는다고 생각하기 때문에 꺼린다.

그러나 위와 같은 말은 가장 강력하고 실용적인 표현 중 하나다. 취약성을 보여 줄 뿐만 아니라 훨씬 더 많은 성적 긴장감을 형성하기 때문이다. 왜 그럴까? 당신이 그녀를 마음에 들어 한다는 것을 여자도 알고 있는데, 어떻게 긴장감이 형성될 수 있을까? 불확실성이 없는 것 아닌가?

그렇지 않다. 불확실성과 긴장감은 존재한다. 그 이유를 살펴보자.

우선, 직접적인 표현은 상대를 양극화한다. 여성이 당신에게 관심이 없다면, 그녀는 곧바로 그 사실을 분명히 할 것이다. 반면 당신에게 관심이 있다면, 대담한 표현은 그녀를 매우 흥분시킬 것이다. 어떤 결과가 나오든, 당신에게 좋은 일이다.

여성은 자신이 욕망의 대상이 되는 것에 흥분을 느낀다. 자신을 향해 대담한 행동을 하는 남성에게 매력을 느낀다. 또한 직접적인 표현은 당신이 절박하지 않음을 보여주며, 이는 그녀에게 더 매력적으로 여겨진다.

흥분한 여성과 대담하면서 취약성을 드러낸 매력적인 남성이 있다고 하자. 둘 다 서로에게 성적 관심을 명시적이거나 암묵적으로 표현했다. 그러고 나면 새로운 질문과 기회가 쏟아진다. '다음에 무슨 일이 일어날까? 그는 너무 대담하고 직설적이라서, 다음에 그가 무슨 말을 할지 알 수가 없네. 그는 나와 키스하고 싶어 할까? 그는 나와 자고 싶어 할까? 나는 그와 자고 싶은가? 원하는 것 같기도 하고, 아닌 것 같기도 하다. 어떻게 해야 할지 모르겠다. 그가 나를 언제 만질까? 어떤 느낌일까? 기분 좋을까?'

반면 남자가 그저 소소한 이야기나 잡담만 한다면, 관계가 어디로 향할지에 대한 불확실성이 없어진다. 깊이가 없는 단순한 대화가 오가면서, 지금 왜 이런 이야기를 나누고 있는지 회의감이 생긴다.

남자가 여자를 놀리며 플러팅을 한다면, 불확실성이 고조되면서 새로운 국면으로 들어가게 된다. '그는 나를 좋아하는 걸까? 왜 나에게 플러팅하는 걸까?' 그런데 더 나아가서 만약 남자가 거절의 위험을 감수하고 대담함과 취약함을 드러낸다면,

더 큰 성적 긴장감이 생긴다. 단 한 번의 표현으로 여자의 상황은 '이제 뭘 말해야 하지?'에서 '이 남자가 무슨 말을 할까, 나랑 뭘 하려고 할까?'로 바뀌게 된다.

대담함과 취약성은 큰 힘을 지니고 있다. 물론 말처럼 행동하는 것은 쉽지 않다. 대담한 플러팅은 취약성을 드러내며 거절의 위험을 감수해야 한다. 어쩌면 소름 끼친다는 인상을 줄 수도 있다. 일반적으로 많은 남성이 처음에는 절박하고 아첨하는 방식으로 플러팅을 하면서 여성과 빠르게 멀어진다. 반면 자신과 자신의 성적 매력을 드러내는 것은 남에게 덜 투자하는 것이다. 더 자신감 있고, 더 주도적이고, 더 매력적인 사람이 되는 것이다.

감정적 교감

여성과 감정적으로 연결되기 위해서는, 자신의 감정과 의도를 인식할 수 있어야 한다. 2장에서 설명했듯이, 자기 인식과 취약성이 당신의 절박함을 줄여 준다. 그녀에게 '진짜 당신'을 보여 줌으로써, 당신을 신뢰하고 감정을 열게 할 수 있다.

이것이 대부분의 여성이 진정으로 원하는 것이다. 여성이 빠져드는 로맨스 소설을 보면 대부분 비슷한 패턴을 따른다. 거칠고 강인한 남자 주인공이 처음에는 말썽을 일으키지만, 자신의 진정한 감정과 욕망을 조금씩 여주인공과 공유하기 시작한다. 그녀는 그를 지지하고 구원하며, 결국 둘은 사랑에 빠져 행복하게 살아간다.

이러한 과정은 유혹의 교과서라고 할 수 있다. 높은 지위를 보여 주는 라이프스타일과 강인한 겉모습, 두려움 없이 자신의 취약한 면을 그녀와 공유할 수 있는 능력, 이런 모습에 여성들은 무의식적으로 끌리면서 빠져든다.

우리에게 필요한 것은 자신의 감정을 인식하고, 취약성을 공유하는 것이다. **감정적 교감은 매우 강력하다**. 당신이 다른 책에서 배울 수 있는 어떠한 전술이나 기술보다 훨씬 강력하다. 여자가 감정적으로 당신과 연결되면 그녀는 상상할 수 없는 방식으로 당신에게 마음을 열고, 둘의 관계는 견줄 수 없을 정도로 독특하면서도 풍부한 경험이 된다. 성관계는 훨씬 더 좋아지고, 부질없는 심리 게임이나 애매한 상황이 사라진다.

대부분의 데이트 조언이나 픽업 기술은 '매력 강박증'에 빠져 있다. 매력적인 남자가 되기 위해 온갖 종류의 속임수, 게임, 기술, 조작 등을 사용하라고 한다. 하지만 매력 강박증은 불안에서 비롯된 것이다. 결국 인정받고 싶어 하는 절박한 행동이며, 장기적으로는 스스로를 망치는 전략이다.

문제는 매력에 있지 않다. 여성은 단지 남자가 매력적이라서 데이트하고 싶어 하지는 않는다. 자신을 쉬운 여자라고 느끼고 싶어 하지 않기 때문이다. 여성이 자신을 쉬운 여자로 느끼는 이유는 첫 데이트 때 잤기 때문이 아니다. 데이트 횟수나 남자가 사준 저녁 식사의 횟수 때문도 아니다.

여성이 자신을 쉬운 여자라고 느끼는 것은 자신을 아끼지 않거나, 감정적으로 연결되지 않은 남자와 잠자리를 가질 때이다. 만약 남자에게 쉽게 허락하면 여자는 그 결정을 후회하면서 자신을 쉬운 여자라고 느끼게 된다. 그래서 남자가 자신을 진정으로 좋아하고 아낀다는 확신이 들기 전까지는 잠자리를 쉽게 허락하지 않는다.

그렇다면 어떻게 하면 여성과 깊고 오래가는 감정적 연결을 가질 수 있을까? 그녀의 마음과 당신의 마음을 함께 뒤흔들 강렬한 연결을 어떻게 가질 수 있을까?

다음은 감정적 연결을 위한 과정이다.

- 자신의 감정, 동기, 인생에 대한 자기 인식을 가지기.
- 그 감정, 동기, 인생 이야기를 여성에게 공유하기.
- 먼저 자신의 이야기를 공유함으로써 신뢰를 형성하고, 그녀도 이야기를 공유하도록 격려하기.
- 이 과정이 계속될수록 이야기는 점점 더 개인적이고 감정적으로 깊어진다. 강력한 감정적 연결이 이루어진다.

예를 들어 두 사람이 좋아하는 음악에 대해 대화를 나눈다고 해 보자. 그녀가 '엠파이어 오브 더 선(Empire of the Sun)'을 좋아한다. 당신도 그 밴드를 좋아한다. 그러면 단순히 "나도 엠파이어 오브 더 선을 정말 좋아해."라고 말하는 대신, 왜 그 밴드를 좋아하는지에 대한 내용으로 대화를 확장할 수 있다.

이렇게 말할 수 있다. "나도 엠파이어 오브 더 선을 정말 좋아해. 그 밴드는 항상 내 형을 떠오르게 하거든. 형이 몇 년 동안 나를 학교에 데려다줬는데, 매일 아침 차에서 이 밴드의 노래를 크게 틀곤 했어. 돌이켜 보면, 형이 그런 식으로 돌봐 준 것이 내게는 정말 큰 의미였어. 아버지는 항상 너무 바쁘셨거든. 엠파이어 오브 더 선은 그 시절을 떠오르게 해. 그 순간에는 몰랐지만, 몇 년이 지난 후에 깨닫게 되는 감사의 순간이었어."

이야기가 꽤 강렬하지 않은가? 이게 핵심이다. 이런 말을 하는 자신을 상상해 보라. 불편하다면 오히려 좋다. 그게 취약성이기 때문이다. **취약성이 당신을 매력적이고, 여성과 감정적으로 연결될 수 있는 남자로 만들어 줄 것이다.**

이야기는 더 깊어질 수 있다. 예를 들어 직업에 관해 이야기한다고 해 보자. 여자는 변호사이며 가난한 이민자 가정에서 자랐다고 해 보자. 그녀는 매우 야심 찬 사람으로 열심히 일해 온 것이 분명하다. 그러면 당신도 열심히 살았던 경험을 공유할 수 있다. 예를 들어, 십 대 시절에 친구 몇 명이 교통사고를 당했는데, 그 일이 당신을 어떻게 바로잡아 줬는지, 그때부터 하루하루를 감사하며 살아가게 되었으며, 시간을 소중히 여기고 잠재력을 최대한 발휘하며 살게 되었다고 이야기할 수 있다.

자신의 내면으로 한 단계 더 깊이 들어가서,
마음을 열고 당신의 이야기를 공유하라.

감정적 연결에 있어서 가장 중요한 규칙은 사실이 아닌 감정에 공감해야 한다는 것이다. 유혹은 감정과 관련된 것이다. 고향, 직업, 관심사 등이 같은 여성을 만나도, 아무런 느낌을 받지 못했다면 그녀와 감정이 아닌 사실만 연결되었기 때문이다. 반면 완전히 다른 삶을 살아온 여성을 만나도, 그녀가 겪었던 감정적 투쟁과 감정적 현실에 공감할 수 있다면 그녀와 깊이 연결될 수 있다.

그녀는 여덟 살 때 아버지를 잃고 기숙 학교에 보내진 부잣집 딸일 수도 있다. 반면 당신은 가난한 나라에서 벗어나기 위해 열심히 일해서 미국으로 이주한 남자일 수 있다. 그렇더라도 서로 감정적으로 깊이 공감할 수 있다. 집에서의 소외감, 가족이 곁에 없었지만 끝내 성취한 경험, 혹은 재능 때문에 느낀 고립감 등을 공통적으로 느낄 수 있기 때문이다.

지구상의 모든 사람은 몇 가지 보편적인 감정을 공유한다. 야망, 수치심, 소외, 외로움, 성취, 후회, 고난, 우정, 사랑, 그리고 실연. 이런 감정은 우리 모두가 경험하는 것이다. 세부적인 내용은 사람마다 조금씩 다를 수 있지만, 이를 통해 느끼는 감정은 동일하다. 그녀가 아무리 얕고, 멍청하고, 이상하며, 짜증 나는 사람처럼 보일지라도, 내면에는 이러한 감정이 존재한다. 그 감정을 찾아내고 연결하는 것이 당신의 일이다. 그곳에 보물이 있으며, 그곳이 진정한 마법이 일어나는 장소다. 그 지점을 찾기 위해 뛰어들어라. 한 번 그 지점을 발견하는 순간, 그 이전으로 돌아가지 싶지 않을 것이다.

12장

플러팅 잘하는 법

가끔은 좋은 의도를 가지고 자신을 솔직하게 표현하더라도, 사람들이 항상 당신을 제대로 알아주는 것은 아니다. 모든 말은 해석의 여지가 있기 때문에, 당신에 대해 오해하거나 잘못된 판단을 내릴 가능성은 늘 존재한다. 또한 당신이 **명확하게 또는 효과적으로 자신을 표현하지 못했을 가능성**도 있다.

예를 들어 여자에게 커피를 마시러 가자고 제안했다고 해 보자. 그런데 여자가 경험이 없거나 보수적인 배경에서 자랐다면, 당신의 분명한 관심 표현을 그저 단순한 친구 사이의 제안 정도로 오해할 수 있다.

또는 그녀의 드레스에 대해 칭찬했지만, 당신의 표정이나 어조가 명확하지 않거나 다른 어떤 이유로 인해 당신이 비꼬고 있다고 오해할 수 있다. 어쩌면 그녀의 정서가 불안정해서 남성의 칭찬에 민감하게 반응할 수도 있다.

결국 오해는 피할 수 없는 문제다. 아무리 당신이 매력적으로 말하고 명확하게 표현했더라도, 당신의 말이나 의도를 오해하는 여성이 항상 있을 것이다. 이것은 삶의 진실이며, 당신이 익숙해져야 하는 부분이다.

우리가 통제할 수 있는 것은 명확하고 효과적인 대화 기술을 익히면서, 더 개방적으로 자신을 표현하는 것이다. 대화 기술이 좋아질수록 자신을 더 명확하게 표현할 수 있고, 성적 관심을 더 잘 전달할 수 있다. 그럴수록 여성과 감정적으로 연결될 가능성이 높아진다.

명확한 대화는 여성을 끌어들이고 로맨틱한 관계를 형성하는 데 도움을 줄 뿐만 아니라, 직업적 관계, 가족 관계, 우정, 네트워킹 능력 등 다른 영역에서도 도움이 될 것이다.

좋은 첫인상 남기기

첫인상은 매우 중요하다. 연구에 따르면 사람들은 상대방과의 첫 만남에서 몇 분 안에 그 사람에 대한 인식을 이미지화하며, 이러한 인식은 몇 주 또는 몇 달간 관계에 영향을 미친다.

내 경험에 미루어 보면, 진지하게 만났던 여성들 대부분(90% 정도)은 첫 만남에서 이미 잘 맞는다고 느꼈다. 서로 잘 통하는 느낌이 들었고, 그러한 첫인상이 나중에 로맨틱하고 성적인 관계로 발전했다.

첫인상에 대한 가장 큰 오해는 여성을 처음 만났을 때 무엇을 말해야 할지가 가장 중요하다는 생각이다. 그래서 많은 사람들이 이 부분을 지나치게 신경 쓴다. 하지만 무엇을 말하느냐는 그리 중요하지 않다. 지금까지 이 책을 읽었다면 그 이유를 알 것이다.

당신이 꺼내는 말의 '내용'보다
당신의 '의도'와 불안의 수준이 더 중요하다.

나는 여성을 만날 때 대부분 그저 "안녕하세요, 저는 마크입니다."라고 말한다. 그리고 "얘기해 보고 싶었어요."라고 덧붙인다. 좀 더 대담해지고 싶은 기분일 때는 "당신이 예뻐서 얘기해 보고 싶었어요."라고 말하기도 한다. 그게 전부다.

여성에게 하루가 어땠는지 물어보고, 재치 있는 말을 할 수도 있지만, 그녀가 받는 첫인상은 주로 당신이 자신을 어떻게 보여주는지(외모와 라이프스타일: 7장, 8장), 당신의 불안감의 정도(불안: 9장, 10장), 그리고 명확하게 대화하는 능력에 달려 있다. 실제로 당신이 무슨 말을 했는지는 금세 잊히거나 전혀 중요하지 않게 될 것이다.

이를 기억해 두고, 좋은 첫인상을 남기기 위한 몇 가지 지침을 살펴보자.

- 여성에게 다가갈 때 놀라게 하거나 겁먹게 하지 마라. 첫 만남에서 가장 치명적인 실수다. 처음 만났을 때 그녀를 놀라게 하거나 겁을 주면, 내 경험상 거의 회복할 방법이 없다. 당신은 즉시 '소름 끼치는' 사람으로 분류되고, 그녀는 가능한 모든 방법으로 그 상황을 벗어나려 할 것이다. 설령 예의상 그녀가 몇 분 동안 대화를 나눈다고 해도, 그녀가 마음을 열 가능성은 거의 없다. 남성이 여성을 놀라게 하거나 겁주는 대표적인 예시는 뒤에서 다가가거나(절대 하지 말아야 행동), 폭력적으로 잡거나, 고함을 지르거나, 무례한 말을 하는 것이다.

- 여성을 어떻게 대해야 할지 모르겠다면, 단순히 걸어가서 자기소개를 하고 그녀와 대화를 나누고 싶다고 설명하라. 이것이 따분하고 지루해 보일 수 있지만 효과적이다. 우리는 그녀를 즐겁게 하려고 것이 아니라, 그녀에게 관심을 비절박하게 표현하려고 하는 중이다. 나는 "잠깐, 괜찮을까요. 조금 뜬금없을 수 있지만요." 같은 말로 소개를 시작하는 편이다. 내 경험상, 오프닝을 화려하고 창의적으로 하려는 남성일수록 이상한 말을 할 가능성이 높아지고, 절박하게 보일 가능성이 높다. 10분 동안 앉아서 여성이 어떻게 해야 나를 좋아하게 할지 고민하며 머리를 싸매고 있다면, 여성은

그 절박함을 감지할 것이다. 여성들은 이런 것을 직감적으로 알아차리는 경향이 있다. 내가 발견한 바에 따르면, 여성을 바라보면서 망설이는 시간이 길어질수록, 거절당할 가능성은 더 높아진다. 최고의 접근법은 망설이지 말고, 즉각적으로 다가가서 바로 인사하는 것이다.

- 주저하지 마라. 그녀 주변을 서성거리거나 맴돌면 접근이 어색하고 억지스러워질 것이다. 당신과 그녀 사이에 보이지 않는 직선이 있다고 상상하고, 준비가 되면 그 직선을 따라 그녀 바로 앞에 가라. 여성 옆에서 발끝을 동동거리며 서성거리지 마라.

- 웃어라. 항상 웃어라. 그렇다고 배트맨 영화의 조커처럼 웃으라는 건 아니다. 다정하고 친절하게 웃어라. 편안한 미소를 지으며, 허리를 펴고 서라. 크고 또렷하게 말하라. 강하게 눈을 맞춰라. 자기소개를 하고 손을 내밀어 악수하라. 힘이 있는 악수를 해라. 자신감 있는 사람이 되는 것이다.

만약 처음 다가갈 때 거절을 자주 당한다면, 그 이유는 다음 세 가지 중 하나일 것이다.

- 자신을 잘못 드러내고 있다. 옷을 잘못 입었거나, 꾸미지 않았거나, 스타일이 나쁘거나, 바디랭귀지가 잘못되었을 수 있다. 다시 7장과 8장을 검토하자.

- 의도가 잘못되었다. 잘못된 이유로 접근하고 있다. "그녀가 예뻐서 만나고 싶다."가 아닌 다른 모든 의도는 잘못되었다. 그저 숫자를 채우기 위해 접근했거나, '연습'을 위해 접근했거나, 친구에게 잘 보이기 위해 접근했거나, 인터넷에서 읽은 허튼소리를 시도해 보기 위해 접근한 경우가 모두 해당된다. 아름다운 여성을 볼 때, 그녀를 알고 싶다는 순수한 욕망이 동기 부여가 되어야 한다. 만약 이 동기를 찾는 데 어려움이 있다면, 9장의 성적 불안에 관한 부분을 다시 참고하라.
- 위의 지침 중 하나를 따르지 않고 있다. 그녀를 놀라게 했거나, 지나치게 재치 있고 흥미로운 사람처럼 보이려 했거나, 기술적으로 잘못된 행동을 하고 있다(눈을 마주치지 않거나 웃지 않는 것 등).

이 지침을 제대로 따르면, 첫 접근에서 거절당할 확률이 줄어들 것이다. 나는 주로 자신감이 부족하거나 불안감이 높은 남성들을 코칭했지만, 위의 지침을 따르는 것만으로도 그들 대부분이 여성과 대화를 이어갈 수 있었다.

그녀가 잠시 멈춰서 당신과 대화를 나누게 하는 것, 이것이 우리의 목표다. 그 짧은 대화를 1분으로, 1분을 1시간으로 연장하는 것은 당신의 대화 기술에 달려 있다.

대화 기술

대화 기술은 폭넓은 주제이지만, 이 책에서는 가장 중요하고 쉽게 적용할 수 있는 부분만 다룰 것이다.

다음 주제를 살펴볼 것이다.

- 질문 대 진술
- 효과적인 언어 사용
- 대화 주제 끝없이 연결하기
- 스토리텔링
- 감정적 연결

- 질문 대 진술

질문보다 진술을 통해 대화의 흐름을 만드는 것이 훨씬 더 효과적이다. 진술은 친밀감을 바탕으로 대화를 더 개인적으로 만들어 주기 때문이다.

예를 들어 바에서 만난 여성과 대화를 나누고 있다면, "나는 음료에 올리브를 넣는 걸 좋아해. 어렸을 때부터 병에서 직접 꺼내 먹었거든."라고 말하는 것이, "음료에 올리브 넣는 것 좋아해?"라고 묻는 것보다 훨씬 더 흥미롭다. 앞의 진술이 더 흥미롭고, 대부분 여성에게 귀엽게 느껴질 것이다.

콜드 리딩(cold reading)이라는 기술을 사용하는 것도 좋다.

콜드 리딩은 상대방을 잘 알지 못하더라도, 직관적으로 정보를 예측하는 방법으로, 점쟁이가 되는 것과 비슷하다. 정보를 얻기 위해 질문을 던지는 대신, 약간의 예측을 섞어 진술을 만드는 방법이다. 알고 싶은 것을 직접 묻는 대신, 흥미로운 진술로 대화를 이어가는 것이다.

예를 들어 이렇게 말해보자.

"어디 출신이야?" 대신 "너 캘리포니아 출신인 것 같아."라고 말한다.

"무슨 일을 하세요?" 대신 "창의적인 사람 같아요. 직업이 흥미로울 것 같아요."라고 말한다.

"둘이 어떻게 알게 되었어요?" 대신 "두 분이 오랫동안 친구였던 것 같아요."라고 말한다.

이렇게 합리적인 추측을 바탕으로 하는 이야기는 여성을 더욱 끌어들인다. **그녀에 대해 묻는 대신, 그녀에 대해 말하는 것이다.** 사람들은 자신에 대해 말하기를 좋아하는 것만큼, 자신에 대해 듣는 것을 좋아한다.

그런데 이러한 추측이 틀리면 어떻게 해야 할까?

콜드 리딩이 좋은 것이 이 부분이다. 많은 남성들이 자신의 말이 틀리면 어쩌나 하고 걱정하지만, 콜드 리딩에는 실패가 없다. 콜드 리딩을 하면 다음 세 가지 결과 중 하나가 일어난다.

진술이 틀렸고, 그녀가 진술을 바로잡는다.

진술이 틀렸지만, 그녀가 당신이 그렇게 생각한 이유를 물어

본다.

진술이 맞았고, 그녀는 당신의 통찰력에 놀란다.

첫 번째 경우, 그녀는 콜드 리딩에 관한 내용에 답하고는, 당신이 틀렸다는 것을 잊어버릴 것이다.

두 번째 경우, 당신은 틀렸지만 그녀는 당신의 추측에 매우 흥미를 느끼고는, 어떤 점을 보고 그런 추측을 했는지 물어볼 것이다. 이를 통해 더 깊은 대화의 흐름이 만들어진다.

세 번째 경우, 그녀는 당신의 통찰력에 놀라며 친밀감이 형성된다. 다음은 세 가지 경우의 예시이다.

나: "책을 좋아할 것처럼 보여요. 여기 근처 대학생이죠?"
그녀: "아니요. 그런데 독서는 정말 좋아해요."

나: "책을 좋아할 것처럼 보여요. 여기 근처 대학생이죠?"
그녀: "아니요. 그런데 그렇게 생각한 이유가 뭐예요? 내 안경 때문인가? 최근에 샀어요."

나: "책을 좋아할 것처럼 보여요. 여기 근처 대학생이죠?"
그녀: "네, 맞아요! 와, 그렇게 티가 나나요?"

가능한 콜드 리딩을 많이 시도해 보라. 상대방에 대해 묻고 답하는 대신, 답을 추측하는 것이다.

어느 날 밤, 시카고 출신의 여성을 만난 적이 있다. 그녀가 어느 대학에 다니는지 눈치로 찍어 봤는데 맞췄다. 그녀는 내가 얼마나 '통찰력 있는지'에 대해 5분 동안 감탄하며 이야기했다. 그녀가 어떻게 알았냐고 묻길래, 나는 그녀가 지적인 사람처럼 보였고, 학교가 도시의 나쁜 지역에 위치해 있어서 아마 이사했을 것 같다고 말했다. 이 모든 것이 그저 약간의 합리적 추측을 통한 것이었는데, 맞춘 것이다. 그 순간부터 그녀는 나와의 대화에 완전히 빠져들었고, 다시 만나고 싶어 했다.

진술로 대화를 이어 나가는 것은 내가 '백지 상태'라고 부르는 상황을 예방해 주는 장점도 있다. 여성과 대화하다가 갑자기 끊기면서 무슨 말을 해야 할지 몰라 어색해지는 경우가 있다. 그럴 때는 대화를 이어갈 만한 주제를 생각해 내지 못해서 결국 "그래서… 어디 사세요?"와 같은 지루한 질문을 불쑥 내뱉게 된다.

콜드 리딩을 사용하면 이러한 상황을 방지할 수 있다. 일반적인 질문을 던지기보다는, 그 순간 떠오른 생각이나 관찰한 내용을 간단히 언급하는 것이다. 오히려 뜬금없는 말이 매력적일 수 있다. 예를 들면 다음과 같다.

"술을 끊을까 생각 중이야."
"오늘 밤 여기로 오는 길에 차에 치일 뻔했잖아."
"내 룸메이트는 샌드위치에 땅콩버터랑 마요네즈를 같이 넣

어서 먹어. 너무 느끼해."

"난 항상 아프리카에 가 보고 싶었어."

이런 말들이 다소 엉뚱해 보일 수 있다. 지금까지 해 왔던 이야기와는 아무런 연관도 없이, 그 순간 머릿속에 떠오르는 생각을 말한 것이기 때문이다. 하지만 **예측 가능하고 지루한 말보다는, 뜬금없지만 흥미로운 것이 더 낫다.** 그러니 무언가를 불쑥 내뱉는 것을 두려워하지 마라.

대화가 자연스럽게 이어지다 보면, 당신의 이야기를 그녀와 공유할 수 있다. 단순히 여성에게 질문만 한다면 당신에 대한 정보를 공유하기가 힘들어지기 때문에, 여성은 당신을 신뢰하거나 유대감을 쌓기 어렵다. 하지만 당신 자신의 이야기를 공유하다 보면, 그녀도 자신의 이야기를 들려주게 된다.

콜드 리딩이 놀라운 것은, 제대로 하면 **그녀가 당신에게 질문을 던지기 시작한다는 것이다.** 이는 별거 아닌 것처럼 보일 수 있지만, 사실상 대화의 흐름이 완전히 바뀌는 것이다. 질문을 던지는 사람은 상대방에 대해 더 알고 싶다는 욕구를 나타내며, 이는 곧 관심을 의미한다. 그녀가 계속해서 당신에게 정보를 묻는다면, 이제 당신이 대화를 주도할 수 있는 힘을 가진 것이다. 당신이 정보와 대화를 제어하게 되는 것이다.

- 효과적인 언어 사용

당신의 대화 기술에 바로 적용할 수 있는 '즉각적인 업데이트' 방법은 언어에서 군더더기를 빼는 것이다. 효과적인 언어 사용이란 의미와 의도를 유지하면서, 가능한 한 적은 단어로 말하는 것이다.

이 원칙은 글쓰기와 사회생활에서도 도움이 된다. 네 문장으로 말할 것을 한 문장으로 줄일 수 있다면, 한 문장으로 말하라. 열 단어로 말할 것을 네 단어로 줄일 수 있다면, 네 단어로 말하라.

대화에서는 항상 양보다 질이 우선이다. 10분의 평범한 대화보다는 30초의 인상적인 대화가 더 효과적이다.

또한 일상적인 대화에서 "음", "어", "아", "그러니까", "알다시피" 같은 군더더기 말을 최대한 줄여야 한다. "음", "그러니까"를 남발하며 이야기하는 것만큼 세련미가 떨어지는 것도 없다. 사실 이런 군더더기를 100% 제거하는 것은 불가능하긴 하다(나도 가끔 "음"이나 "알다시피"를 사용한다). 하지만 이러한 단어를 더 많이 제거할수록 당신의 말이 훨씬 명확하고 일관성 있게 들릴 것이다.

다음 두 문장을 소리 내어 읽어 보라.

"그래서, 음, 그러니까 내가 말하고자 하는 것은, 캘리포니아에 살 때, 음, 집 같은 느낌이 들지 않았다는 것이야. 사람들

이, 음, 나에게는 그러니까, 좀 겉치레처럼 느껴졌어. 그리고 나는, 음, 별로 좋아하지 않았어, 아마도."

"나는 캘리포니아에서 집 같은 느낌을 받지 못했어. 사람들은 나에게 겉치레처럼 느껴졌고, 난 그런 게 마음에 들지 않았어."

두 문장을 비교해 보면, 두 번째 문장이 훨씬 더 강력하고 직설적으로 느껴진다. 첫 번째 문장은 답답하고 느긋하며, 심지어 게으르고 관심이 없는 것처럼 들린다. 반면 두 번째 문장은 진지하고 단호하며, 명확하고 강력하게 다가온다.

- 대화 주제 끝없이 연결하기

모든 대화 주제 안에는 이야기를 계속 이어갈 수 있는 수많은 다른 주제들이 존재한다. 특정 단어나 문장에서 연상되는 여러 가지 내용이 있다.

예를 들어 여성이 "나는 그 레스토랑을 좋아한 적이 없어. 작년 내 생일에 거기 갔었는데, 자정 이후로는 아무것도 기억이 안 나. 친구 집 주방 바닥에서 깼거든."이라고 말했다고 가정해 보자.

여기에는 다양한 내용으로 대화를 확장할 수 있는 주제들이 숨어 있다. 이를테면 다음과 같다.

- 그녀가 싫어하는 레스토랑에 대한 이야기
- 당신이 마지막으로 맞이한 생일에 한 일
- 마지막으로 필름이 끊겼던 경험
- 이상한 곳에서 깬 적이 있는 이야기

이 모든 주제는 기존 대화와 연결되며 흥미롭다.

이러한 방식을 아직 쓰고 있지 않다면, 꼭 몸에 익히기를 바란다. 마치 코미디언이 습관적으로 단어를 엉뚱한 이야기로 발전시키는 것처럼 이야기를 확장하는 것이다.

예시를 통해 살펴보자. 다음 여성의 말에서 대화의 방향을 확장할 수 있는 포인트를 굵은 글씨로 표시했다. 각 포인트를 어떻게 확장할 수 있을지 생각해 보라. 이런 연습은 어떤 상황에서도 자연스럽게 대화를 이어가는 데 도움을 줄 것이다.

"나는 지금 **하버드**에 다니고 있어. 하지만 **서쪽**으로 돌아가고 싶어. 여기는 **날씨가 너무 추워**"

"저는 **스티브와 캐리**라는 친구들과 함께 왔어요. 그들은 **6개월째** 사귀고 있는데, 마치 **결혼한 부부**처럼 싸워요"

"우리는 도심에서 함께 일하고 있어요. **괜찮긴 한데, 직업을 바꾸고 싶어요.**"

*"어젯밤 파티에 갔었어. 정말 **엄청났지**. 결국 경찰이 와서 어*
*면 **술 취한 아이를 체포했잖아**."*

굵게 표시한 단어나 문구를 보면서, 연상되는 생각이나 반응을 즉시 떠올려 보라. 예를 들어 하버드에 관한 이야기를 들으면, 하버드를 방문했을 때 캠퍼스가 궁전처럼 보였던 기억이 떠오를 수 있다. 또는 하버드에 다닌 친구들이 생각날 수 있다. 이런 주제들이 모두 대화를 자연스럽게 이어가는 데 좋은 소재가된다.

이 기술을 익히면, 모든 대화가 자연스럽게 이어질 수 있다는 것을 알게 된다. **대화는 한 사람이 말을 하면서 확장 포인트를 제공하지 않을 때 끊긴다.** 이것이 대화가 '죽는' 이유다. 확장 포인트를 인식하고 이를 활용할 수 있다면, 누구와도 끝없이 대화를 이어 나갈 수 있다.

이 기술을 콜드 리딩 능력과 결합하고, 진술을 통해 새로운 주제로 대화의 흐름을 만들어 낼 수 있다면, 이제 당신은 누구와도 자연스럽게 대화를 시작하고 얼마든지 계속 대화를 주도해 나갈 수 있는 능력을 갖춘 것이다.

- 스토리텔링

인간은 본능적으로 이야기에 매료된다. 정치인들은 선거 운동에 이야기를 사용하고, 교사들은 중요한 개념을 설명하기 위해, 코미디언들은 우리를 웃게 만들기 위해 이야기를 사용한다. 우리도 일상적인 대화에서 이야기를 끊임없이 주고받는다. 아마 당신이 알고 있는 최고의 대화 고수는 모두 환상적인 이야기꾼일 것이다.

어떤 친구가 이야기를 시작했는데, 그 이야기가 어디로 향하는지 전혀 감이 잡히지 않았던 적이 있는가? 예를 들어, 여행에 관해 이야기하다가, 호텔과 컨시어지에 대해 언급한 후, 이야기가 그냥 끝나버린 적이 있지 않은가? 혹은 농담을 하지만 전혀 재미없게 끝나는 사람을 알고 있는가? 당신은 어떤가? 이야기를 하는 중에 사람들의 관심이 시들해지지는 않는가? 혹은 다른 사람들을 웃기는 데 어려움을 겪고 있는가?

그렇다면 아마도 매혹적인 이야기 구조를 따르지 않았을 확률이 높다. 인간은 특정한 패턴으로 정보를 전달받을 때 더 매료되도록 진화해 왔다. 이 패턴은 거의 모든 문화나 배경에 적용된다.

이야기에는 세 가지 주요 요소가 있다.

1) 설정 : 이야기의 토대를 마련하기 위해 장면이나 맥락을 설정하는 단계다. 적절하게 설정하지 않으면 당신의 이야기는 뜬금없어 보이고, 사람들은 당신을 엉뚱하고 이상한 사람으로 인식할 것이다.

2) 내용/갈등 : 설정이 끝나면 본격적인 내용이 시작되어야 한다. 내용에는 '갈등'이 들어가야 한다. 긴장과 기대를 일으켜야 사람들이 다음에 무슨 일이 일어날지 알고 싶어진다. 내용에 갈등과 긴장이 없다면 사람들은 금방 흥미를 잃거나 당신의 이야기가 장황하다고 느낄 것이다.

3) 해결 : 갈등에서 생긴 긴장이 해소되는 단계다. 농담이라면 펀치라인, 아이디어라면 결론, 일반적인 이야기라면 깔끔한 엔딩이 이에 해당한다. 해결이 없으면 이야기를 마쳤을 때 사람들이 멍한 표정을 짓거나 "그래서 뭐?"라는 반응을 보이게 될 것이다.

다음은 이 세 가지 요소가 포함된 이야기의 예시다.

대학 시절, 나의 첫 룸메이트는 술에 취하면 이상한 습관이 있었어. 그는 기면증 환자처럼 이상한 장소에서 아무 때나 갑자기 잠에 들곤 했지(**설정**).

처음 그 친구를 알게 된 날, 우리는 오리엔테이션 파티에 갔어. 몇몇 여자들과 만나 그녀들의 기숙사로 놀러 갔어. 나와 내 룸메이트는 완전히 취했는데, 그 친구가 대화를 멈추고 구석에서 졸고 있는 것을 발견했어. 좀 이상했지만 새벽 3시였으니 그러려니 했지. 그런데 갑자기 친구가 일어나서 방에 가겠다고 말하더니 사라졌어. 다음 날 아침까지 친구가 돌아오지 않길래 점점 걱정되기 시작했지(**내용/갈등**).

알고 보니 그 친구는 복도 바닥에서 밤새 잠을 잔 거였어. 그게 다가 아니었는데, 여자 방에 재킷을 두고 온 거야. 그래서 아침 9시쯤 다시 들어가서 여자를 깨우고 재킷을 가져와야 했지. 그때는 정말 웃겼어. 아무튼 그게 내 대학 시절 룸메이트였어(**해결**).

사소한 이야기지만, 이러한 구조를 따라 이야기하면 흥미와 긴장이 생긴다. 그리고 마지막에 "아무튼, 그게 내 대학 시절 룸메이트였어."와 같은 문장을 추가하면 이야기가 끝났다는 것을 나타내기 때문에 좋다.

다른 예시도 살펴보자.

대부분의 사람들은 자신이 사는 도시가 미쳤다고 하지만, 그들은 남아메리카에 가본 적이 없을 거야. 나는 지난봄에 몇 달 동안 그곳에서 지냈는데, 매주 현실을 뛰어넘는 일을 겪었지(**설정**).

어느 날 새벽 4시쯤, 우리는 클럽을 옮기려고 택시에 탔어. 택시 기사가 우리를 돌아보더니 코카인을 해 볼 거냐고 묻는 거야. 우리는 정중히 거절했지. 그러자 택시 기사는 스페인어로 "좋아, 그럼 내가 더 많이 할 수 있겠군."이라고 말하더니, 택시를 운전하면서 무릎 위의 코카인을 흡입한 거 있지(**내용/갈등**).

그날 밤 우리는 모두 죽는 줄 알았어(**해결**).

참고로, 이 두 이야기는 실제로 일어난 일이다.

앞서 이야기한 '확장 포인트'의 개념을 활용해 보자. 실생활에서 사람들은 이야기를 통해 대화한다. 상대방의 이야기 속에서 확장 포인트를 찾고, 그것을 바탕으로 대화를 이어 나가는 능력을 기르는 것이 중요하다. 이는 생각보다 훨씬 쉬운 일이며, 아마 당신도 친구나 가족과의 대화에서 자연스럽게 하고 있을 것이다. 이를 매력적인 여성을 포함한 모든 사람과의 대화에 적용해 보자.

- 감정적 연결

성공적인 대화의 최종 목표는 대화를 나누는 여성과 개인적인 연결 고리를 만드는 것이다. 여성을 만날 때, **진짜 대화의 주제는 두 가지뿐**이다. **그녀와 당신**. 모든 대화는 결국 자신의 정체성을 드러내거나, 그녀의 정체성이 드러나게 해야 한다. 정체성과 관련된 이야기를 나눌 때 비로소 '연결'의 느낌이 형성된다. 연결이 깊어질수록, 그녀는 당신과 더 많은 시간을 보내고 싶어질 것이다.

연결을 만드는 데는 세 가지 단계가 있다.

1) 자신에 대해 개방하기
2) 그녀가 자신의 이야기를 개방하도록 이끌기
3) 서로의 경험에 공감하기

그렇다면 무슨 이야기를 해야 할까? 어떤 이야기로 자신을 개방할 수 있을까? 내가 사람들에게 "자신에 대해 더 많이 이야기하세요. 마음을 여세요."라고 말하면, 어떤 남자는 밖으로 나가 "저는 뉴욕 출신이고요. 야구를 좋아해요. 27살이에요."라고 말하곤 한다. 이것도 공유하는 것이긴 하지만, 너무 피상적이다.

종이를 한 장 꺼내 다음 각 항목에 대해 세 가지씩 적어 보라.

- 당신이 열정을 느끼고 좋아하는 것들
- 당신의 꿈, 야망, 인생 목표
- 당신에게 일어난 최고의/최악의 사건
- 당신의 어린 시절, 가족생활, 성장 배경

이제 작성한 내용을 보면서, 각 항목에 대해 1분 동안 스스로 말해 보라. 가능한 한 상세하고 솔직하게 이야기해 보자. 생각보다 쉽지 않을 것이다. 혼자 있을 때조차 이러한 주제에 대해 이야기하는 것이 때로는 불편하게 느껴질 수 있다.

특히 여성과의 대화에서 이런 주제를 꺼내는 것이 취약하다고 느껴질 수 있다. 하지만 그 취약성이 핵심이다. 언제, 어디서나, 어떤 수준에서든 당신 자신에 대해서 기꺼이 공유할 수 있어야 한다. 이를 통해 잃는 것은 없다. 최악의 경우, 그녀가 당신을 거절할 것이다. 어차피 스포츠나 직업에 관해 이야기했어도 그 여성은 당신을 거절했을 것이다. 그러니 문제 될 것이 무엇인가?

실제로 당신 자신에 관한 진솔하고 깊이 있는 이야기를 나누면, 대부분의 여성은 당신을 진실한 사람으로 받아들이고, 진지하게 반응할 것이다. 일이 잘 풀리면 당신이 진실된 면을 공유할 때, 그녀도 자신의 진실된 면을 공유한다. 그녀도 자신의 열정, 야망, 최고의 경험, 그리고 가장 취약한 경험에 대해 이야기할 것이다. 이러한 주제가 서로를 독특하고 특별한 존재로 만든다. 당신은 그녀에게 말을 건 다른 20명과 달리 특별한 존재가된다.

이러한 대화 주제가 당신을 돋보이게 할 것이다. 그녀가 당신을 알게 되기 때문이다. 당신이 좋아하는 스포츠팀이나 지난주에 갔던 파티가 아니라, **바로 당신을 말이다**. 그녀가 당신을 알고 기억할 때, 당신의 전화를 받을 것이고, 다시 당신을 만나고 싶어 할 것이다.

지금까지 흥미롭고 생동감 있는 대화에 대해 다루었다면, 이제 대화에 한층 맛을 더해 주는 유머에 대해 이야기해 보자.

유머 기술

"여자를 웃게 할 수 있다면, 그녀를 침대에서도 웃게 할 수 있다."라는 오래된 속담이 있다. 유머가 데이트에서 모든 문제를 해결해 주는 것은 아니지만, 중요한 요소임은 분명하다. 여러 설문조사에서 여성이 남성에게 가장 바라는 점으로 '유머 감각'이 항상 최상위에 오른다.

유머 감각이 좋은 남성은 자신의 매력과 정체성을 자연스럽게 여성에게 전달한다. 세상일을 쉽게 웃어넘길 수 있고, 자신을 웃음거리로 만들기를 두려워하지 않는 남성은 비절박함을 보여 준다. 그와 함께 있으면 여성은 기분이 좋아지고, 더 편안하고 안전하다고 느낀다. 반면 너무 진지하거나, 잘 웃지 않는 남성은 보통 주변 세상의 인식에 크게 흔들리며, 이는 그의 절박함을 보여 준다.

유머의 종류는 중요하지 않다. 중요한 것은 유머 감각이 있다는 것이다. 물론 여성들은 저마다 좋아하는 유머의 유형이 있는데, 이건 인구 특성과 관련이 있다. 냉소적인 여성들은 냉소적인 남성을 좋아한다. 엉뚱한 여성들은 엉뚱한 남성을 좋아한다. 자신이 재미있다고 생각하는 것에 집중하고, 이를 만나는 여성에게 공유하라. 그러면 자신과 인구 특성이 잘 맞는 여성이 웃어줄 것이다. 그녀가 웃는다면 좋은 것이고, 웃지 않는다면 애초에 잘 맞지 않을 가능성이 큰 것이다.

유머는 기본적으로 서로 관련이 없어 보이는 두 가지 아이디어나 사물 간의 연결을 만들어 내는 예술이다. 유머를 만드는 방법은 여러 가지가 있지만, 본질적으로 유머는 창의적인 활동이며, 자유롭게 자신을 표현하는 능력과 관련이 있다.

가끔은 농담이 통하지 않을 때도 있을 것이다. 특히 유머를 처음 시도할 때 그렇다. 그래도 괜찮다. 자신을 비웃지 말고, 자책하지 말고, 농담을 억지로 설명하려고 하지 말라. 이러한 것들은 모두 다른 사람들의 시선을 지나치게 신경 쓸 때 나오는 절박한 반응이다. 가끔 농담은 재미없을 때도 있다. 그럴 때는 그냥 가볍게 넘기면 된다.

이제 유머의 몇 가지 유형에 대해 간단히 살펴보겠다. 방향 전환, 비꼬기, 말장난, 그리고 역할극이다.

- 방향 전환(Misdirection)

가장 흔하고 쉽게 사용할 수 있는 유머가 방향 전환이다. 방향 전환은 이야기를 듣는 사람이 특정한 결말을 예상하도록 유도한 다음, 전혀 다른 방향으로 결론을 내리는 것을 말한다.

예를 들어, 스티브 마틴의 유명한 문장을 보자.

"여자들이 섹스하고 싶어 할 때 짓는 표정을 알고 있나요?
… 네, 저도 몰라요."

마틴은 여자가 섹스하고 싶어 하는 표정을 본 것처럼 말을 시작한다. 하지만 그는 방향을 전환하여 자신의 부족한 성적 경험을 농담으로 풀어낸다.

또 다른 예로 지미 팰런의 농담을 들 수 있다.

"《왜 여자가 섹스를 하는가》라는 제목의 새로운 책이 나왔습니다. 이 책에 따르면 여자가 섹스를 하는 이유는 237가지가 있다고 합니다. 여러분, 데이비드 레터맨은 그중에서 상위 10가지를 알고 있죠."

팰런은 여성이 섹스를 하는 이유에 관한 책을 이야기할 것처럼 하다가, 데이비드 레터맨의 유명한 'Top 10' 코너를 레터맨이 인턴과 부적절한 관계를 가졌던 사건과 연결하여 이야기한 것이다. 서로 관련이 없어 보이는 두 가지 주제를 연결한 것이 그의 말을 웃기게 만든다.

- 놀림과 비꼬기(Teasing and Sarcasm)

일반적으로 놀림은 좋은 의도에서 즐겁게 이루어져야 한다. 나쁜 의도로 하는 놀림은 모욕으로 받아들여져 환영받지 못한다. 놀림은 재미있어야 한다. 이상적인 놀림은 여자를 방어적이면서도 행복하게 만들어야 한다. 이상적인 반응은 여자가 "세상에, 네가 그런 말을 했다는 게 믿기지 않아."라고 말하면서 동시에 웃는 것이다.

다음은 놀림의 몇 가지 예시다.

- (구석에서 혼자 있는 여성에게)
  "누가 당신을 타임아웃 시켰나요?"

- (바텐더의 주의를 끌기 위해 달러 지폐를 흔드는 여성에게)

  "항상 그렇게 남자들의 관심을 끄나요?"

- (빨간 신발을 신은 여성에게)

  "나중에 집에 갈 때 발뒤꿈치로 벨을 누를 건가요?"

낯선 여성을 놀릴 때는 특히 조심해야 한다. 나는 예전에 두 번째 예시를 사용했다가 뺨을 맞은 적이 있다. 하지만 그녀와 나중에는 좋은 관계로 발전했다. 이를 통해 배운 것은 놀림이 다양한 감정적 반응을 일으키면서, 상대를 빠르게 양극화한다는 것이다. 따라서 놀림은 좋은 전략이 될 수 있지만, 항상 긍정적인 반응이 나오지는 않는다는 것을 기억해야 한다.

때때로 여성은 진심으로 상처받거나 기분이 상할 수 있다. 내가 만난 여성 중 약 1/3은 놀림이나 장난에 잘 반응하지 않았다. 이런 여성에게는 놀림을 자제해야 한다. 일반적으로 놀림을 좋아하지 않는 여성들에 대해서는 진심 어린 칭찬이 더 좋은 반응을 이끌어낸다.

비꼬기는 놀림보다 냉소적인 형태의 유머 방식이다. 비꼬기는 더 적은 여성에게만 통하지만, 이를 좋아하는 여성은 정말로 좋아한다. 아마 이 글을 읽는 많은 이들은 냉소적인 유머 감각을 가지고 있지 않을 수 있다. 그래도 괜찮다. 그냥 평생 성관계 없는 외로운 삶을 살면 된다. (알아채지 못했는가? 방금 것이 비꼬기였다.)

진지하게 말하면, 비꼬기는 모든 여성에게 먹히는 것이 아니다. 많은 여성들은 냉소적인 유머를 이해하지 못하거나, 이해하더라도 즐기지는 않는다. 그러나 내 경험상 비꼬기를 좋아하는 여성은, 정말로 좋아한다.

몇 년 전, 나는 바에서 한 여성과 함께 있었다. 우리는 밤새도록 플러팅을 했고, 그녀는 냉소적인 유머 감각을 가지고 있었다. 어느 순간 그녀는 내 음료를 보고 말했다. "넌 술을 정말 천천히 마시네, 나는 이미 다 마셨는데!" 나는 완전히 진지한 얼굴로 대답했다. "우리 모두가 너만큼 자신을 미워하지는 않아."

그녀는 거의 쓰러질 정도로 웃었다. 그녀는 그렇게 비꼬는 유머를 좋아했고, 우리는 결국 좋은 관계로 발전했다.

- 말장난과 언어유희(Wordplay and Puns)

말장난은 듣는 사람이 예상하는 것과 다른 반응을 보인다는 점에서 방향 전환과 비슷하지만, 단어의 다양한 의미를 활용한다는 차이점이 있다.

예를 들면 다음과 같다.

"빨리, 승객이 아파요. 병원으로 가야 해요."

"뭐요?"

"병원 몰라요? 많은 의사가 있는 건물이요. 이럴 시간 없어요."

또는 이런 말장난도 있다.

"설마, 농담이지?"

"농담 아니야. 그리고 제발 날 설마라고 부르지 마."

말장난과 언어유희는 비꼬기보다도 좋아하는 사람을 더 찾기 어렵다. 말장난과 언어유희는 지적인 경향이 있다. 하지만 비꼬기와 마찬가지로 이런 유머를 좋아하는 여성에게는 효과가 매우 크다.

- 역할극과 게임(Roleplaying and Game)

역할극과 게임은 여성과의 대화에 빠르게 재미를 더할 수 있는 방법이다. 장난스러우면서, 다른 형태의 유머로 자연스럽게 이어지는 기회를 제공한다.

게임은 신체적 게임(엄지 싸움, 손바닥 때리기 등)부터 단어 게임(질문 다섯 개, 결혼할/죽일 사람 정하기 등)까지 다양하다. 예를 들어 결혼할/죽일 사람 정하기는 간단하다. 한 장소 안에 있는 세 명을 무작위로 가리키며 "저 세 명 중에서 누구랑 결혼하고, 누구랑 잠자리를 갖고, 누구를 죽일래? 그 이유는?"이라고 묻는 것이다. 이 게임은 사람을 관찰하는 것을 기반으로 하여 꽤 흥미로운 대화를 이끌어낼 수 있다.

역할극도 게임과 마찬가지로 재미있고 활기를 준다. 역할극은 기본적으로 대화하고 있는 여성에게 가짜 역할을 부여하고,

그 역할을 연기하며 노는 것이다. 내가 좋아하는 역할극 중 하나는 결혼/이혼 역할극이다.

예를 들어, 여성을 처음 만났을 때 그녀가 내가 싫어하는 어떤 말을 했다고 해 보자. 그러면 나는 "그만해. 우리 어차피 이혼할 거잖아."라고 말해본다. 방금 만난 사람이 예상할 수 없는 말이기 때문에 이는 웃음을 유발할 수 있다. 이처럼 간단한 역할극만으로 재미를 끌어낼 수 있다. "아이들은 네가 맡고, 난 유럽으로 이사 갈 거야.", "그건 그렇고, 네 음악 취향도 별로고, 네가 만든 요리를 한 번도 좋아한 적 없어."와 같은 말을 더하며 유머를 이어 나갈 수 있다.

유머가 어렵다고 느껴진다면, 스탠드업 코미디언의 공연을 많이 보는 것을 추천한다. 내가 좋아하는 코미디언은 루이스 C.K., 조지 칼린, 빌 힉스 등이다. 그들의 전달 방식, 타이밍, 그리고 표정에 주목하라. 이런 것들은 책으로 배우기 어렵기 때문에 실제 공연을 보는 것이 좋다. 좋아하는 코미디언의 공연을 보면서, 그들이 이야기를 어떻게 전달하고 펀치라인을 어떻게 적중시키는지 이해하라.

또한, 자기 비하 유머의 함정에 빠지지 않도록 주의해야 한다. 특히, 다른 사람들의 반응에 과도하게 투자하는 절박한 남성들은 상대의 웃음을 얻기 위해 스스로 비하하고 깎아내리는 경우가 많다. 이러한 유머로 여성을 웃게 할 수는 있지만, 지나치게 사용하면 타인의 즐거움을 위해 자신을 희생하는 절박한 행동이 되므로, 매력이 떨어진다. 유머 감각이 있다면, 자신을 비하하는 대신 상대를 조금 놀리는 유머를 사용해라. 처음에는 불편할 수 있지만, 대화가 더 폭넓어지고 성적 매력과 즐거움이 더해질 수 있다.

유머는 여성을 끌어들이는 중요한 요소지만 만병통치약은 아니다. 가끔 유머 감각이 뛰어난 남성들이 유머에 과도하게 의존하는 경우가 있다. 힘 있고 매력적인 남성이 되지 못하고, 끊임없이 관심과 인정을 추구하는 예능인이 되는 것이다. 여성이 즐겁게 웃을지 몰라도, 관계는 진전되지 않는다. 남자는 혼란스러워하며 '그녀가 웃고 있잖아. 그녀가 날 좋아하는 게 맞겠지? 나에게 끌리고 있는 게 맞겠지?'라고 생각한다. 하지만 안타깝게도 그녀는 끌리지 않는다.

유머는 주도적으로 행동하고, 신체적으로 가까워지는 것과 결합될 때만 효과를 발휘한다. 감정적이고 신체적인 연결이 형성될 때, 여성은 상대에게 진정으로 매력을 느낀다. 유머는 그 과정을 돕는 유용한 도구이지만, 연결을 주도하지는 못한다.

13장
성공적인 데이트의 비결

연애는 어느 정도 정해진 틀에 따라 진행된다. 남자가 여자를 만나고, 데이트를 요청하고, 연락을 주고받고, 데이트를 거듭한다. 이 과정에서 서로 더 가까워지고, 결국 여자를 집으로 초대하거나 그녀의 집에 가게 된다. 그러다 둘 사이가 독점적인 관계인지, 비독점적인 관계인지를 결정하는 시점에 도달한다. 가벼운 커플인지, 성적 파트너인지, 영혼의 동반자인지, 아니면 다시는 만나고 싶지 않을 사이가 될지 결정하는 것이다.

물론 이 과정에서 예외가 있을 수 있고, 속도가 더 빠르거나 느릴 수도 있지만, 대부분의 경우 비슷한 과정을 따르게 된다. 이러한 절차는 오랜 시간에 걸쳐 정착되었으므로, 여성과 성공적인 관계를 맺고 싶은 남자라면 이를 인식할 필요가 있다.

보통 이 과정에는 다음과 같은 단계가 포함된다. 연락처 교환, 문자나 전화로 연락하기, 데이트하기, 스킨십, 그리고 두 사람 사이의 관계를 정의하기(혹은 아무 관계도 아닐지 결정하기). 일반적으로는 이 순서대로 진행되지만, 항상 그런 것은 아니다. 때로는 첫 만남에서 데이트 단계를 건너뛰고 곧바로 성관계로 이어지는 경우도 있다. 다만, 이는 주로 파티나 클럽의 만남과 같은 상황에서 발생하며, 일반적인 상황은 아니므로 여기서는 깊게 다루지 않겠다.

연락하기

다른 데이트 조언서를 보면 번호 얻기, 문자 보내기, '플레이크 방지'에 과도하게 집착하는 경우가 많다. '플레이크'란 여자가 전화번호를 주고 다시 만나고 싶다고 해놓고는, 연락에 응답하지 않거나 데이트에 나타나지 않는 상황을 말한다. 연락 자체를 안 할 수도 있고, 연락은 하더라도 만남은 피할 수도 있다.

이런 플레이크 문제에 대한 집착은 많은 사람들이 쉽게 빠지는 함정으로, 본질적인 문제를 해결하지 않고 증상만 다루는 것과 같다. 플레이크를 예방하는 가장 좋은 방법은, 애초에 당신에 대한 관심이 커서 절대로 플레이크를 하지 않을 여성을 만나는 것이다. 그것만으로 문제가 해결된다.

남성들은 다음과 같은 방법으로 플레이크를 방지하려 애쓴다. 특정 시간에 전화하기, 열린 질문으로 답장을 유도하는 문자를 보내기, 문자를 잘못 보낸 척하기 등이다. 하지만 당신에게 전혀 매력을 느끼지 못하는 여성이 이러한 연락 때문에 갑자기 당신에게 끌리게 될 가능성은 매우 희박하다. 혹시 이러한 전략이 효과를 발휘한다 해도, 당신이 얻는 것은 당신에게 별다른 관심이 없는 여자와의 만남뿐이다.

남성들은 하루에 몇 번 문자를 보낼지, 얼마나 빨리 전화를 걸지, 언제 데이트 신청을 할지와 같은 세부 사항에 대해서도 지나치게 집착한다. '데이트를 신청하기 위해 3일을 기다려라.'라든가 '연달아 두 번 문자를 보내지 마라.'와 같은 엄격한 규칙은 오히려 당신을 제한하고, 두 사람 사이의 독특한 관계에 방해가 될 수 있다. 그녀가 당신을 다시 만나고 싶어 하는 이유는 당신이 45분 동안 고민해서 떠올린 기발한 문자 때문이 아니라, 그녀와 당신 사이에 형성된 그 독특한 관계 때문이다.

그럼에도 불구하고, 여성에게 연락할 때 따를 만한 규칙을 나열해 보자면 다음과 같다.

- 여성이 당신에게 진정으로 끌리고 관심을 보일 때만 전화 번호를 물어보라. 또한, 그녀와 다시 만날 의향이 있거나, 시간을 낼 수 있을 것 같을 때만 그녀의 번호를 물어보라. 예를 들어, 당신이 이틀 뒤 중요한 미팅이 있는데, 여성은 3일 동안 친구 결혼식을 위해 도시에 온 것이라면, 굳이 번호

를 물어 볼 필요는 없다.

- 번호를 물어 볼 때 멋진 대사를 준비하거나 특별한 이유를 만들지 말고 솔직하게 말하라. 그녀에게 끌린다면, 이를 숨기지 않는 것이 좋다(당신은 자신감 있고 주도적인 남자라는 것을 기억하라). 만약 그녀도 당신에게 호감을 느낀다면, 번호를 기꺼이 줄 것이다. 여성이 다시 만날 의사가 없는 경우에도 번호를 주는 경우도 있다. 그 자리에서 거절하는 것보다, 그냥 번호를 주고 나서 전화를 무시하는 것이 더 쉽기 때문이다.

- 누구에게나 플레이크는 발생한다. 익숙해지도록 하라. 매력적인 여성의 삶에는 많은 일들이 일어나기 때문에 우리는 그녀가 연락받지 않는 이유를 알 수 없다. 그녀의 전 남자친구가 다시 연락했을 수도 있고, 당신을 만난 다음 날 소울메이트를 만났을 수도 있다. 혹은 사고를 당해 병원에 있거나 몸이 아플 수도 있다. 때로는 단순히 데이트할 기분이 나지 않거나, 술에 취해 당신을 잘 기억하지 못할 수도 있다. 또는 전화기를 잃어버리거나, 그저 마음이 변했을 수도 있다.

- 여성이 플레이크를 하는 데는 당신에게 매력을 느끼지 않는 것 외에도 백만 가지 이유가 있다. 그녀의 플레이크가 합당한 이유 때문인지 아닌지 파악하기란 거의 불가능하다. 그러니 그냥 다음으로 넘어가는 것이 좋다. 만약 당신에게

충분히 관심이 있다면, 그녀가 다시 연락할 방법을 알아서 찾을 것이다. 그녀가 그런 노력을 하지 않는다면, 당신에게 큰 관심이 없는 것이다.

이렇게 생각해 보자. 브래드 피트가 문자로 데이트를 신청했다면, 그녀는 어떻게 했을까? 갑자기 바쁜 일정을 정리하고, 미리 세워져 있던 주말 계획을 미루었을 것이다. 그녀가 당신에게 그러지 않는다면, 당신에게 큰 관심이 없는 것이라고 볼 수 있다.

플레이크에 대한 내 정책은 '삼진 아웃'이다. 여성이 한 번 플레이크를 한다면, 나는 한 번 더 데이트를 신청한다. 두 번째 시도에도 응답이 없으면, 세 번째 시도는 할 수도 있고 안 할 수도 있는데, 보통 세 번째 시도에서 별다른 노력을 들이지 않는다. 나는 보통 두 번 시도하고, 특별한 상황에서만 세 번째 시도를 한다. 만약 세 번째 시도에도 아무런 응답이 없으면, 깔끔하게 다음으로 넘어간다.

여성들은 데이트를 취소하거나 미룰 때, 만날 수 없는 이유를 말한다. 그것이 때로는 정당한 이유일 수 있고, 때로는 변명일 수도 있다. 그래서 첫 번째 플레이크에서는 그녀를 믿고 다시 시도한다. 반면 두 번째 플레이크에서는 그녀에게 특히 관심이 있거나, 그녀가 정말로 어쩔 수 없이 데이트를 취소했다고 생각할 때만 다시 기회를 준다. 때로는 그녀에게 "이게 마지막이야."

라고 솔직히 말하기도 한다. 세 번째 시도 후에는 더 이상 시간을 들이지 않는다.

　나는 항상 번호를 받은 후 24시간 이내에 문자를 보낸다. 간단한 문자 메시지가 좋다. "안녕 사라, 만나서 반가웠어."와 같은 간단한 인사면 충분하다. 당신에게 관심 있는 대부분의 여성은 빠르게 답장할 것이다. 이 문자를 무시하는 여성이라면 플레이크할 가능성이 높다.

　그 후에는 보통 하루 정도 기다렸다가 문자 대화를 이어간다. 만났을 때 나눴던 대화를 언급하며, 대화의 연속성을 유지한다. 이 단계의 목표는 가볍게 대화를 주고받으며, 상대방의 관심이 여전히 있는지 확인하는 것이다. 이때 문자 대화가 잘 흘러가면 데이트할 가능성이 크고, 답장이 뜸하거나 늦게 오면 그녀가 플레이크할 가능성이 커진다.

　괜히 특별한 방식이나 새로운 전략을 시도하려 하지 마라. 그녀가 별로 반응하지 않는데도 귀엽게 행동하거나 **그녀의 관심을 사로잡으려고 하지 마라**. 처음 그녀를 만났을 때 이미 점수가 나온 상태이므로, 이제는 그 결과를 받아들이는 수밖에 없다. 내 경험에 따르면, 문자로 여성을 사로잡기 위해 노력할수록 절박하고 간절해 보일 위험이 커지고, 오히려 그녀가 멀어질 가능성이 커진다. 만약 그녀가 적극적으로 반응한다면, 농담도 하고 약간 놀리기도 해라. 그녀가 적극적이지 않다면, 가능한 한 빨리 만나자고 제안하는 데 집중하라.

문자 대화가 잘 진행되면 바로 만나자고 할 수도 있고, 내 일정에 따라 하루 이틀 더 기다릴 수도 있다. 예전에는 여자에게 전화하는 것이 당연했지만, 이제는 문자가 전화를 대체하고 있다. 예전에는 모든 번호에 전화했지만, 이제는 그녀가 특별히 전화를 원하지 않는 한 거의 전화하지 않는다. 내 작년 데이트 신청의 90% 이상이 문자로 이루어졌다.

　　다시 한번 말하지만, 문자를 통해 괜히 멋을 부리려 하거나 귀엽게 행동하지 마라. 일반적으로 문자는 대화하는 데 있어 최악의 매체다. 문자를 통해 재치 있는 말을 하려다 오히려 오해를 사는 경우가 많다. 명확하고 직설적인 언어를 사용하는 것이 좋다. 나는 남자들에게 문자를 그녀와 다음에 언제 만날지를 정하는 데만 사용한다고 말한다. 문자의 90%는 "안녕, 목요일 저녁에 뭐 해?" 또는 "이번 주말은 바쁘지만, 다시 만나고 싶어." 같은 간단한 내용만 전하는 것이다.

　　내 문자 대화는 지루하다. 내가 최근에 데이트한 여자와 나눈 전형적인 문자 대화를 예시로 들어보겠다.

　　먼저 상황을 설명하자면, 그녀는 새벽 1시쯤 클럽에서 만난 여자였다. 우리는 약 90분 정도 함께 시간을 보냈다. 가벼운 키스를 했고, 주로 대화를 나누고 춤을 추었다. 술은 마시지 않았다(이게 꽤 중요한 부분이다). 그녀가 집에 가기 전에 나는 다음 날 그녀와 만나고 싶다고 말했고, 그녀는 좋다고 했다.

나: 안녕 메리, 오늘 만나서 반가웠어.

그녀: 나도! :)

나(다음 날): 너 4시까지 일한다고 했지?

그녀: 맞아, 여전히 만나고 싶어?

나: 그래. 7시 반 어때?

그녀: 8시로 해도 될까?

나: 시내에서?

그녀: 응, X 레스토랑 앞에서. 어디 있는지 알아?

나: 그래, 거기서 보자.

그녀: 곧 보자. :)

이게 전부다. 내 문자 대화의 대부분이 이런 식이다.

이와 반대되는 경우를 보여 주기 위해, 몇 달 전 영국에서 만난 여자와 나눈 '게임'과 같은 문자 대화를 보여 주려고 한다. 내가 문자로 할 수 있는 '밀당'의 최대치가 이 정도다.

나: 안녕, 나탈리. 오늘 만나서 반가웠어.

그녀: 안녕, 이제 네 전화번호를 알게 되었네. :)

나: 좋아, 곧 이야기하자.

나(다음날): 안녕 나탈리, 어젯밤은 어땠어?

그녀: 좋았어. 피곤해서 조금 일찍 돌아가긴 했지만.

나: 좋네. 내일 저녁에 시간 있어? 우리 한잔하자.

그녀: 그래, 언제가 좋을 것 같아?

나: X에서 8시는 어때? 거기 알아?

그녀: 응, 알아. 8시 좋아. 내일 문자할게. 잘 자.

나: 잘 자.

그녀(다음 날): 안녕, 일이 너무 많아서 오늘 저녁에 못 만날 것 같아. 미안해. 영국에서 좋은 시간 보내길 바라.

나: 나탈리, 나중에 나이 들고 백발이 되었을 때, 일을 더 많이 할 걸 그랬다고 후회하겠어, 아니면 괜찮은 미국 남자애들과 더 많이 데이트할 걸 그랬다고 후회하겠어?

그녀: 하하! 정말 맞는 말이야. 방법을 좀 더 생각해 볼게.

그녀(조금 후): 좋아, 일이 일찍 끝났어. 만날 수 있을 것 같아 :)

그녀가 만남을 주저했을 때 내가 한 '밀당'은 이 정도뿐이었다. 적극적으로 나서지 않으면 그녀를 놓칠 것 같아서, 상황을 좀 더 극적으로 만들었다. 효과가 있어 보였다.

아니면 효과가 없었던 걸까?

그날 나탈리는 나타나지 않았다. 그녀는 오후 7시 40분쯤 나에게 전화를 걸어, 비록 나를 많이 좋아하지만 내가 며칠 후면 영국을 떠날 것이기 때문에 데이트를 하는 것이 의미가 없을 것 같다고 설명했다. 그녀의 목소리에서 아쉬움이 묻어났지만, 그녀는 확고한 가치관을 가지고 있었다.

나는 그녀의 결정을 존중하며, 괜찮다고 말한 다음, 그녀는 아름다운 여성이고 곁에 남아줄 멋진 남자를 만날 자격이 있다고 말했다. 그 말은 진심이었다.

이런 일은 안타깝게도 종종 일어난다. 플레이크는 결국 일어나게 마련이다. 아무리 애를 쓰고, 그녀가 나를 만나고 싶어 하도록 순간적인 환상을 심어 주었더라도 말이다. 오히려 그녀에게 너무 잘 보이려고 노력하는 것이 역효과를 불러올 수 있다. 그 노력에서 절박함이 드러나서 매력적으로 보이지 않기 때문이다. 여자를 놓치는 가장 빠른 방법 중 하나는 지나치게 노력한 듯한 문자를 보내는 것이다.

내 행동이 과한지 의심스러울 때는, **단순하고 직설적으로 말하라**.

몇몇 남자들은 이 부분에서 실망하기도 한다. 멋지고 기발한 문자를 보내 여자의 마음을 바꾸는 것에 흥분하는 남자도 있다. 하지만 그러지 마라. 거짓말하거나 교묘하게 조작하지 않는 이상, 그러한 방법은 거의 효과가 없다.

문자로 소설을 쓰려고 하지 마라. 가능한 한 빨리 그녀와 만날 약속을 잡고, 얘기는 직접 만나서 해라. 직접 만나야 신체적으로 가까워질 수 있고, 여성이 당신의 진심과 비절박함을 느낄 수 있으며, 문자처럼 길이가 제한되지도 않는다.

성공적인 데이트

데이트를 할 때 긴장이 될 수 있겠지만, 데이트는 전체 과정에서 가장 직관적인 부분이기도 하다. 적절한 장소와 시간을 정하고 흔히 빠질 수 있는 함정만 피한다면, 데이트는 자연스럽게 잘 진행될 것이다.

- 언제가 좋은가

점심 데이트는 피하는 것이 좋다. 가능하다면 첫 데이트는 낮 시간으로 잡지 않는 것이 이상적이다. 이유가 무엇이든 함께 점심을 먹는 것은 '우린 그냥 친구로 지내자'라는 느낌을 강하게 준다.

데이트는 밤에 하는 것이 좋다. 밤이 되면 기대감이 커지고, 함께 더 시간을 보낼 수 있는 유연함이 생긴다. 서로에게 더 집중하는 분위기가 만들어진다. 다음 약속이 없기 때문이다. 함께 밤을 보낼 가능성도 열려 있다.

데이트 코스에 따라 시간이 달라지겠지만, 적어도 한 시간짜리 활동을 세 번은 할 수 있는 시간을 확보하는 것이 좋다(이에 대해서는 잠시 후에 설명할 것이다). 그러므로 오후 6시에서 9시 사이가 적당하다. 그 이후에는 함께할 시간이 부족할 수 있고, 너무 일찍 만나면 낮 시간처럼 느껴져 기대감이 줄어들 수 있다. 데이트의 정점을 오후 10시나 11시쯤으로 맞추어 그녀가

'집에 가야 하지만 아직은 가고 싶지 않아'라는 느낌을 받게 하는 것이 이상적이다.

- 어디가 좋은가

첫 번째나 두 번째 데이트에서 영화관 데이트는 반드시 피하라. 영화관 데이트는 최악이다. 대화를 나눌 수 없고, 나란히 앉아 있어서 어색하며, 스킨십도 자연스럽지 않다.

저녁 식사 데이트도 가능하면 피하라. 진부할 뿐만 아니라, 장소에 따라 너무 형식적인 느낌을 줄 수 있다. 스킨십이 거의 불가능하고, 메뉴 선택이나 먹는 모습에 신경 쓰느라 데이트에 집중하기 힘들 수 있다. 또한 누가 계산할 것인가에 따라 어색한 순간도 생길 수 있다.

좋은 데이트 장소는 활동적이고, 참여할 수 있으며, 스킨십과 플러팅이 자연스럽게 가능한 곳이다. 술을 좋아한다면 술자리도 좋다. 좋은 예로는 코미디 클럽, 흥미로운 장소 산책(광장, 공원 등), 콘서트, 박물관 전시회, 또는 그냥 어디에서든 술 한잔하는 것이다.

장소 선택은 당신이 사는 도시에 따라 달라진다. 검색을 통해 주변의 흥미로운 장소를 찾아보라. 예를 들어 내가 예전에 살던 보스턴 아파트 근처에는 볼링장과 클럽이 결합된 재미있는 곳이 있었다. 함께 볼링을 할 수 있었고(참여적, 활동적, 플러팅 가능), 술도 몇 잔 마시고, 분위기가 좋으면 아래층에서 춤도 출 수도 있었다.

당신과 여성이 모두 즐길 수 있다면 클럽이나 바도 좋다. 단, 둘만 가는 것이 중요하다. 여성의 친구와 함께하는 자리는 데이트가 아니다. 여성이 같이 바에 가자고 하면서 "친구 신디를 거기서 만나기로 했어."라고 말하면, 더 이상 그건 데이트가 아니다.

마지막으로 당신이나 그녀의 집에서 가까운 장소를 찾아라. 당신의 집이나 아파트에서 가까운 거리에 있는 좋은 데이트 장소를 4~6곳 이상 찾아보는 것이 좋다. 걸어서 갈 수 있는 곳이라면 더할 나위 없다. 이유는 간단하다. 마지막 데이트 장소가 집과 가까울수록 이동 시간이 줄어들고, 복잡한 상황이 줄어들며, 데이트가 끝날 때 집에 같이 갈 가능성이 높아진다.

집 근처에서 즐길 수 있고 쉽게 접근할 수 있는 데이트 장소를 4~6개 찾아 두었다면, 이제 여러 가지 활동을 결합해 보자. 이상하게 들릴 수도 있지만, 다양한 활동을 결합하는 것은 매우 중요하다. 대부분의 남성들은 데이트 때 저녁 식사를 하고 나서, 테이블에 앉아 한 시간 정도 더 대화를 나눈다. 플러팅이 거의 없고, 활동도 없으며, 스킨십도 없다. 데이트가 정적으로 진행된다.

다양한 활동을 하는 것이 좋다. 볼링을 하고, 술을 마시고, 춤을 추고, 공원에서 산책하거나 조각상을 감상하는 등, 세 시간 안에 최대한 많은 경험을 함께 나누는 것이다.

인간 심리에는 특이한 점이 있다. 친밀감은 서로 얼마나 많이 이야기했는가가 아니라, 얼마나 많은 경험을 공유했는가에서 온다는 것이다. 그러므로 가능한 짧은 시간에 최대한 많은 경험을 공유하게끔 데이트를 구성하는 것이 좋다. 다음은 훌륭한 데이트의 예이다.

커피를 마신다 → 길을 따라 아이스크림을 먹으러 산책한다
→ 공원에서 큰 그네를 타거나 구경한다
→ 독특한 서점에서 함께 책을 구경한다.

댄스 수업을 같이 듣는다 → 바로 옆의 바에서 술을 마신다
→ 동네 피자 가게로 간다 → 집에서 같이 게임을 한다.

쇼핑몰에서 아이쇼핑을 한다 → 즉흥 코미디 쇼를 본다
→ 간단한 저녁 식사를 한다 → 근처 공원을 걷는다.

- 어떻게 행동할까

앞서 말했듯이, 데이트는 함께하는 활동이 많을수록 좋다. 함께 걷고, 스킨십을 나누고, 가능한 한 상호작용이 많으면 좋다.

데이트의 기본은 주도권을 잡는 것이다. 여성에게 "지금 뭐 하고 싶어?"라고 묻는 대신, 먼저 제안하라. "타코 먹으러 가자. 여기 좋은 가게 알아.", "과학 박물관에 가 보자. 거기 인간의 몸

에 대한 멋진 전시가 있어." 등.

대화 주제는 서서히 깊고 개인적인 이야기로 나아가는 것이 좋다. 장난치거나 농담을 던지는 것은 서서히 줄어들고, 시간이 지나며 서로의 삶과 중요한 것들에 대해 이야기를 나누어야 한다. 그녀의 과거, 열정, 꿈, 좋아하는 것들에 대해 알아보라.

데이트를 직장 면접처럼 만들지 마라. 저녁 식사 데이트를 그런 식으로 끌고 가는 남자들이 많다. 대신, **당신의 이야기를 먼저 공유함으로써 그녀의 이야기를 이끌어내라.**

마지막으로 누가 비용을 지불해야 할까? 요즘 많은 여성이 예의상 비용을 내겠다고 하거나, 나누자고 한다. 그러나 당신은 그녀의 제안을 거절해야 한다. 이것이 신사다운 행동이라고 한다. 이런 규칙은 내가 만든 게 아니다. 수십 명의 여성과 데이트를 하면서 계산에 관한 몇 가지 어색한 상황을 겪은 후 내린 결론은 다음과 같다. 그녀가 실제로 지갑이나 신용카드를 내밀며 당신을 막지 않는 한, 당신이 계산하면 된다.

14장

가까워지는 법, 스킨십

자신감 있게 행동하라

심리학에서 여성의 성은 한 세기 동안 난해한 주제로 남아 있었다. 프로이트는 이런 유명한 말을 남겼다. "여성의 영혼에 대해 30년간 연구했음에도, 아직 답을 찾지 못한 위대한 질문이 하나 있다. '여성은 무엇을 원하는가?'"

남성은 성적 욕망은 비교적 단순하다. 주로 시각적인 요소에 자극받으며, 대체로 비슷한 특징(대칭, 엉덩이/허리 비율, 큰 가슴 등)을 좋아한다. 반면 여성의 경우는 마치 다트판에 무작위로 화살을 던지는 것과 같다. 최근의 흥분 연구에서 새롭게 도출된 결론 중 하나는 여성의 성적 흥분이 어느 정도 자기애적이라는 것이다. 여성은 자신이 남자들의 욕망의 대상이 될 때 흥분한다. 이는 남성도 마찬가지지만, 평균적으로 여성의 성적 흥분은 신체적 자극보다는 심리적 자극에 더 많은 영향을 받는다. 따라서 자신이 욕망의 대상이 된다는 것은, 여성의 성적 흥분에 훨씬 더 중요한 요소로 작용한다.

겉보기에는 무관해 보이는 행동이 여성을 성적으로 자극하는 이유가 여기에 있다. 어떤 여성이 낭만적인 결혼과 욕실 싱크대에 묶이는 것을 동시에 좋아할 수 있는 이유도 이런 맥락에서 이해할 수 있다. 두 가지 상황 모두 남성이 그녀를 강렬하게 원한다는 것을 드러낸다. 하나는 그녀에게 평생을 헌신할 준비가 된 남자의 모습이고, 다른 하나는 그녀를 위해 신체적으로 극단적인 상황을 기꺼이 감수하는 남자의 모습이다. 두 상황 모두 섹시하다.

나 역시 이러한 경험을 많이 했다. 지난 5년 동안 데이트 코칭을 하며, 남자가 여성을 분명하게 원할수록 여성의 성적 흥분도 커진다는 사실을 깨달았다. 여성을 대할 때, **자신감 있는 스킨십에는 거의 '마법'과도 같은 힘이 있다.**

여성에게 신체적으로 다가가는 것은 유혹과 데이트에서 가장 중요한 부분이다. 이를 잘할 수 있다면 선택지가 많아진다. 이를 불편하게 여기고 어색해하면, 오랜 시간을 혼자 보내게 될 것이다.

내 친구 중 한 명이 좋은 예가 될 수 있다. 그는 꽤 괜찮은 외모를 가지고 있지만, 여자에게 잘 다가가지 못한다. 그의 대화는 어딘가 어색하고, 유머 감각도 독특해서 매력적이라고 말하기 어렵다. 하지만 그는 여성에게 신체적으로 다가가는 데 능숙하다. 그는 초반부터 여자에게 자주 스킨십을 시도한다. 여자가 처음에 반응이 없거나 피하더라도, 조금 있다가 다시 시도한다.

그 결과는 어땠을까? 그 친구는 항상 매력적인 여성을 만났다.

그런 모습은 예상 밖이었다. 나는 그 친구가 어색하게 대화를 이어 나가고, 술을 너무 마시고, 여자 어깨에 어색하게 팔을 두르는 모습을 보고는 망했다고 생각했다. 하지만 20분 뒤 그 친구는 여성과 키스하고 있었고, 한 시간 뒤에는 둘이 함께 집에 가고 있었다.

그가 특별한 이유는 스킨십을 시도하는 것에 전혀 거리낌이 없다는 점이다. 여자가 분명히 거부하거나 "안 돼!"라고 말하지 않는 한, 그는 시도한다. 대부분의 여성은 그의 스킨십과 본능적으로 뿜어져 나오는 성적 에너지를 좋아했다. 그것은 그녀 자신이 아름답고 섹시하다고 느끼게 했다.

여기서 윤리적인 부분에 관한 주의 사항이 있다. 만약 여성이 뭔가를 하지 말라고 분명히 말하면, 즉시 멈추어야 한다. 거절에 대해 기분 나빠하지 말고, 그녀에게 불편한 이유를 물어봐야 한다. 아마도 그녀에게 너무 빠르게 다가가고 있기 때문일 것이다. 그럴 때는 그녀의 경계를 존중하고, 가능한 한 빨리 그녀가 편안함을 느끼는 선이 어디까지인지, 그리고 그녀가 무엇을 기대하는지 명확히 찾을 수 있어야 한다. 이는 상대방을 존중하는 것과 동시에 자신의 취약성을 드러내는 것이다.

대부분의 남성은 손을 잡거나, 첫 키스를 하거나, 성적인 터치를 하는 등 '진도를 나가는 것'에 대해 부끄러움을 가지고 주저한다. 하지만 지금부터는 조금 더 적극적이고 주도적인 남자가 되어야 한다.

여성에게 신체적으로 적극적이어야 하는 이유는 두 가지가 있다. 첫 번째는 양극화다. 그녀가 당신에게 성적인 관심이 있는지를 빠르게 확인할 수 있다. 두 번째는 스킨십은 대담한 행동이므로, 그것 자체로 매력적인 플러팅이 되기 때문이다.

연구에 따르면, 처음 만난 사람과 신체적 접촉이 생기면, 그 사람에 대해 호의적으로 느낄 확률이 높아지고, 신뢰감이 더 빠르게 형성되는 것으로 나타났다.

그렇다면 어떻게 하면 처음부터 자연스럽게 스킨십을 할 수 있을까?

대화를 나누는 여성이 당신에게 적극적인 유형이라면, 대화하면서 팔꿈치 근처를 스치듯 터치하라. 세게 누르거나 오래 잡으면 그녀를 놀라게 할 수 있으니 주의하라. 대화의 강세에 맞게, 웃긴 순간에 맞춰 가볍게 스치거나 톡 건드리는 정도로 하라. 터치를 대화의 느낌표나 물음표처럼 사용하라. 당신이 재미있는 농담을 하고 그녀가 크게 웃는다면, 그 순간 감정을 강조하기 위해 그녀의 팔에 잠시 손을 올리는 식이다.

대화를 하며 자연스럽게 터치하는 것이 가장 좋다. 예를 들어, 엄지 싸움 같은 게임, 하이파이브, 발레리나처럼 그녀를 빙글빙글 돌리기 등의 신체적 접촉을 시작하는 방법들이 있다. 이렇게 놀이 요소를 활용한 터치는 가벼운 접근이 자연스럽게 이루어질 수 있게 한다.

터치는 점진적으로 이루어져야 한다. 그녀의 몸 바깥쪽인 팔부터 시작해서 점차 몸과 가까운 쪽으로 터치가 이루어지는 것이 좋다. 함께 앉을 때는 그녀의 등을 가볍게 감싸거나, 바에서 그녀가 당신에게 기대고 있을 때는 허리 아래쪽에 팔을 둘 수도 있다. 그 이후에는 터치가 점점 더 친밀해질 것이다. 간지럽히기, 마사지하기, 포옹 등의 단계로 발전할 수 있으며, 나아가 키스, 애무, 성적 관계로 이어질 수 있다.

신호를 알아차리기

남성으로서 우리는 약간 애매한 상황에 놓여 있다. 남성은 여성이 호감을 보일 때 보내는 '신호'를 인식하는 데 서툴다. 한편으로는 여성에게 먼저 다가가고 행동해야 한다는 기대를 받는다. 하지만 이와 동시에 여성이 원하는 것과 그녀의 신체적 권리를 존중해야 한다는 사회적 요구에도 부응해야 한다. 그러므로 신호를 잘 알아차리는 것이 중요하다.

여성이 당신에게 성적으로 관심이 있다는 것을 보여 주는 신호를 나열해 보겠다. 이 신호를 신체적으로 다가갈 수 있는 초대로 생각하되, 오해의 소지가 있기 때문에 지나치게 과대 해석하지는 말아야 한다. 일관된 신호를 보아야 한다. 신호는 세 단계로 나뉜다. **접근 신호**는 그녀가 당신과 대화하고 싶어 한다는 것을 의미한다. **대화 신호**는 그녀가 당신과 신체적으로 가까워지고 싶어 한다는 것을 의미한다. 그리고 **진전 신호**는 그녀가 당신과 성적인 관계를 갖고 싶어 한다는 것을 의미한다.

이 신호들을 초록불로 생각하고, 다음 단계로 넘어가라. 그리고 한 번에 한 단계씩 진행하라. 예를 들어 여성이 당신과 눈을 마주친다고 해서, 그녀가 당장 당신과 자고 싶다는 뜻은 아니다. 단지 당신과 대화하고 싶어 한다는 뜻이다. 그리고 그녀가 언제든지 마음을 바꿀 수 있다는 것을 기억하고 존중하라.

◆ 접근 신호

- **우연이 아닌 눈 맞춤**: 의심스러울 때는 우연이 아니라고 생각하는 것이 좋다. 인간은 호기심이 있거나 매력을 느끼는 것에 자연스럽게 시선이 간다. 그녀가 당신을 다른 사람들보다 조금이라도 더 오래 바라보고 있다면, 최소한 약간의 호기심이나 관심이 있다는 의미다. 나는 고의적인 눈 맞춤이 이루어지는 여성에게는 언제나 먼저 다가가려고 노력했고, 이는 좋은 결과로 이어졌다.

- **미소**: 눈 맞춤이 관심의 표시라면, 미소는 "어서 와서 나에게 말을 걸어!"라는 신호다.
- **그녀가 당신에게 다가옴**: 이건 말할 필요도 없는 명확한 신호지만, 많은 남성들이 너무 둔해서 이조차 놓치는 경우가 있다. 만약 여성이 다가와서 시간을 묻거나 날씨, 길을 물어본다면, 그녀는 당신과 대화하고 싶어 할 가능성이 크다.
- **가까움**: 이 신호는 미묘하지만, 당신이 라이프스타일, 바디랭귀지, 스타일을 가꿀수록 더 많이 보게 될 신호다. 여성이 굳이 그럴 필요가 없는데도 눈에 띄게 당신 가까이에 있는 경우다. 예를 들어 버스에 앉아 있는데, 매력적인 여성이 빈자리가 많은데도 굳이 당신 옆에 앉는 경우다. 또 다른 예로는 여성이 가게에서 특별한 목적 없이 당신 근처에 오래 머무는 경우가 있다.

◆ 대화 신호
- **지나친 미소/웃음**: 주관적인 부분이지만, 대화 중에 어떤 여성이 다른 사람들보다 당신의 말에 더 많이 웃고 미소를 짓는 것을 발견할 때가 있을 것이다. 이때는 그녀가 당신에게 호감을 가지고 있을 가능성이 크다.
- **머리를 만지작거림**: 고전적인 플러팅 신호로, 보통 무의식적으로 나타난다.
- **동공 확장**: 연구에 따르면 상대에게 매력을 느낄 때, 눈동자

가 확장된다고 한다. 여성의 눈이 평소보다 훨씬 커 보여서 '사슴 같은 눈'이 될 때가 있다.

- **당신 옆으로 옴**: 설명이 필요 없다. 그녀가 대화 중에 당신의 개인 공간에 들어온다면, 이는 그녀가 당신과 신체적으로 가까워지고 싶어 한다는 것을 나타낸다.

- **지나친 눈 맞춤**: 지나친 미소와 비슷하다. 대화 중에 그녀가 계속 당신과 눈을 맞춘다면, 그녀가 당신의 말에 매우 집중하고 있다는 의미다. 대부분의 사람은 처음 만난 사람과 눈을 맞추는 것을 피하는 경향이 있다. 그녀가 당신의 눈을 피하지 않는다면 관심이 있다는 뜻이다.

- **당신을 우선시함**: 매우 주관적인 부분이다. 하지만 그녀가 당신을 다른 사람보다 우선시하고 있다는 것이 은연중에 나타날 때가 있다. 예를 들어 바에서 만난 여성의 친구들이 왔는데도 그들과 이야기하지 않고 당신과 대화를 이어간다면, 이는 그녀가 당신에게 관심이 있다는 명확한 신호다. 대개 여성은 당신에게 관심이 없으면, 친구들이 올 때 곧바로 당신 곁을 떠난다.

◆ 진전 신호

- **당신과 단둘이 있는 상황을 만듦**: 흔히 여성이 하는 가장 노골적인 접근은 먼저 다가오는 것이 아니라(그건 당신의 역할이다), 가능한 한 상황을 자연스럽게 만들어 주는 것이다.

예를 들어 모임에서 함께 시간을 보내고 있는 여성이 "여기 시끄러우니 같이 산책하자"라고 제안한다면, 그녀는 의도적으로 당신과 단둘이 있는 상황을 만들려는 것이다.

- **친구들을 두고 당신과 함께 있음**: 여성이 친구를 두고 남자와 함께 있는 것을 선택한다면, 특히 만난 지 얼마 안 된 남자라면, 이는 큰 결심을 한 것이다. 만약 그녀가 이렇게 행동한다면, 분명한 신호로 받아들여야 한다.
- **당신을 터치함**: 그녀가 당신의 팔이나 다리에 손을 올리거나, 내가 이전에서 설명한 가벼운 터치를 시도했다면, 이것은 분명한 신호다.

언제 키스를 시도할까

데이트 코치들 사이에는 키스에 관해 오래된 격언이 있다. "그녀와 키스할 수 있다고 생각된다면, 아마 이미 10분 전에 할 수 있었을 것이다." 남성들은 여성이 진도를 나갈 준비가 되었는지 파악하는 데 아주 서툴다.

많은 남성들은 여성들이 이미 온종일 신호를 보냈음에도 불구하고 '신호'를 계속해서 더 찾느라 시간을 허비한다. 이렇게 생각해 보자. 가볍게 시도하다가 거절당하는 것이, 하룻밤 내내 아무것도 시도하지 않은 채 만약 시도했다면 어떻게 되었을지를 생각하는 것보다 훨씬 낫다.

그러니 괜찮을 것 같다는 느낌이 든다면, 가볍게 시도해 보라.

키스를 시도했는데 그녀가 고개를 돌리거나 반응하지 않는다면, 물러서서 그녀의 기분을 물어보라. 당신을 좋아하는지, 아니면 너무 빠르게 다가가고 있는지 직접 물어보고 반응을 살펴라. 때때로 여성들은 당신과 키스하고 싶어 하지만, 걱정되거나 자의식이 강해서 주저할 수 있다. 이러한 상황을 해결할 수 있는 가장 좋은 방법은 자신의 취약성을 먼저 드러낸 뒤, 그녀에게 어떤 느낌이 드는지 솔직하게 이야기해 달라고 묻는 것이다.

좋은 키스를 위한 몇 가지 팁이 있다.

- 그녀의 얼굴을 침으로 적시지 마라.
- 혀를 억지로 밀어 넣지 마라. 깊게 키스하는 것은 보통 침실에서 둘 다 옷을 벗고 있을 때다.
- 쪽쪽 쪼아대지 마라.
- 얼굴을 밀어붙이거나, 너무 압력을 가하지 마라. 키스는 감각적인 것이다. 입술로 가볍게 마사지한다고 상상하라.

키스를 할 때 너무 서두르지 마라. 많은 남자들이 여성과 키스를 시작하자마자 '오케이, 이제 들어간다.'는 느낌으로 돌입하여 그녀를 온통 만지고 얼굴을 먹어 치우려고 한다. 진정해

라. 키스는 더 큰 친밀함으로 가는 관문일 뿐이다. 즐기면서 편안하게 받아들여라.

더 나아가기, 동의 얻기

자, 이제 그녀와 키스를 했다. 그다음은 어떻게 해야 할까?

당신은 그녀와 조용한 곳에 있고, 서로에 대해 충분히 알게 되었고, 둘 다 더 나아가는 것에 대해 긍정적이라면, 이제 성관계로 발전시킬 때다.

그러나 여성은 그 자리에서 바로 옷을 벗고 관계를 맺고 싶어 하지 않는다. 남성이 버튼만 누르면 음식이 바로 준비되는 전자레인지 같다면, 여성은 예열이 필요한 오븐과 같다. 여성의 성적 흥분은 주로 심리적인 부분에서 이루어진다는 것을 기억하라. 따라서 성관계로 가기 위해 고조된 분위기가 필요하다. 키스에서 바로 성관계로 넘어가는 것이 아니다(일부 여성은 그렇게 하기도 하지만 보통은 그렇지 않다). 일반적으로 가벼운 터치에서 키스로, 키스하며 손으로 쓰다듬고, 옷을 좀 더 벗고, 더 많은 터치로 이어지는 자연스러운 과정이 필요하다.

이 시점에서 여성이 "섹스는 하지 않고, 서로 만지기만 하자."라고 말할 수 있다. 이때 항상 좋은 대답은 "좋아. 네가 편한 대로 하자."이다. 중요한 것은 더 많은 성관계 경험을 쌓는 것이 아니라, 즐거운 경험을 하는 것이다.

물론 "오늘은 섹스까지는 하지 않을 거야."라고 말하고 나서 결국 관계를 맺기도 한다. 그것도 괜찮다. 이 과정은 유동적이라는 것을 받아들이고, 당신과 그녀 모두 부끄러움 없이, 판단받는다는 느낌 없이 중간에 중단할 수 있다.

주의 사항이 있다. 여성이 멈추라고 한다면, 멈춰야 한다는 것이다. 손으로 밀어내거나, 옷을 다시 입는 등 물리적으로 멈추라는 신호일 수 있고, 분명한 말로서 "멈춰.", "안 돼."라고 말하는 경우에는 멈춰야 한다. 또한 그녀가 (술, 약물 등으로) 명확한 결정을 내릴 수 없는 상태라면, 멈춰야 한다. 더 이상 논할 필요가 없다.

스킨십은 경험을 통해 익숙해지는 것이다. 경험이 쌓이면서 자신의 스타일에 맞는 터치 방식과 진도를 나아가는 방식을 개발하게 된다. 그리고 여성이 무엇에 편안함을 느끼는지 감을 잡게 된다. 중요한 것은 성관계를 여성이 당신에게 제공하는 것이 아니라, 둘이 함께 만들어 가는 과정으로 보는 것이다. 이것은 팀워크다.

여성들도 성관계를 원한다. 당신이 그녀가 찾는 남자가 된다면, 여성도 당신만큼 열정적이게 될 것이다.

성관계

　안타깝게도 남자들은 성관계에서 너무 흥분한 나머지, 전희를 간과하는 경우가 많다. 그러나 전희는 중요하다. 전희가 많을수록 그녀는 더 뜨겁게 반응하며, 결과적으로 당신도 더 큰 만족감을 느낄 수 있다. 성관계는 팀 스포츠와 같다는 것을 기억하라.

　전희에서 가장 중요한 것은 유혹과 기대를 조성하는 것이다. 서두르지 말고 그녀의 감각을 깨우며 천천히 접근하라. 때로는 빠르게 진행하는 것이 흥미로울 수 있지만, 일반적으로는 천천히, 감각적으로, 긴장감을 고조되는 경험을 만드는 것이 좋다.

　천천히 시작하여 그녀의 허벅지 안쪽을 키스하며 점점 더 가까이 다가가라. 그녀가 당신의 다음 행동을 기대하게 만들고, 갈망하게 하라. 이러한 기대감이 그녀를 흥분하게 만든다. 기대가 최고조에 달하면, 그녀가 당신을 밀어붙이며 바로 시작하라고 말할 수도 있다.

　물리적인 기술보다 더 중요한 것은 주도권을 가지는 것이다. 여성의 성적 만족은 남성에 비해 심리적 요소가 큰 비중을 차지한다. 그리고 심리적 만족의 큰 부분은 주도권을 넘기는 데 있다. 여성들은 자신이 주도권을 넘길 수 있는 남자에게 매력을 느낀다.

　침대에서 자유롭게 말하고 표현하는 것이 중요하다. 특히 서로 처음 관계를 맺을 때는 어색할 수 있기에 더 자유롭게 이야기해야 한다. 각자 선호하는 것이나 성적 습관이 다르기 때문에, 시간을 두고 서로의 경향을 공유하고 좋아하는 것과 싫어하는 것을 알아가는 과정이 필요하다.

또한 유머 감각을 가져라. 침대에서는 엉뚱하고 예상치 못한 일들이 발생하기 마련이다. 대부분의 사람들은 알몸이 되었을 때 가장 불안해진다. 이런 순간들을 유머로 승화시켜라. 긴장을 풀고 상대방을 이해하며, 함께 웃을 수 있는 여유를 가져라. 내가 좋아하는 농담 중 하나는 "영화에서는 정말 쉽게 하던데"라는 말이다. 여성을 웃게 만들면 그녀는 자신의 불안함을 잊고, 그 순간을 같이 즐길 수 있게 된다.

또한 솔직해져라. 만족하지 않는 부분이 있다면 솔직하게 말하고, 상대에게 어떻게 해 주면 좋을지 말하라. 칭찬도 아끼지 마라. 그녀가 옷을 벗었을 때 아름답다고 말해주고, 섹시하게 느껴질 때도 솔직히 표현하라.

좋은 성관계의 가장 중요한 요소는 서로가 얼마나 편안하게 느끼는가에 달려 있다. 이를 위해서는 서로에게 취약해지는 것이 필수적이다. 대부분의 남자들이 성관계와 관련해 불안함을 느끼고, 실제로 성관계를 하게 되면 긴장한다. 하지만 성적 불안감에 관해 이야기하면, 거의 모든 남자가 웃으며 "저 사람은 힘들겠네."라고 말하며 자신은 그런 문제가 없다고 생각한다. 실제로는 많은 남성이 성적 불안감을 가지고 있으며, 그 원인은 다음과 같이 다양하다.

- 경험 부족
- 엄격한 종교적 또는 문화적 배경
- 부정적인 과거 성경험
- 정서적 트라우마
- 낮은 자존감

자신감 부족, 타인에 대한 높은 투자, 수치심, 그리고 취약성에 대한 두려움 등이 성적 불안감의 원인이 된다.

성적 매력과 성관계에 대해 편안함을 느끼는 것이 중요하다. 이는 취약성에 관한 문제다. 가장 좋은 해결책은 많은 경험을 하는 것이다. 이때 다수를 만나기보다는, 한 명의 여자 친구를 깊게 사귀는 것이 좋다. 당신이 편안하다고 느낄 때까지 속도를 늦춰서 전희를 충분히 즐기고, 준비될 때까지 서두르지 마라. 과거에 정서적 트라우마를 경험했거나, 성적으로 억압된 환경에서 자랐다고 느낀다면, 전문가와의 상담이나 치료를 고려해 보는 것도 좋다.

성관계까지 도달했다면, 그녀와 가장 깊은 취약성을 공유한 것이다. 일반적으로 성관계 후에 여성은 감정적으로 더 투자하게 되고, 남성은 상대적으로 덜 투자하게 된다. 이때 권력의 역학이 바뀌게 된다. 처음에는 여성이 성관계 여부를 결정했다면,

이제 남성이 헌신의 여부를 결정하는 단계로 넘어간다. 이때 권력 역학이 바뀌지 않았다면, 대부분 남자가 절박함이 있거나 매력적이지 않다는 것이다.

친밀감, 로맨스, 감정적 연결은 환상적이며, 중독될 만큼 매력적이다. 그 감정적 연결을 오래 지속하기 위해서는 장기적인 헌신이 필요하다. 하지만 이는 또 다른 책에서 다뤄야 할 주제이다.

Models

에필로그: 만약 그것이 선물이라면?

지금까지 남자가 비절박함과 안정감을 드러낼 때, 여성에게 매력적으로 느껴진다는 내용을 살펴봤다. 이러한 자신감과 안정감은 타인의 인식보다는 자신의 인식을 중요하게 여기고, 강한 정체성을 가질 때 발현된다. 이런 남자는 믿을 만하고 자신감 있으며 높은 지위(또는 그럴 가능성)를 가지고 있을 거라는 느낌이 여성에게 전달된다.

자신에게 더 많이 투자하고, 더 자신감 있는 사람이 되는 방식은 직관에 반할 수 있다. 우리는 자신의 취약성을 드러내는 것이 비절박함을 만들고, 자신에게 더 투자하는 방법임을 배웠다. 이렇게 얻은 자신감은 자신을 더 명확하고 직접적으로 표현할 수 있게 해 준다.

그렇게 자신을 드러낼 때, 여성의 반응은 양극화된다. 이로 인해 우리는 많은 거절을 경험하게 되지만, 그와 동시에 잘 맞는 여성을 더 강하게 끌어들이게 된다. 자신을 드러내는 것에 대한 두려움을 극복하면, 더 빠르게 매력적인 관계를 형성할 수 있다. 자신의 성적 매력을 편안하게 표현하는 과정을 통해, 여성과 관계를 발전시킬 수 있다.

이 책에서 나는 남성이 자신을 개선하고, 여성과 성공적인 관계를 맺게 하는 모든 도구와 방법을 제시했다. 이 과정이 순탄하지만은 않을 것이다. 어려움을 겪을 것이고, 중간에 포기하고 싶어질 때도 있을 것이다. 감정의 롤러코스터를 타는 것 같은 순간도 있을 것이다. 그러나 잘될 거라는 마음으로 끝까지 포기하지 않고 나아간다면 목표에 도달할 것이라고 확신한다.

좌절감을 느끼고 스스로에 대한 믿음을 잃을 때, 타인의 인정을 갈망하고 싶어질 때, 내적 가치관이 아닌 타인의 변덕에 흔들릴 때, 길을 잃은 것 같은 기분이 들 수 있다. 절망감이 몇 시간, 며칠 동안 지속될 수 있지만, 자신을 변화시키고 세상을 대하는 방식을 끊임없이 재정립하다 보면 변화가 찾아온다. 그리고 언젠가는 목적지에 도착했음을 깨닫게 될 것이다.

그러한 힘든 시기를 극복하는 데 도움이 되는 문구가 있다. 수많은 남성들과 나에게 도움을 준 문구다. 남성 심리에 대한 최고의 책 중 하나인 로버트 글로버 박사의 〈잘난 놈 심리학〉에 나오는 문구다.

"만약 그것이 선물이라면?"

당신에게 어떤 일이 일어나고 그것이 아무리 나쁘고 암울하게 느껴지더라도, 스스로 "만약 그것이 선물이라면?"이라고 물어보라. 그리고 그것이 선물일 수 있다고 생각해 보라.

감정의 세계에서 절대적인 것은 없다. 당신은 그 경험에서 무엇을 배울지 선택할 수 있으며, 당신에게 필요한 결론을 도출할 수 있다. 그렇다면 그 경험을 축복이나 선물이라고 결론 내리는 것은 어떨까.

전 여자 친구가 당신을 떠나 다른 남자를 선택했다. 만약 그

것이 선물이라면? 그녀가 없었다면, 당신은 자기 개선의 길로 들어서지 못했을 것이고, 평생 자각 없이 기만적인 관계에 갇혀 있었을 것이다.

한 여성이 당신의 헤어스타일을 비웃으며, 못생겼다고 말한다. 만약 그것이 선물이라면? 그 가혹한 말은 당신을 변하게 하여 미래에 더 자신감을 가질 수 있게 해 줄 것이고, 자신의 외모를 다듬을 수 있게 동기를 부여할 것이다.

당신이 여성에게 다가가는 방식이 평범하지 않아서, 친구들이 당신을 비웃으며 루저라고 놀린다. 만약 그것이 선물이라면? 당신은 사회적 경계를 실험하고 있는 것이며, 그것이 양극화를 일으키고 당신을 논란의 중심에 서게 한다. 결국 당신을 더 매력적인 사람으로 만들 수 있다.

내가 19살이었을 때, 친구 한 명이 내 눈앞에서 익사하는 사고가 있었다. 우리는 호수에서 파티를 즐기고 있었다. 방금 전까지 그 친구와 웃으며 농담을 주고받았는데, 다음 순간 그는 사라져 버렸다. 영원히.

이는 내가 받은 가장 큰 선물 중 하나이다. 좋은 일이어서가 아니라, 비극적이어서다.

그날 밤은 충격적이고 트라우마가 되는 경험이었다. 하지만 그 경험을 통해 나는 우리의 삶이 일시적이며, 우리 모두 언제라도 사라질 수 있다는 것을 깊이 인식하게 되었다. 삶은 결코 영원하지 않다. 아무도 나를 대신해 살아주지 않는다. 진심으로 원하는 것을 미루고, 세상을 피하고, 맞서기를 두려워하며 보낸다면, 이 삶에서 가장 큰 선물인 시간을 포기하는 것임을 깨달았다.

친구의 죽음은 나를 충격에 빠뜨렸고, 우울하게 했으며, 두렵게 했지만, 오히려 그 경험은 내가 위험을 무릅쓰고 용기를 낼 수 있도록, 나 자신을 표현할 수 있도록, 타인의 인식보다 나 자신에 대한 인식에 더 투자할 수 있도록 해 주었다. 결국 이 모든 것은 언젠가 사라질 것이고, 아무것도 중요하지 않게 될 것이다. 그렇다면 여기에 있는 동안 모든 순간을 최대한 활용하는 것이 좋지 않겠는가.

내가 당신에게 바라는 것도 바로 이것이다. 당신이 여기에서 보내는 시간을 최대한 활용하기를 바란다. 이 책에서 배운 도구들을 사용해 당신만의 독특한 길을 개척하고, 이 인생이 당신에게 줄 수 있는 사랑과 스릴, 행복을 모두 경험하기를 바란다. 왜냐하면 그것이 인생이기 때문이다.

인생이 당신에게 매일 선물을 준다. 당신은 그 선물을 받을 것인가?

부
록

실행 계획 : 앞으로 나아가기

이 책은 많은 내용을 담고 있다. 만약 당신이 매력적인 남성이 되기 위한 자기 개선 여정을 이제 막 시작한 초보자라면, 어디서부터 시작해야 할지 막막할 수 있다.

그래서 책의 마지막인 이곳에 작은 실행 계획을 준비했다. 어디서 시작하면 좋을지 방향을 제시하고, 어디에 집중해야 하며, 어떤 순서로 진행할지 안내하고자 한다.

실행 계획은 다섯 단계와 하위 과제로 이루어져 있다. 한 단계에서 정해진 과제를 완료하면, 다음 단계로 이동하면 된다. 물론, 이것은 엄격한 규칙이 아니다. 실행 계획은 당신에게 도전 과제를 제시하고, 명확한 목표와 기준을 제공하기 위해 마련

되었다. 어떤 과제는 당신에게 매우 쉬울 수 있지만, 또 다른 과제는 매우 어려울 수도 있다. 이는 사람마다 다르지만, 자기 개선을 위한 일반적인 방법을 제공하는 것이 이 계획의 목적이다.

또한, 이 계획은 장기적인 과정이라는 것을 이해해야 한다. 많은 과제가 하룻밤 또는 일주일 만에 완료되지 않는다. 대체로 몇 주 또는 몇 달의 노력이 필요하다. 그래도 괜찮다. 그만큼 작업할 필요가 있었다는 의미이기 때문이다.

◆ 1단계: 기본 다지기 (5개 중 5개 완료하기)

헬스장 등록: 아직 헬스장 회원이 아니라면 가입해라. 만약 올바른 운동 방법을 모른다면, 개인 트레이너를 고용해라. 매주 헬스장에 다녀라.

옷장 업그레이드: 8장에서 추천한 사항에 따라 옷장을 업그레이드해라. 더 멋진 옷을 입도록 도전하라. 자신에 대한 느낌이 바뀔 것이다.

멋진 헤어스타일: 미용실에 가서 50달러를 지출해라. 그만한 가치가 있다. 확실히 달라질 것이다.

직업 안정/만족: 직업에 만족하지 못한다면, 이를 해결할 계획을 세워라. 일을 너무 많이 한다면, 더 적게 일할 수 있는 방법을 찾아라. 백수라면 다른 모든 것을 멈추고 직업을 구해라.

사회적인 취미 하나를 꾸준히 갖기: 사회적인 취미를 선택하고 꾸준히 추구해라. 이미 취미 하나를 가지고 있을 수 있지만, 그렇지 않다면 찾아보자. 춤 수업, 대중 연설 강좌, 언어 강좌, 요리 강습, 밴드 활동 등 무엇이든 좋다. 중요한 것은 사회적이어야 한다는 것이다. 즉, 집에 앉아 모형 비행기를 완성하는 것은 여기에 해당되지 않는다.

◆ 2단계: 여성 만나기 (5개 중 4개 완료하기)

인구 특성 파악하기: 자신의 인구 특성을 분석해라. 만나고 싶은 여성의 유형과 당신이 좋아하는 장소를 적어 보라. 그런 다음, 이 두 가지가 교차하는 장소나 모임을 찾아라. 인디 밴드 콘서트일 수 있고, 미술관 전시회일 수도 있으며, 춤 모임일 수도 있다. 무엇이든지 간에 자신의 틈새를 찾아 추구해라.

하루에 5명의 여성과 대화하기

일주일에 20명의 여성과 대화하기

데이팅 사이트에 가입하고 여성 10명에게 연락하기

미팅, 소개팅, 스피드 데이팅 모임에 참여하기: 낯선 여성에게 다가가는 것이 어렵다면, 이 방법이 동기 부여가 될 수 있다.

◆ 3단계: 여성 알아가기 (3개 중 2개 완료)

방금 만난 여성과 최소 30분 동안 대화하기(3회): 어디서든 가능하다.

방금 만난 여성에게 전화번호 받기(3회): 그냥 요청해 보라. 생각보다 많은 여성이 번호를 줄 것이다.

데이트 두 번 하기

◆ **4단계: 친밀해지기 (3개 중 2개 완료)**

여성 두 명과 키스하기

같은 여성과 두 번째 데이트하기

여성을 성공적으로 집으로 초대하기

◆ **5단계: 성적인 관계로 발전하기 (2개 중 2개 완료)**

기존에 관계 맺은 적 없는 여성과 성적인 관계 맺기

새로운 여성과 첫 데이트(3회)

부
록

용어 해설

감정적 연결 ― 두 사람이 서로에게 감정적으로 투자를 하고 큰 친밀감과 공감을 느끼게 되는 상태. 보통 성적 흥분과 욕망을 일으킨다.

거절 ― 여성이 남성의 성적 의도에 대해 흥미를 보이지 않는 상태. 거절은 명백할 수도 있고(예: "남자 친구가 있어요, 미안해요.") 미묘할 수도 있다(예: 약속을 취소하거나, 화장실에 가서 돌아오지 않는 경우 등).

경계 ― 관계나 대화에 있어 개인이 수용할 수 있는 한계. 경계는 그 사람의 자신감에 따라 강하거나 약할 수 있다. 예를 들어 존은 자신감이 부족해 상대가 자신을 놀려도 아무 말도 하지 않는다. 샐리는 자신감이 높아서 상대가 20분 늦게 도착하는 것을 용납하지 않는다. 강한 경계는 자신감이 있다는 것이다. 자신의 경계를 존중하는 것은 매력을 유발하고 항상 더 큰 존경을 불러일으킨다. *관련 항목: 진정한 자신감*

고통의 시기 — 자신의 감정을 표현하고, 다른 사람에게 취약성을 드러내기 시작하는 단계. 이로 인해 일시적으로 매력적이지 않은 행동을 하게 되는데, 이는 수년간 쌓인 감정적 짐과 트라우마를 정리하는 과정에서 발생한다. 이 시기는 많은 감정적 스트레스와 고통을 동반하지만, 높은 자존감을 갖고 진정한 자신감을 가진 사람으로 변하는 데 필요한 시기다. *관련 항목: 취약성, 비절박함*

대상화 — 여성을 사람이 아닌 대상으로 보고, 여성과의 만남을 정서적 활동이 아닌 비인간적 과정으로 보는 것. 여성을 숫자, 연구 대상, 이겨야 할 게임으로 본다. 감정은 무시되고 표현이 억제된다. 자기애적, 성과 지향적 행동이 대상화를 더 부추기며, 단기적인 성공만 바라보게 한다. 대상화는 장기적인 정서적 손상으로 이어지며, 우울증과 자존감 저하로 이어질 수 있다. 자기애적 남성이 역설적 결과를 마주하게 되는 이유이기도 하다. 이들은 많은 성적 파트너를 가지고 있지만, 실제로는 예전보다 행복하지 않다는 것을 알게 된다. *관련 항목: 자기애, 픽업 아티스트*

데이트 성공 — 자신이 선택한 여성과의 행복을 극대화하는 것. 여기서 중요한 것은 성공이 숫자, 성관계, 외모 등에 의해

결정되는 것이 아니라 행복에 의해 결정된다는 점이다.

라이프스타일 — 자신이 대부분의 시간을 보내는 활동 및 관심사와 이를 함께하는 사람들의 수준, 유형을 포괄하는 단어. 직업, 거주지, 취미, 친구, 주말 여행 장소 등이 모두 라이프스타일의 구성 요소이다. 당신의 라이프스타일은 당신의 가치관과 자존감을 반영하며, 또한 당신의 인구 특성을 결정한다. 자신감 없는 행동이 라이프스타일로 드러날 수 있다(예: 여성을 인상 짓기 위해 특정한 옷을 입거나 특정 차를 모는 것). *관련 항목: 인구 특성*

마찰 — 서로에게 매력을 느끼지만, 성적 진전을 방해하는 상황과 원인. 예를 들어, 두 사람이 서로에게 매력을 느끼지만, 한 사람은 결혼했고 다른 사람은 다른 도시에 사는 경우이다.

매력적인 행동 — 일상생활이나 여성과의 만남에서 보여 주는 자신감 있는 행동. 매력적인 행동은 대개 취약성에서 비롯되지만, 항상 그런 것은 아니다. *관련 항목: 라이프스타일, 절박함*

무조건성 — 어떤 행동이나 말을 할 때 아무런 대가를 기대하지 않는 상태. 많은 남성이 매력적인 행동이나 친절한 행동을 하면, 여성이 대가로 무언가를 줄 거라는 기대를 한다. 대표적인 예는 자신에게 친절해질 것을 기대하며, 여성을 칭찬하는 것이다. 이는 조건부 행동이다. 조건부 행동은 자신감이 없는 행동이고 일반적으로 역효과를 초래하여 매력을 떨어뜨린다. 반면 무조건적 행동은 아무것도 기대하지 않고 하는 행동이다. 무조건성은 자신감이 있으며, 따라서 매력적이다.

방어 기제 — 행동을 회피하게 만드는 불안에 대한 심리적 반응. 예로는 비난, 분노, 투사, 합리화, 무관심 등이 있다. *관련 항목: 불안, 용기*

불안 — 특정 상황에서 반복적으로 두려움과 걱정을 느끼는 감정 상태. 불안은 용기를 통해 극복될 수 있다. *관련 항목: 성적 불안, 사회적 불안, 용기*

비절박함 — 타인의 의견보다 자신의 의견에 더 투자하는 것. 비절박함은 높은 자존감의 한 구성 요소이며, 모든 매력적인 행동의 뿌리이다. 진정한 자신감은 취약성을 연습하고 자신에게 투자함으로써 얻어진다. *관련 항목: 자신감, 절박함, 자존감*

사회적 불안 — 사회적 상황이나 새로운 사람들을 만날 때 두려움과 불안을 느끼는 것. *관련 항목: 용기, 방어 기제*

사회적 서클 — 서로 아는 친구나 지인으로 구성된 그룹.

사회적 증거 — 대부분의 사람들이 가치 있다고 생각하면, 그것이 가치 있다고 생각하는 심리적 메커니즘. 다수의 여성이 당신에게 매력을 느끼면, 특정 여성이 당신에게 더 매력을 느낄 거라는 이론이다. 이는 사회적 서클 내에서만 적용된다. 예를 들어 바에 들어갔을 때 여러 명의 여성이 당신에게 관심을 보이더라도, 그중 알고 지내는 친구가 없는 여자는 당신에게 신경 쓰지 않을 것이다. 그러나 바에 들어갔을 때 그녀의 친구 세 명이 당신을 좋아한다면, 그녀는 당신과 말도 하기 전에 당신에게 매력을 느낀다.

성적 고조 — 두 사람이 점점 더 성적으로 가까워지는 과정. 일반적으로 가벼운 터치에서 시작해 껴안기, 터치, 키스, 전희, 그리고 성관계로 이어진다.

성적 불안 — 성적 상황에서 불안과 두려움을 느끼는 상태. 성적 표현이나 관심을 받을 때도 나타날 수 있다. *관련 항목: 용기, 방어 기제*

성적 의도 — 성관계를 갖고 싶다는 의사를 표현하는 것. 이는 명확하게 드러날 수도 있고, 플러팅을 통해 은연중에 표현될 수도 있다. *관련 항목: 불쾌한, 플러팅*

소름 끼침 — 여성을 불편하게 하거나 불안하게 만드는 방식으로 성적 관심을 표현하는 것. 의식적이거나 무의식적으로 나타날 수 있다. *관련 항목: 성적 의도, 플러팅*

양극화 — 여성이 당신에 대해 긍정적이든 부정적이든 강한 감정을 느끼게 하는 행동. 양극화는 자신에게 가장 잘 맞는 여성을 빠르게 찾아내게 해 준다. 양극화는 거절을 부르기도 하지만, 효율적인 데이트 성공을 위해 중요한 요소다. *관련 항목: 배치 효과, 인구 특성, 거절*

용기 — 두려움과 불안을 느끼더라도 그 행동을 수행할 수 있는 능력. *관련 항목: 불안*

유사성 효과 — 비슷한 신념을 가지거나, 서로 비슷하다고 인식하는 남녀가 서로에게 끌리는 경향을 나타내는 심리학 용어.

예를 들어 낮은 자존감을 가진 남성은 낮은 자존감을 가진 여성에게 끌리고 성에 대해 긍정적인 태도를 가진 남성은 같은 태도를 가진 여성에게 끌린다. *관련 항목: 인구 특성*

유혹 — 남성이 여성에게 관계에 더 투자하도록 유도하는 과정. 성관계는 이 과정의 부산물이다. 일반적으로 여성은 남성보다 성적, 낭만적 선택지를 더 갖고 있기 때문에, 상호작용 초기에는 덜 투자하는 경향이 있다.

인구 특성 — 자신 있고 즐기는 삶의 영역에서 여성을 만나면 더 큰 성공(행복)과 효율성을 경험할 수 있다는 아이디어. 예를 들어 당신이 음악가라면, 콘서트와 음악 행사에서 여성을 만나면 데이트에서 성공할 가능성이 더 높다. *관련 항목: 유사 효과, 라이프스타일*

자기 선택 — 유사성 효과의 무의식적 작용으로, 자신의 특성과 맞는 상대를 선별하는 과정. 자기 선택은 당신이 무엇을 하든, 어떤 사람이든, 특정 인구 특성 집단에서 당신은 매력적이고, 다른 집단에서는 매력적이지 않다는 이론이다. 예를 들어, 당신이 키가 크고 대머리라면, 당신은 무의식적으로 키 크고 대머리인 남성을 좋아하는 여성을 가려낼 것이다. 당신이 외국인이라면, 외국인에게 흥미를 가지는 여성을 자동으로 선별하게 된다. 유사성 효과와 비슷하지만, 신념과 태도의 수준이 아니라 겉으로 드러나는 취향을 반영한다. *관련 항목: 유사성 효과, 인구 특성*

자기애 — 자신의 낮은 자존감과 자신감 부족을 과도하게 보상받기 위해 다른 사람에게 자신의 의지와 욕구를 강요하는 성향. 나르시시즘이라고 불린다. 자기애적 행동은 픽업 아티스트 산업과 소위 '레드필' 커뮤니티에서 자주 추천된다. 자기애적 행동은 자신감 있는 것으로 보일 수 있지만, 여전히 다른 사람들의 인식에 과도하게 투자하기 때문에 낮은 지위의 행동이다. 자기애가 강한 남성은 단기적으로는 성적 성공을 경험하지만, 장기적으로는 감정적으로 실패한다. *관련 항목: 자존감, 비절박함, 픽업 아티스트*

자신감 — 특정 상황에서 자신과 자신의 능력을 믿는 것. 자신감은 상황에 따라 다르게 나타날 수 있다. 회의실에서는 자신감이 넘치지만, 성관계에서는 매우 자신감이 없을 수 있다. 자신감은 종종 자존감과 혼동된다. 로맨틱한 상황에서 자신감이 부족한 건, 절박함이 반영되어서이다. 자신감 있는 행동은 항상 매력적이다. *관련 항목: 비절박함, 절박함, 자존감*

자신의 진실 찾기 — 1) 자신의 가치관이 아닌 타인의 승인에 기반한 행동을 제거하고 2) 이전에 무의식적이었던 감정과 욕망을 인식하는 과정. 자신의 여러 가지 행동 패턴과 신념은 잘못된 이유로 선택한 것이기에, 나에게 해를 주는 것을 버려야 한다. 자신의 진정한 감정과 욕망에 접촉하고, 자신감 없는 습관과 행동을 버리면, 더 취약성을 드러내게 되고, 더 자신감이 생기며, 따라서 더 매력적이게 된다. *관련 항목: 매력적인 행*

동, 비절박함, 취약성

자존감 — 자신의 가치에 대한 무의식적인 인식. 자존감이 높을수록 연애에서의 자신감도 강해진다. 이 책에서는 자존감의 관계적 요소를 쉽게 표현하기 위해 '비절박함'이라는 용어를 사용한다. *관련 항목: 비절박함, 매력적인 행동, 자신의 진실 찾기*

절박함 — 자신의 인식보다 타인의 인식이 더 중요하다고 생각하고, 타인에게 투자하는 것. 절박한 남자는 다른 사람의 승인을 얻을 수 있는 쪽으로 의사결정과 행동을 취한다. 자신의 정체성과 욕망을 타인의 의지에 맞추어 왜곡한다. 절박함은 어린 시절 만들어진 사회적, 정서적 실패에 대한 방어 기제다. 이를 성인기에도 유지하면서 사회생활에서 좋지 않은 영향을 준다. 절박함은 자신에게 투자하고, 정직한 삶, 정직한 행동, 정직한 소통을 추구함으로써 극복할 수 있다.

정직한 대화 — 자신의 믿음과 감정에 맞게 말하고 행동하는 것. 어색함을 떨쳐내고, 명확하게 말하는 것이 필요하다.

정직한 삶 — 자신이 되고자 하는 사람과 실제 자신의 모습 사이의 간극을 없애는 과정. 자신에 대한 장기적인 투자와 중요한 결정 및 변화가 필요하다.

정직한 행동 — 자신이 원하는 것과 실제로 하는 것 사이의 간극을 제거하는 것. 주로 불안과 자신을 제한하는 신념을 극복하는 과정이 포함된다.

제한적인 신념 — 성공을 가로막는 비합리적인 믿음. 제한적인 신념은 대부분 사실이 아니며 방어 기제와 용기의 부족으로 생긴다. 예를 들어 대머리라서 여성이 자신에게 매력을 느끼지 않을 거라고 믿고, 시도조차 하지 않는 남성이 이에 해당된다. *관련 항목: 방어 기제, 용기*

취약성 — 자신의 생각과 감정을 숨기지 않고, 방어하지 않고 드러내는 것. 대부분의 남성은 자신이 덜 매력적으로 보일 것이라고 믿는 생각과 감정을 감추려 한다. 이는 그를 조건부로 행동하며 주변 사람들의 기대에 맞춰 행동하게 만든다. 이는 자신감 없는 행동이며, 매력을 떨어뜨린다. 역설적으로 자신을 취약하게 만들고, 평가받는 것을 두려워하지 않으며, 사람들로부터 아무런 기대 없이 행동하는 것이 자존감을 높이고, 더 자신감 있고 매력적인 사람으로 만든다.

플러팅 — 성적 의도를 재미있고 유쾌한 방식으로 표현하는 것. 성공적인 플러팅은 여성들이 당신의 성적 의도를 안전하게 느끼게 한다. 소름 끼침의 반대이다. *관련 항목: 소름 끼침, 성적 의도*

플레이크 — 거절의 한 형태로, 여성이 관심을 보이거나 다시 만나겠다고 말한 후, 연락을 하지 않거나 만나지 않는 경우.

픽업 아티스트 — 에릭 본 마르코빅(미스터리), 닐 스트라우스(스타일), 리얼 소셜 다이나믹스(Real Social Dynamics) 등의 가르침을 기반으로 하는 데이트 조언 커뮤니티. 픽업 아티스트는 그들만의 특정 용어와 성공을 측정하는 방법을 특징으로 한다. 픽업 아티스트는 성관계를 많이 하는 것을 성공의 척도로 삼으며, 그 과정에서 여성과의 관계를 대상화한다. 이들은 단기적인 성적 성공을 경험할 수 있지만, 장기적으로는 심리적 손상을 겪을 가능성이 크다. 많은 픽업 아티스트 조언은 자기애와 성과 기반 행동을 권장한다. *관련 항목: 자기애, 성과, 대상화*

투사 — 남녀가 불안감을 피하기 위해 사용하는 방어 기제 중하나. 투사는 자신의 불안감이나 문제를 타인에게 전가하는 행동이다. 예를 들어 자신의 인종에 대해 불안감을 느끼는 인도 남성은 자신이 만나는 여성이 인종 때문에 자신을 좋아하지 않는다고 투사할 수 있다. 여성이 자신에게 불친절할 것이라는 불안감을 가진 남성은, 여성은 성격이 나쁘고 자신을 위협한다고 투사하며, 이를 핑계로 만남을 피한다.

여성도 투사할 수 있다. 여성이 남성에게 성적 매력을 느끼면서도, 성적으로 불편함이나 불안감을 가지고 있어서 남성을 거절할 수 있다. 예를 들어, 낮은 자존감을 가진 여성은 자신에 비해 당신이 너무 매력적이라고 인식하면, 그 불안을 당신에게 투사하여 당신이 단지 성관계를 위해서 자신을 원하고 있다고 화를 낼 수 있다. 참고: 방어 기제

흥분 — 신체적, 심리적, 정서적으로 성적인 자극을 받는 과정. 최근 연구에 따르면 여성은 주로 성적 의도와 대담한 행동을 보여 줄 때 흥분된다. *관련 항목: 성적 의도, 용기*

부
록

추가 읽을거리

이 책에서 많은 것을 얻었다고 느끼면서 아직 내 웹사이트에 들어간 적이 없다면, 내 웹사이트를 다음 목적지로 추천한다. 주소는 www.markmanson.net이며, 정기적으로 기사, 사설, 이야기를 업데이트하고 있다.

추천 도서 목록

《잘난 놈 심리학》, 로버트 글로버 – '착한 남자' 행동을 끝내고, 절박함의 습관을 끊을 수 있도록 도와주는 책.

《데일 카네기의 인간관계론》, 데일 카네기 – 기본적인 사회적 기술과 타인에게 좋은 인상을 주는 방법에 대해 알려주는 고전적인 책.

《세계 최고의 커플테라피 이마고》, 하빌 핸드릭스 - 관계와 감정적 짐, 그리고 우리가 왜 특정 사람에게 끌리는지를 설명하는 책.

《그들이 그렇게 연애하는 까닭》, 아미르 레빈, 레이첼 헬러 - 애착 이론에 대한 입문서로, 친밀감과 매력에 대해 우리가 불안을 느끼는 이유와 그 불안을 극복하기 위한 방법을 설명하는 책

《욕망의 진화》, 데이비드 버스 - 성과 관련된 남녀의 생물학적 차이를 과학적으로 분석한 책

《당신은 이미 읽혔다》, 앨런 피즈, 바바라 피즈 - 사람들의 감정을 바디랭귀지를 통해 파악하는 데 도움을 주는 책

절박함을 버린
남자들

옮긴이 이안
심리와 자기계발 분야에 깊은 관심을 가진 번역가. 책을 통해 사람들의 마음을 탐구하고, 사람들이
더 나은 자신을 찾도록 돕는 데 매력을 느낀다. 삶의 작은 변화와 내면의 성장에 대해 고민하며, 독
자들이 그 여정을 함께할 수 있도록 따뜻하고 진솔한 번역을 지향한다.

절박함을 버린 남자들

1판 1쇄 발행 2024년 12월 03일
1판 2쇄 발행 2024년 12월 16일

지은이 마크 맨슨
옮긴이 이안

발행인 한정혜
책임편집 노태민
표지 디자인 엄혜리
본문 소소디자인

발행처 너를위한
출판등록 2020년 11월 19일 (제2020-000057호)
주소 경기도 파주시 돌곶이길 129-7 94호
이메일 hye@foryoubook.co.kr
인스타그램 instagram.com/foryou_book

값은 뒤표지에 있습니다.
ISBN 979-11-980355-2-3 13190

당신을 위한 책을 만듭니다.